重田澄男 著

マルクスの資本主義

桜井書店

# はしがき

**マルクスの資本主義概念**

　マルクスの資本主義概念の生成と展開と転生（生まれ変わり）は，ミステリーとドラマに満ちている。

　『資本論』における資本主義概念は，「資本主義 Kapitalismus」ではなくて「資本制生産 kapitalistische Produktion」と「資本制生産様式 kapitalistische Produktionsweise」という用語によって示されているものである。

　ところが，この「資本制生産様式」といった資本主義概念を表現する用語は，初期マルクスどころか，中期マルクスにおいても存在していない。それは1860年前後に『資本論』への取り組みの準備をおこなうなかでマルクスによってつくられ，使われるようになったものである。そして，その「資本制生産様式」が，『資本論』第1部（1867年）においては，基軸的なキイ・カテゴリーとして使われているのである。

　それ以前の時期には，『哲学の貧困』(1847年) や『共産党宣言』(1848年) や『賃労働と資本』(1849年) や，さらには，『経済学批判』(1859年) などにおいても，資本主義概念は，「資本制生産様式」という用語としてではなくて，フランス語形で「ブルジョア的生産 la production bourgeoise」など，ドイツ語形では「ブルジョア的生産様式 bürgerliche Produktionsweise」といった用語によって表現されていたのである。

　そのように，公刊されていた著書のなかで10年ものあいだ使用しつづけてきた「ブルジョア的生産様式」という資本主義用語の使用をとりやめて，マルクスはどうして「資本制生産様式」という用語にとりかえなければならなかったのか。

　本書の中心課題は，資本主義概念が，なぜ，このような「ブルジョア的生産様式」という用語から「資本制生産様式」という用語に生まれ変わらなければならなかったのか，というミステリーの謎解きである。この謎解きによって，マルクスの資本主義概念と用語の転生のドラマが明らかになってくる。

　そのような資本主義用語の「資本制生産様式」への転生という謎を解きあか

す環となっている著作は，ロンドン亡命後にマルクスが取り組んだ膨大な読書にもとづく『ロンドン・ノート』のあとに書きあげられた『経済学批判要綱』（1857〜58年）である。

### 『経済学批判要綱』における謎

　だが，この『経済学批判要綱』と呼ばれている著作もまたミステリーに満ちている。

　この著作の冒頭の見出しは「Ⅱ）貨幣にかんする章」となっている。

　どうして冒頭の見出しに「Ⅱ」というナンバーが付けられているのか。『要綱』の謎はまずここから始まる。

　1975年にはじまる新 MEGA（*Marx/Engels Gesamtausgabe*,『マルクス・エンゲルス　歴史的＝批判的全集』）の刊行は，これまで未公刊であった『ロンドン・ノート』や1859〜61年の資料類の公開のみならず，すでに刊行されていた『経済学批判要綱』についても，詳細な文献考証的指摘によって，従来まで明らかでなかったさまざまな事柄を明確にするにいたっている。

　この新 MEGA によると，「Ⅱ）貨幣にかんする章」という冒頭の見出しは，叙述のはじめに書かれたものではない。それは，叙述が一定程度すすめられた途中で，冒頭に書き込まれたものであって，しかも，「貨幣にかんする章」という見出しと「Ⅱ」というナンバーとはそれぞれ別の時期に別個に書き込まれたものである，とされている。

　では，そのような「Ⅱ）貨幣にかんする章」という見出しとナンバーは，どうして最初に書かれなかったのか。それらは，いつ，いかなる理由で書かれることになったのか。見出しの書かれていなかったあいだの本文の記述は，いかなるものとして書かれたものであるのか。

　そのことについては，新 MEGA は明らかにしていない。

　『要綱』における謎は，それだけではない。

　そもそも，『要綱』の執筆直前に書かれた「序説」における経済学批判体系の編別構成プランには，「貨幣にかんする章」は含まれていない。そこでは，「(1) 一般的抽象的諸規定」につづいてとりあげられるものとされているのは「(2) ブルジョア社会の内的編制をなす……資本，賃労働，土地所有。3 大社

会階級」であるとされている。

　それが，どうして，急遽「貨幣にかんする章」という章が立てられることになったのか。……等々と，謎は尽きない。

　ともあれ，これらのさまざまな謎にたいして，本書は，可能なかぎりでの謎解きをおこなおうとしたものである。

　そこで，本書では，新 MEGA によって開示された新たな諸資料や文献考証，さらにそれらについての国内外の諸研究に依拠しながら，『経済学批判要綱』前後の時期におけるマルクスの資本主義概念とその表現用語における転生の決定的瞬間についての事態の検討をおこない，それにもとづいて「資本制生産」「資本制生産様式」という資本主義概念とそれについての表現用語の解明に取り組んでいる。

　そして，そのような謎解きをつうじて，『要綱』におけるマルクスの経済学批判体系の構築とその内容が明確になる。それとともに，『要綱』における資本主義範疇についての「資本制生産様式」という用語への転生にあたってのマルクスの決断が明らかになってくる。

## マルクスの決断

　そのプロセスを先取りして示すならば，マルクスは，まず，当初においては，それまでおこなってきた『抜粋ノート』のひとつとして，プルードン主義者アルフレッド・ダリモンの『銀行の改革について』からの抜粋と評注をおこなっているにすぎない。

　だが，そのうち，叙述の内容がしだいにダリモンから離れて貨幣についての一般的吟味に向かうようになるなかで，「貨幣」についての理論的内容のもつ重要な独自的な意義に気づき，それまで予定していなかった貨幣についての自立的な章を自己の経済学体系のなかに立てて論議をおこなうことに意を決し，「貨幣にかんする章」という見出しを『ノート』の冒頭に書き込むにいたる。

　ここに，はじめて，「貨幣にかんする章」が，『経済学批判要綱』の構想とともに打ち立てられることになる。

　そして，その「貨幣にかんする章」においては，「交換価値」をキイ概念としながら，階級関係とは区別されるものとして，商品・貨幣関係の規定的性格

をはじめて明確に理論的に明らかにする。そして，そのような商品・貨幣関係を展開している経済関係について，『要綱』においては「交換価値にもとづく生産様式」といった用語でもって表現するのである。

そのうえで，それと対比するかたちで，「資本にかんする章」においては，生産的基礎における資本＝賃労働関係のもとでの剰余価値の生産と獲得について理論的に解明するにいたる。そして，そこにおいて，そのような生産的基礎に規定された経済関係を「資本にもとづく生産様式」といった用語でもって表現するようになる。

このような経緯をへながら執筆されていった『経済学批判要綱』の「資本にかんする章」において，資本主義範疇については，「ブルジョア的生産様式」という用語をとりやめて，「資本にもとづく生産様式」といったかたちで表現するにいたっているのであって，そこに『資本論』段階における「資本制生産様式」という用語への転生へと向かうマルクスの決断が明らかに示されているのである。

ところで，さらにマルクスは，『要綱』の執筆終了の前後の時期に，商品論における価値についての章を立てる必要を感じ，「1) 価値」という見出しを書いているのであるが，おそらくそれとの対応にもとづいて，『要綱』冒頭の「貨幣にかんする章」という見出しに「Ⅱ)」というナンバーが付けられたのであろう，と推察されるところである。

そして，そのような『経済学批判要綱』にもとづいて，『資本論』作成のための「プラン草案」や『抜粋ノート』の要約や整理がおこなわれるなかで，「資本制生産様式」という用語が確定され，それが全面的に使用されることになるのである。

そのような資本主義概念の表現用語の転生がおこなわれたのちの状況については，本書では，『資本論草稿集（1861-63年草稿）』ならびに『資本論』全3部における「ブルジョア的生産様式」や「資本制生産様式」等の資本主義用語の使用頻度数でもって数量的に明らかにしているところである。

なお，終章においては，「資本制生産様式」といった用語表現において確定されたマルクスの資本主義概念が，現代社会におけるさまざまな経済的諸事態，たとえば，独占資本主義や，資本主義の多様性，あるいは，情報化やソフト化

の進展や，グローバル化した世界寡占としての多国籍企業と多国籍資本による新自由主義的な現代資本主義，等々にとってもつ意義について瞥見し，マルクス死後の現代におけるマルクスの資本主義概念の現実的意義について，簡単ながら言及しておいた。

「資本主義」という古くて新しい概念とその現実的事態をめぐる熱い論議を，期待してやまない。

# 目　次

はしがき　3

序　章 …………………………………………………………………15
第1章　ヨーロッパ時代 ………………………………………………25
　第1節　初期マルクス………………………………………………25
　第2節　『賃労働と資本』…………………………………………29
第2章　前史としての『ロンドン・ノート』………………………37
　第1節　1850年代のマルクス………………………………………37
　第2節　『ロンドン・ノート』の内容……………………………39
　第3節　準備草稿や抜粋の再整理…………………………………46
　　1　「省察」　46
　　2　「地金。完成した貨幣制度」　49
　　3　「引用。貨幣制度。信用制度。恐慌」　50
　　4　「参考事項」　51
　　5　1850年代第1期におけるマルクスの取り組み　51
第3章　貨幣章の導入による『経済学批判要綱』の着想 …………55
　第1節　『経済学批判要綱』の構成 ………………………………55
　　1　執　筆　55
　　2　構　成　56
　第2節　『経済学批判要綱』はいつ始められたのか？ …………59
　　1　冒頭の奇妙な見出し　59
　　2　「貨幣にかんする章」設定の構想　68
　　3　「貨幣にかんする章」の設定による『経済学批判要綱』の着想　71
　　4　「交換価値の章」の構想　73
　第3節　「貨幣にかんする章」……………………………………77
　　1　「貨幣にかんする章」の内容　77

2 「交換価値にもとづく生産」概念の定置　85

第4章　資本の理論 …………………………………………93

　第1節　「資本にかんする章」とその構成 …………………93
　　1　開始個所　93
　　2　構　成　94

　第2節　「資本にかんする章」の内容 ………………………96
　　1　貨幣の資本への転化　97
　　2　資本の生産過程　99
　　3　資本の流通過程　106
　　4　果実をもたらすものとしての資本　111

　第3節　いくつかの問題 ……………………………………112
　　1　「自由に使える時間」と《時間の経済》論　112
　　2　匿名の著作による《時間の経済》論の先駆的指摘　117
　　3　社会的生産の主体的担い手の転換　120
　　4　資本制生産の行き詰まりと変革の展望　124

第5章　転生へのマルクスの決断 …………………………135
　　　――資本主義用語の転換への模索――

　第1節　「資本にもとづく生産様式」用語 ………………135

　第2節　資本主義用語の転生への試み ……………………144
　　1　『経済学批判要綱』以前における「資本にもとづく生産」用語　144
　　2　「資本制生産」という用語の出現　146
　　3　『経済学批判要綱』における新たな資本主義用語　147

第6章　『経済学批判』 ………………………………………151

第7章　資本主義用語の転生 ………………………………157
　　　――1859～61年における確定――

　第1節　『経済学批判』後の取り組みと「資本制生産様式」
　　　　　用語の確定 ………………………………………157

　第2節　1859～61年における執筆諸資料の執筆順序・時期と
　　　　　「資本制生産様式」用語 ………………………158
　　1　『ノートⅦ・抜粋部分』　160

2　「資本にかんする章へのプラン草案」　160
　　　3　『引用ノート』　163
　　　4　「引用ノートへの索引」　164
　　　5　「私自身のノートにかんする摘録」　164
　第3節　確定された「資本制生産様式」用語 ……………………170

第8章　「資本制生産様式」の全面的使用 ………………173
　　　――『1861-63年草稿』と『資本論』――
　第1節　『1861-63年草稿』……………………………………173
　第2節　『資本論』 ……………………………………………177

第9章　マルクスの資本主義概念 …………………………183
　　　――「資本制生産」と「資本制生産様式」――
　第1節　マルクスの資本主義概念 ……………………………183
　第2節　「資本制生産」と「資本制生産様式」 ………………185

終　章　現代社会と資本主義概念 …………………………191
　第1節　自由競争の阻害と資本主義概念 ……………………192
　　　1　独占資本主義と資本主義概念　192
　　　2　資本制的発展における「未来像」問題　198
　　　3　現代における「資本主義消滅」論　200
　第2節　多様な現代資本主義と資本主義概念 ………………202
　　　1　現代における資本主義の多様性　202
　　　2　現代の資本＝賃労働関係　207
　　　3　現代資本主義における情報化とソフト化　209
　　　4　多国籍企業によるグローバル化と世界寡占競争　212
　　　5　現代資本主義の現局面をどう視るか　217

あとがき　227
事項索引　247
人名索引　253

# マルクスの資本主義

# 序章

**事物の表現にとっての用語の重要性**

　事物や諸関係についての概念や理論は，図形や数式によって示すか，あるいは言語によって表現されるものである。

　したがって，なんらかの事物や諸関係を表現するコトバとしての用語は，事物や諸関係それ自体やその規定的内容をとらえて示すためには不可欠の媒体である。

　マルクスは，『経済学批判要綱』において，それ以前に10年にわたって使いつづけてきた資本主義用語としての「ブルジョア的生産 bürgerliche Produktion」「ブルジョア的生産様式 bürgerliche Produktionsweise」という用語をとりやめて，それに代わる新しい用語への転換をめざして「資本にもとづく生産」とか「資本を基礎とする生産様式」といったさまざまな表現を試みており，それはやがて『資本論』における「資本制生産 kapitalistische Produktion」「資本制生産様式 kapitalistische Produktionsweise」という用語へと結晶化しているのである。

　このことは，そのかぎりにおいては単なる用語上の問題にすぎないように見えるかもしれない。しかし，なぜ用語の転換をしなければならなくなったのか，新しい用語がつくりだされる理論的根拠はいかなるものであるのか，ということを問題にしていくと，それは単なるコトバの問題ではすまなくなる。

　『要綱』における用語上の転換への模索は，『要綱』における近代社会の経済的諸関係にたいする解明の深化と，それによる資本制経済諸関係にたいする概念化と，理論内容の飛躍的明確化によって，もたらされたものである。

　そのように資本主義概念についての表現用語の転換をひきおこすにいたるほどの理論的発展をもたらしたものとして，『経済学批判要綱』のもつ意義はきわめて大きいものがある。

## 『経済学批判要綱』における資本主義解明の重要モメント

　『経済学批判要綱』における新たな理論体系の発想にとって直接的な契機となったのは，商品・貨幣関係の規定的内容を自立的に解明するものとしての「貨幣にかんする章」の設定ということである。

　『要綱』以前においては，マルクスは，近代社会の経済構造の理解において資本＝賃労働の階級社会としての把握につよく傾斜していた。そのマルクスが，「貨幣にかんする章」という章を設定して，「貨幣」にとっての規定的内容にかんする論議を組み込んだ新たな経済学批判体系としての『経済学批判要綱』を構築するということを着想したその瞬間こそ，近代社会における商品・貨幣関係と資本＝賃労働関係との重層的な経済構造を解明するという『要綱』の基本構造の構想を打ち立てた時点である。

　そして，そこから，マルクスは，『要綱』における「貨幣にかんする章」と「資本にかんする章」との２章構成による経済理論体系の構築へとすすんでいくことになる。

　そして，自立的な章としての「貨幣にかんする章」が理論的に展開していくなかで，それ以前においては商品・貨幣流通についても階級的関係と関連をもつものとしてとらえられていたものが，商品・貨幣関係それ自体としての自由・平等な自立的な私的個人や諸主体のあいだの市民的関係としての規定的内容の把握が明確におこなわれることになるのである。

　そのうえで，それと対比されるかたちで，「資本にかんする章」においては，商品・貨幣関係における自由・平等な自立的な私的諸個人の「市民的」な関係とは相違するところの「資本」の規定的内容が，そして，「資本」によって規定された資本＝賃労働の階級構造をもった生産関係における事態が，理論的に明示的に展開されることになる。そして，さらに，「資本」に規制された「生産」や「生産様式」が，経済構造全体にとっての規定的な要因であるとして，解明されることになるのである。

　そこから，「資本にかんする章」において解明されている諸要因・諸関係を規定している事態は，「資本にもとづく生産」「資本を基礎とする生産様式」というかたちで資本主義概念を表現する新しい用語として用いられることになり，やがては，「資本制生産」「資本制生産様式」という資本主義用語として打ち立

てられることになるのである。

## 『経済学批判要綱』の読み方

だが，この『経済学批判要綱』は，マルクスが「気が狂ったように」急ピッチで書きすすめた『ノート』であって，整理も推敲もしていないものであるため，けっして秩序だった読みやすいものではない。

それだけに，ひらめきや，飛躍や，思いつきや，説明不足や，思い込み過剰などもあって，かえって新鮮なアイデアや示唆に富む言及などに満ち溢れているところがある。

そのため，『要綱』は，人によってさまざまな読み込み方がおこなわれることになる。

最もポピュラーなタイプは，『要綱』を『資本論』への形成途上の中間段階の理論構築物であると理解する読み方であって，ロスドルスキーの『資本論成立史』(1968年)やマンフレート・ミュラー『資本論への道——マルクスの「資本」概念の発展（1857-1863）』(1978年) などがそれにあたる。

それにたいして，アントニオ・ネグリの『マルクスを超えるマルクス——『経済学批判要綱』研究』(1979年) は，「経済学の呪縛から解放して政治的テキストとして読む」[1]といった自分の問題意識にひきつけたきわめてラディカルで強引な読み方をおこない，変革論，マルチチュード，資本制社会の予測，コミュニズムへの移行の革命的主体等々について，新たな見解が提示されているものとしてとらえている。そして，ネグリは，『資本論』よりも『要綱』のほうが理論的にも政治的意義においてもすぐれている，という評価をおこなっている。

また，わが国における『経済学批判要綱』研究の先駆的な開拓者であった佐藤金三郎氏は，「『要綱』では「疎外された労働の止揚」が革命過程の目標になっているのに対して，『資本論』では，それは後景に退き，むしろ「生産過程の共同的統制」に取って代わられている」というラインホルト・ツェヒの議論によりながら，「たとえ理論的には未熟であり未完成であるにせよ，「疎外された労働の止揚」を目標として掲げた『要綱』のほうが，今日的意義と重要性をもっているんじゃないかと考えている」[2]とされている。

すなわち，佐藤氏は，資本制生産様式の進展による「生産過程そのものの機構によって訓練され結合され組織される労働者階級の反抗もまた増大する」という議論によって根拠づけられるものとなっている『資本論』の変革の論理は，一国一工場論やスターリン的独裁体制へとつながっているとして，ソ連型社会主義をもたらしたロシア革命への拒絶反応から，『要綱』的な恐慌＝革命論のほうを評価され，『資本論』よりも『要綱』のほうがすぐれているとされているのである。

そのようなさまざまな『経済学批判要綱』の読み方にたいして，本書における『要綱』の解読は，商品・貨幣関係と資本＝賃労働の生産関係との規定的内容を異にする重層的構造としての把握を基軸として，資本主義認識の進展にともなう資本主義概念の明確化と資本主義用語の転生への模索について追跡する，ということを中心的な課題としている。

そして，『要綱』の内容そのものについては，片言隻句にこだわった読み方を排して，できるだけ『要綱』における基本的な論述の道筋を洗いだしながら，その理論内容を明らかにすることを心がけ，それにともなう資本主義認識と経済学批判体系の理論発展史における意義について明らかにする，ということに意を注いでいる。

## 宇野理論と『経済学批判要綱』における資本主義認識

ところで，『経済学批判要綱』における資本主義概念の深化と新たな用語への転換のプロセスは，わが国のマルクス経済学のいくつかの主要な諸見解の当否を照射するものとなっている。

『要綱』以前に使われていた資本主義用語としての「ブルジョア的生産様式」が『要綱』における理論的深化による「資本にもとづく生産様式」というかたちの用語の模索をへて，やがては『資本論』における「資本制生産様式」という資本主義カテゴリーを表現する用語の確定へといたるというプロセスは，まさに資本主義認識の進展による資本主義概念の明確化へのプロセスを示すものである。

このようなマルクスの資本主義認識の方法は，宇野弘蔵氏の理解されている19世紀中葉のイギリス資本主義の純粋化傾向にもとづく「純粋の資本主義社会」

の解明による資本主義の一般的原理の認識なるものとは,まったく異なるものであることを明らかにしている。

しかも,『要綱』における資本主義カテゴリーは,「貨幣にかんする章」において検討された商品・貨幣関係とは相違する規定性をもつところの,「資本にかんする章」において解明されている「資本」に規定された生産や生産様式を示す「資本にもとづく生産様式」といった用語で表現されているものであって,宇野氏の理解されている「商品経済関係の全面化」としての資本主義カテゴリーの規定性とはまったく相違するものであることを,明示的に示しているのである。

『要綱』における「資本主義」用語の模索とそれにもとづく『資本論』における「資本制生産様式」という用語の確定のプロセスは,まさにマルクスの資本主義概念の認識の方法と過程を示すものにほかならない。

## 平田理論と「市民的生産様式」

平田清明氏の「市民社会論」的資本主義論は,「市民的(ビュルガーリヒ)」なものと「資本制」的なものとを範疇的に峻別して,「市民的(ビュルガーリヒ)生産様式」という用語の規定的な意味内容を自由・平等な市民的な社会関係に一面化することによって,「市民的(ビュルガーリヒ)生産様式」と「資本制生産様式」とをまったく別のカテゴリーとして理解され,そのうえで「近代的生産様式」の基本的内容を「市民的生産様式の資本制生産様式への絶えざる転回」としてとらえる理論である。

そのような平田氏の資本主義論は,マルクスにおいては,『要綱』以前の資本主義カテゴリーとしての"bürgerliche Produktionsweise"すなわち「ブルジョア的(市民的)生産様式」用語が,『要綱』における「資本にもとづく生産様式」といった用語による模索をへて,『資本論』段階における「資本制生産様式」用語へと転換されていくという経緯が明らかになり,その結果,「資本制生産様式」という用語は「市民的(ビュルガーリヒ)生産様式」という用語の転生(生まれ変わり)による用語であって,その両者はマルクスにおいては対象的事物としては同一の事物を表現するカテゴリーにほかならないものであるということが確定されると,その主張の根拠は失われてしまうことになるものである。

## 本書における邦訳用語の変更

「ブルジョア的生産様式」

　本書においては, これまでわたしの著書において「市民的生産様式」という訳語をあたえていた "bürgerliche Produktionsweise" にたいして, 「ブルジョア的生産様式」という訳語を使うことにしている。

　平田清明氏は, "bürgerliche Produktionsweise" という用語の訳語にかんして, 次のような見解を述べられている。

　従来のマルクス主義文献においては, 「粗野な階級一元論的マルクス理解〔によって〕マルクスをゆがめ」る傾向があって, 近代社会の社会的諸関係においても存在している自立した個人や主体相互のあいだの「市民社会」的な関係についての把握が没却され, さらに, 社会主義社会における市民社会的な自立した個人の自由と平等についての重要性の認識が欠けたスターリン主義的なソ連型社会主義の問題性についての認識の欠落があった。

　そのため, 平田氏は, マルクスにおける失われた範疇としての「市民社会」の復権の必要があるとして, 「市民」的観点の重要性について強調され, そこから, "bürgerlich" については基本的に「市民的」という訳語を与えるべきものとして, 「市民的生産」「市民的生産様式」という用語を使用されたのである。

　"bürgerlich" について, 平田氏の場合には「市民的」という内容に一元化されているのにたいして, わたしの場合には「市民的」と「ブルジョア的」とのどちらの意味をも含むという多義的な意味内容をもつと理解しているという相違はあったが, 階級的な「ブルジョア的」という意味あいに一元的に還元して理解するそれまでの通説マルクス主義的見解にたいしてはわたしなりに批判的な意見をもっていたこともあって, 自由で平等な市民的関係のもつ意味の重要性について強調する平田氏の「市民社会論」的主張に一定の共感を感じ, 平田氏にならって「市民的生産様式」という用語を使ってきたところである。(そのため, ある論者には, わたしは「かくれ市民派」ではないかと評されたことがある。)

　さらに, 「市民的生産」「市民的生産様式」という用語を使うと, 「bürgerlich な生産様式」という用語は, 現実の資本＝賃労働の階級的経済諸関係との

不適合性があるため,そのような用語の使用をとりやめて「資本制生産」「資本制生産様式」という用語へ転換する必要があるという『要綱』での資本主義用語の転換について理解しやすいこともあって,わたしはこれまで「市民的生産様式」という用語を使いつづけてきたところである。

だが,「市民的生産様式」という用語は,「ブルジョア的生産様式」という一般に使われている用語とは逆に,階級関係的なものを排除する平田氏的な「市民社会論」的還元主義に理解されるところがあって,近代社会の階級的な経済諸関係の表現としては不適当であるため,一般には用いられることにならなかったようであり,近代社会の階級的な経済的諸関係の表現としては,「ブルジョア的生産(様式)」という用語がよりふさわしいものとして通常の訳語として使われているのが現実である。

そこで,本書においても,そのような一般的な用語法に合わせて,「ブルジョア的生産(様式)」という訳語を使うことにしたが,「市民的」と「ブルジョア的」との多義的な意味あいを考慮する必要があるときには,必要に応じて「ブルジョア的(市民的)生産(様式)」とか「ブュルガーリヒ的生産(様式)」といったかたちの表現の仕方をすることにした。

## 「資本制生産様式」

また,これまで「資本家的生産様式」という直訳的訳語をあてていた"kapitalistische Produktionsweise"にたいして,本書では「資本制生産様式」という訳語を用いることにしている。

「資本家的生産様式」という訳語については,"kapitalistisch"という用語には「資本家の」という意味だけでなく「資本の」という意味もあって,「資本の」という意味のほうがよりふさわしいのではないかと,幾人かの人たちから指摘されてきたところである。

とくに,《マルクス・エンゲルス研究者の会》の第18回例会(2002年次)における課題図書として拙著『資本主義を見つけたのは誰か』がとりあげられ,それについての私の報告にたいする橋本直樹,赤間道夫の両氏による質問と意見のなかで,そのことは指摘された。(これについては,マルクス・エンゲルス研究者の会『マルクス・エンゲルス マルクス主義研究』第41号,2003年12月,八朔社に,

そして，それにたいするわたしのリプライは，同誌，第42号，2004年6月に掲載されている。)

そこで，橋本直樹氏は，コメントのなかで，「"kapitalistisch"の訳語は〈資本家的〉でなければならないのか？」として，「Kapitalistの生産」ではなくて「Kapitalの生産」ではないのか，と批判されたところである。

この"kapitalistische Produktionsweise"という用語の日本語への翻訳用語にかんして，わたしが最も気にしていたのは，一般的な訳語とされている「資本主義的生産様式」という用語であって，その訳語は使いたくないという考えがあった。

というのは，わたしが問題にしているのが資本主義カテゴリーの用語問題であるからして，マルクスが概念としても用語としてももっていない「資本主義 Kapitalismus」という用語を組み込んだ「資本主義的生産(様式)」という訳語は使うべきではない，と考えたからである。

しかも，マルクスの資本主義概念は，「bürgerliche Produktionsweise ブルジョア的生産様式」にしても，「kapitalistische Produktionsweis 資本家的生産様式」にしても，その規定的要因は，形容詞形の限定詞であるところの"bürgerlich"や"kapitalistisch"であって，名詞形ではない。

すなわち，生産や生産様式といった事物を資本主義的なものたらしめている形容詞的限定詞としての"kapitalistisch"は，「生産」や「生産様式」にたいする特殊歴史的な近代社会的なものとしての形態規定性を示すものであって，それは「Kapitalismus 資本主義」という自立した事物や関係を示す名詞形を使って表現されるべきものではない。

すなわち，マルクスの資本主義カテゴリーの規定因としての"kapitalistisch"は自立して存在する事物ではなくて，なにはともあれ「生産」や「生産様式」といった事物のとる特殊的で歴史的な近代的な特有の形態にほかならないものとしての性格を示すものでなければならない，ということである。

そのような意味において，それ自体として存在しうる抽象名詞としての「資本主義」という用語は，マルクスの資本主義概念を示すにはふさわしくない用語である，と考えざるをえない。

そこにおいて気にしたことは，そのような規定的形容詞として，"kapitalistisch"の日本語をいかなる用語でもって表現するかということである。

それを，最も直訳的な訳語としての「資本家的」という用語を使って「資本家的生産」「資本家的生産様式」といった河上肇的な古臭い用語表現を使ったのは，マルクスがそれ以前に使っていた「bürgerliche Produktionsweise ブルジョア的（市民的）生産様式」における「ブルジョア」や「市民」といった人々の社会的立場を示す用語に対応させて，「資本家」という社会的性格をもった人格を表現する規定詞が適当な用語表現ではないか，と考えた点もあった。

ところで，『要綱』において資本主義用語への転換の模索のなかで使われている言葉としては，「資本家と賃労働者の生産 die Production von Capitalisten und Lohnarbeitern」という用語が一度だけ使われているけれども，圧倒的大部分は「資本にもとづく……」「資本に立脚する……」「資本を基礎とする……」というかたちで「資本」に規定されたものとなっている。

そのようなものとして，「資本」によって規定された用語に変えたほうがよいのではないか，と考えるにいたったところである。

だが，その場合，いかなる訳語にするかが問題となる。

「資本的」という用語があればそれがいちばんよいのであろうが，しかし「資本的生産」「資本的生産様式」という用語は存在しない。

やむをえず，「資本制」という規定詞を使って「資本制生産」「資本制生産様式」という用語を使うことにした。

しかしながら，そもそも「資本制」という用語には，形容詞的意味においても制度的な意味あいが含まれており，しかも，この「資本制」という用語は，名詞的な用語として資本制的制度を示す使われ方をすることもあり，その点が気にはなっているところではあるが，やむをえないことであろう。

1) 小倉利丸「日本語版解説」，アントニオ・ネグリ『マルクスを超えるマルクス——『経済学批判要綱』研究』2003年，作品社，432ページ。
2) 佐藤金三郎「『資本論』第1巻出版以後」，高須賀義博編『シンポジウム『資本論』成立史〔佐藤金三郎氏を囲んで〕』1989年，新評論，142-143ページ。

# 第1章　ヨーロッパ時代

## 第1節　初期マルクス

「市民社会」の検討

　マルクスの近代社会への取り組みは、ヘーゲルの「市民社会 bürgerliche Gesellschaft」概念への批判的検討から始まる。

　1843年3月、『ライン新聞』の編集者の地位から身を引いた24歳の青年マルクスは、研究生活にはいり、ヘーゲル『法の哲学』にたいする検討にとりかかり、「ヘーゲル国法論批判」「ユダヤ人問題によせて」「ヘーゲル法哲学批判・序説」の初期3論文を書きあげる。

　この初期3論稿の第1論文「ヘーゲル国法論批判」において、まず、社会関係の基礎をなすのは国家ではなくて人々の現実的な生活そのものとしての「市民社会」と「家族」である、という土台・上部構造論的な社会構造把握を確定する。

　ついで、第2論文「ユダヤ人問題によせて」で、政治的解放がおこなわれている「市民社会」は、個人的自由と私的所有が基礎となり貨幣が支配している疎外された社会形態であって、そのような市民社会を止揚して人間的解放をおこなわなければならない、という疎外論的社会把握にもとづく変革論を展開する。

　そして、第3論文「ヘーゲル法哲学批判・序説」では、近代「市民社会」はブルジョアジーとプロレタリアートからなる階級社会であって、所有から切り離されているプロレタリアートによるラディカルな革命がおこなわれなければならない、という社会主義的見地を打ちだしている。

　このように初期3論文において、マルクスは、唯物論的社会構造把握における規定的基礎をなすものとしての「市民社会」、貨幣に支配されている私的所有社会としての「市民社会」、ブルジョアジーとプロレタリアートからなる階級社会としての「市民社会」といった、多面的な内容において「市民社会」を

とらえながら，近代社会の構造と性格を把握しようとしている。

つづいて取り組まれた『経済学・哲学草稿』の第1草稿において，マルクスは，近代社会の基本的階級の所得の3大源泉としての労賃-利潤-地代の対比的分析をおこなっている。それとともに，さらに，そのなかでの，ジェームズ・ミル『経済学綱要』の抜粋と評注（ミル評注）においては，交換関係における疎外された労働についての検討をおこなっている。

そのように，初期マルクスにおいては，近代社会を「市民社会」としながら，その内容把握において，大きくは，アダム・スミスなどの古典派経済学にもとづいてブルジョアジーとプロレタリアートと土地所有者といった諸階級からなる社会ととらえながらも，同時に，商品・貨幣の交換関係によって覆われた経済関係をも見出しているのである。

**資本主義概念の概括的確定**

ところで，マルクスは，1845年頃，エンゲルスとの共著『ドイツ・イデオロギー』において，人間社会の歴史的諸形態とその変遷についての社会観＝歴史観としての唯物史観を提示する。

それは，なによりも，人間の生存と歴史にとっての第1前提は「物質的生活そのものの生産」であって，一定の生産様式が社会の一定の歴史的形態と結びついている，というものである。

そのような観点を《導きの糸》とし，スミス，リカードなどの古典派経済学の内容を批判的に摂取しながら，マルクスは，近代社会の経済的基礎における「生産」や「生産様式」のあり方について，近代社会特有の歴史的形態としての規定性をもつものとして，資本主義カテゴリーを確定するにいたる。

『ドイツ・イデオロギー』においても，第3篇「聖マックス」のなかで，「中世的生産様式」と対比しながら「近代的な生産様式」[1]について語っている。

マルクスは，そのような近代社会特有の生産や生産様式の歴史的形態としての資本主義カテゴリーを，まず，フランス語で執筆された「アンネンコフあての手紙」(1846年12月28日付) と『哲学の貧困』(1847年) において，はじめて，フランス語で「ブルジョア的生産諸関係 les rapports de la production bourgeoise」として明示的に示している。

ところで，そのような資本主義カテゴリーについてのドイツ語形での使用があらわれるのは，「道徳的批判と批判的道徳」論文においてである。

そこにおいては，「生産」や「生産関係」や「生産様式」についての資本主義カテゴリーは，ヘーゲル『法の哲学』における「市民社会 bürgerliche Gesellschaft」用語において使われていた「市民的（ブルジョア的）bürgerlich」という規定詞と結びつけられた用語が使われている。

すなわち，マルクスは，ドイツ語形での用語においては，他の諸要因については「Bourgeois- ブルジョア的」という規定詞を使ったりしながらも，「生産」や「生産様式」については「bürgerlich 市民的（ブルジョア的）」という規定詞による単一の用語法を用いている。

> 「プロレタリアートがブルジョアジーの政治的支配を打倒するとしても，歴史の経過のなかに，その「運動」のなかに，ブルジョア的生産様式（bürgerliche Produktionsweise）の廃止を，したがってブルジョアの政治的支配（die politische Bourgeoisherrschaft）の決定的打倒を必然にする物質的諸条件がまだつくりだされていないかぎりは，その勝利は一時的なものになるにすぎず，1794年と同じように，ブルジョア革命（bürgerliche Revolution）そのものに役立つ一契機となるにすぎないであろう。」[2]

「ブルジョア的生産様式」概念のあいまいさ

マルクスが「道徳的批判と批判的道徳」で用いている「ブルジョア的生産諸関係 bürgerliche Produktionsverhältnisse」「ブルジョア的生産様式 bürgerliche Produktionsweise」という用語においては，「ブルジョア的 bürgerlich」という規定詞が使われている。この bürgerlich という規定詞は，ヘーゲル『法の哲学』やマルクスの初期3論文でとりあげられていた「市民社会 bürgerliche Gesellschaft」に付けられていた限定詞「bürgerlich 市民的」がそのまま用いられながら，その意味内容は，けっして自立した市民たちの社会関係ではなくて，資本家・賃労働者・土地所有者といった諸階級からなる近代社会における「生産諸関係」や「生産様式」のとる特有のあり方を示すものとして，使われているのである。

ところで，「市民的 bürgerlich」という表現でもって近代社会の生産や生産様式の歴史的形態をとらえ，しかも，そのような規定が資本＝賃労働関係を指示するという使い方がされているにしても，そのことで，「市民的 bürgerlich」という言葉がもつ自立的な「市民 Bürger」たちを示す意味内容が消えてしまうものではない。それは，そのような意味内容をも含む多義的な用語たらざるをえないものである。

そのため，そのような「ブルジョア的（市民的）生産様式 bürgerliche Produktionsweise」という用語においては，資本＝賃労働の階級的な生産構造も，商品・貨幣関係も包括した，含み込まれたものとして示されているのである。

そのことは，「bürgerliche Gesellschaft 市民（ブルジョア）社会」概念の規定詞「bürgerlich」の多義的性格に対応するものとして，ブルジョアジーとプロレタリアートからなる階級的関係としての「ブルジョア的」なあり方も，商品・貨幣の交換関係における自立した私的所有者たちの相互関係としての「市民的」な関係も，明確な区別なしにとらえられて示されているのである。

日本語での翻訳において，"bürgerliche Gesellschaft" が，そのときどきの意味内容におうじて，「市民社会」と訳されたり，「ブルジョア社会」と訳されたりしていることにも，その多義的性格はあらわれている。

ともあれ，そのような「bürgerlich 市民的（ブルジョア的）」という用語の多義的意味をもつその性格から，「bürgerliche Produktion ブルジョア的（市民的）生産」「bürgerliche Produktionsweise ブルジョア的（市民的）生産様式」という資本主義的カテゴリーを示す用語は，やがては『要綱』において近代社会の経済的諸関係についての理論的解明がすすむなかで，近代社会の「生産」や「生産様式」にとっての特有の歴史的形態規定性を示す用語としては不正確であることが自覚されるようになり，マルクスは，それに代わる別の表現用語を模索し確定することになるのであるが，それはまだ「道徳的批判と批判的道徳」論文執筆から10年も先のことである。

このような「ブルジョア的（市民的）生産 bürgerliche Produktion」「ブルジョア的（市民的）生産様式 bürgerliche Produktionsweise」という用語でもって示された資本主義カテゴリーは，「道徳的批判と批判的道徳」以後の『共産党宣言』や『賃労働と資本』などのドイツ語での著書や論文において使われつづ

けている。

　具体的な経済的内容としては，ロンドン亡命以前のマルクスにとっての近代社会の経済的諸関係の基軸的要因の把握は，資本＝賃労働の階級関係が基本となっていながらも，それにたいする商品・貨幣関係の独自的特質はかならずしも明確に確定されていない。

　近代社会についてのブルジョアジーとプロレタリアートとの対立を基軸とした階級構造論的なマルクスの把握は，初期マルクスにおける「ヘーゲル法哲学批判・序説」から『経済学・哲学草稿』第１草稿での「労賃」「資本の利潤」「地代」の３大階級の所得の３源泉についての対比的分析，さらには『哲学の貧困』『共産党宣言』『賃労働と資本』といった主要系列の諸著作においてみられるところである。

　同時に，他方で，商品・貨幣関係論的な近代社会把握は，初期マルクスにおける「ユダヤ人問題によせて」から「ミル評注」をへて『経済学・哲学草稿』第３草稿断片の分業論へと折にふれてとりあげられている。だが，それらにおいてはまだ階級関係との区別を明確にした商品・貨幣関係それ自体の独自的性格と意義は確定されていない。

## 第２節　『賃労働と資本』

**1848年革命**

　『共産党宣言』が出版された1848年の２月には，フランスで二月革命とよばれる革命が勃発し，1830年の七月王政によって王位についていたルイ・フィリップは亡命し，社会主義者のルイ・ブランとアレキサンドル・マルタン・アルベールを含む臨時政府が組織され，共和制の施行がおこなわれることになる。しかも，このフランスの二月革命は，さらに，1848年革命として他のヨーロッパ諸国にも波及していくことになる。

　ところで，ブリュッセルから共産主義者同盟の指導をおこなっていたマルクスは，３月３日にベルギー国王発行の国外退去命令を受け，そのため，フランス共和国臨時政府の一員フェルディナンド・フロコンによる招請状を受けとっていたフランスに移ることにきめ，パリに行く。

同年3月には革命の嵐はドイツにも押しよせ，マルクスは，エンゲルスとともに，労働者と共産主義者の組織化のために，4月に，パリからマインツを経てケルンに行き，『新ライン新聞』の発行（6月1日創刊）を引き受け，彼らの立場から革命を推しすすめるための論陣をはっている。
　だが，1848年6月のパリ労働者の蜂起の敗北後，反革命の波が全ヨーロッパをおそうことになる。そのような状況のなかで，マルクスは，1849年4月5日から『新ライン新聞』に社説のかたちで『賃労働と資本』について掲載をはじめるが，5回連載ののち，〔続く〕としたままで中断してしまっている。
　この『賃労働と資本』は，1847年12月に，ブリュッセル・ドイツ人労働者協会で2回か3回にわたっておこなった講演をもとにして，活字にしたものである。
　ところで，革命の勃発後1年余の，しかも，反革命の逆流がさかまくこの時期に，論説のかたちで『賃労働と資本』が連載されはじめたのは，なぜか。
　それは，「1年間のヨーロッパ革命，とくにドイツ革命の総括と，そこから帰結される戦術上の転換を促進するため」[3]であって，ドイツ革命の進展のなかでブルジョアジーの政治的破産が明らかになったため，きたるべき封建的反動との闘いにそなえて，労働者の階級的自覚と独自的組織をかためる必要が生じたことによるものである。
　すなわち，『賃労働と資本』は，資本制的階級関係の本質を解明し，資本家階級と労働者階級との階級的利害の宥和しがたい対立を明らかにしようとするものであった。
　このようなものとしての『賃労働と資本』において，マルクスは，《賃労働》と《資本》との規定的な本質的内容を展開する。

## 「賃労働」とはなにか

　マルクスは，はじめに，予定している内容を，(1) 賃労働と資本との関係，(2) 中間諸階級の没落の不可避性，(3) 世界市場の専制的支配者であるイギリスによる他のヨーロッパ諸国の商業的隷属，の3部にわたるものとすると述べているが，結局のところ，主として第(1) 部についてふれただけで，マルクスのライン河上流地域への旅行，ロシア軍のハンガリー侵入やドレスデン等での

蜂起といった諸事件の続出と，新聞そのものの廃刊のため，論文の展開は中断されてしまっている。

ところで，執筆され掲載されたかぎりでの『賃労働と資本』の内容は，大きくいって，賃労働とはなにか，資本とはなにか，ということについての基本的内容を明らかにし，そして，賃労働と資本との相互関係，資本による生産の発展がひきおこす諸事態，とくに労働者階級に及ぼす影響について述べ，ブルジョアジーとプロレタリアートとの階級闘争の客観的根拠を明らかにしようとしたものである。

マルクスは，まず，「賃金とはなにか？　それはどのようにして決められるか？」という問題をとりあげるが，そのさい，労働者自身の生命活動としての労働が，賃労働においては，生活資料を手に入れるための手段にすぎないものに堕してしまい，労働者にとってはみずからの生活は労働がやむところで，すなわち，食事や睡眠においてのみ存在するという疎外された形態をとることを指摘する。そして，さらに，「労働はいつでも賃労働，すなわち自由な労働であったわけではない」として，賃労働をその歴史的な特有の形態規定性においてとらえるべきであることを明確にする。

すなわち，奴隷のように「彼自身が一つの商品なのであって，労働が彼の商品なのではない」あり方や，封建制度のもとでの農奴のように「土地に付属し，土地の持ち主に収益をもたらす」あり方でもなくて，それらと区別されるものとして，賃労働は，自己の労働を商品として彼自身がブルジョアジーに切り売りするという独自なあり方をとるものであることを指摘し，それは近代社会に特有の形態をとる労働のあり方である，としているのである。

そして，賃金の内容とその大きさについては，「賃金とは，労働という特定の商品の価格である」として，その大きさは他の商品と同じように「生産費」すなわち「商品の生産に必要な労働時間」によって決められるものとみなし，「労働という商品を生産するのに必要な労働時間」，すなわち，労働者の維持のための生活必需品の価格，労働者としての養育費，労働者種族の繁殖費からなるものである，とするのである。

そのように，マルクスは，賃労働を，人間の生命活動としての労働の疎外された形態として，しかも，それを近代社会に特有の歴史的形態を示すカテゴ

リーとして確定しながら，賃金の実体的な大きさについては，リカードの投下労働価値説的な把握を継承しつつ，これを深化させるという方法によって，とらえようとしている。

## 「資本」とはなにか

そのように歴史的形態規定性を明らかにしながらとらえ返すという方法は，資本の把握においてもつらぬかれている。

すなわち，「資本」について，それはさまざまなものを生産するために使用される労働用具や原料や生活資料などから成り立つものであって，そのようなものとしての蓄積された労働であるが，しかし，たとえば機械はそれ自体が資本であるのではなくて，それは一定の諸関係のもとでのみ資本となるものであって，その諸関係から離れるとそれは資本ではない，とする。

では，どのような諸関係のもとで，そのような蓄積された労働は資本になるのか。

マルクスは，資本を構成する労働用具，原料，生活資料を単に物質的生産物としてだけでなく交換価値としてとらえ，そのような交換価値の社会的一定量が「直接の生きている労働との交換」をつうじて「それ自身を維持し，かつ，増やす」ことによって，「蓄積された労働は資本になる」とするのである。

すなわち，「資本の本質」は，単に新しい生産の手段として役立つという点にあるのではなく，生きている労働すなわち賃労働者の労働との交換によって交換価値の大きさを増やす，すなわち価値増殖をおこなうという点にある，ということを明らかにする。

そのさい，資本の交換価値の大きさを増やす「資本と賃労働との交換では，どのようなことが生じるのであろうか？」という点については，「労働者は，彼の労働と交換に生活資料を受け取るが，資本家は彼の生活資料と交換に労働を，労働者の生産的活動を，受け取る。そして労働者は，この力によって，彼の消費するものを補塡するだけでなく，蓄積された労働にたいして，それがまえにもっていたよりも大きな価値を与えるのである」としているのである。

そのように「資本は，労働と交換されることによって，賃労働を生みだすことによってはじめて，増えることができる」のであり，そのような価値増殖が

おこなわれることによって蓄積された労働は資本になるのであるとしながら，マルクスは，そのような資本は特定の生産関係におけるあり方であるとする。

すなわち，資本についても，それを単なる物質的な生産手段や蓄積された労働といった超歴史的な生産一般におけるものとしてではなく，人類史上の特定の発展段階としての近代社会に特有の「ブルジョア的生産関係」によって社会的属性をもたされたものであるとして，その歴史的形態規定性を確定しながら，賃労働にもとづいて価値増殖をおこなう近代社会における資本の「本性」を明確にしているのである。

**剰余価値の解明へのステップ**

しかも，『賃労働と資本』におけるマルクスは，「資本と賃労働との交換」において，一方では，賃金の大きさを，労働者の生活費・労働能力育成費・家族養育費を内容とした労働者の「生産費」においてとらえ，他方では，「労働者は，この力〔生産的活動費〕によって，彼の消費するものを補塡するだけでなく，蓄積された労働にたいして，それがまえにもっていたよりも大きな価値を与えるのである」と，等価交換のもとでの剰余価値生産の秘密の開示へと迫っているのである。

その点に着目して，山中隆次氏は，「われわれは，これまでの第1論説でみた労働商品論と，第2論説でみた労働（力）商品への価値法則の適用との総合として，ここ第3論説でマルクス経済学の『礎石』たる剰余価値論が展開されている，とみることができよう」[4)]とされている。

だが，そのように断定していいかどうか，問題があるところである。

というのは，ここでのマルクスの把握は，リカード派社会主義者の見解，たとえば『哲学の貧困』でとりあげられている J. F. ブレイの「労働者は，半年だけの価値とひきかえに，まる1年の労働を，資本家に渡してきた」[5)]という把握より前進しているとはいうものの，まだそれを明確に超えているとは思えない[6)]。剰余価値論の展開のためには，労働と労働力との区別のうえに立つ労賃規定，労働力の売買における交換関係，ならびに，労働における価値形成的側面の把握と生産過程分析における労働力の使用＝消費による価値増殖過程の解明が必要である。

山中氏が引用されている『資本論』第2部「序言」でのエンゲルスも，「我々がいま剰余価値と名づける生産物価値部分の実在は，マルクスよりも久しく以前から確認されていた。また，それが何から成り立つかということ，すなわち取得者が何らの等価も支払わないで得た労働の生産物から成り立つということも，明瞭さの差こそあれ同じように説かれていた。だがそれ以上には出なかった」[7]と指摘しているところである。

その点については，杉原四郎氏は次のようにいわれている。

『賃労働と資本』においてマルクスは，「剰余価値論の実質的な核心を端的に表明するにいたった。／だがそれと同時に，ここではまだ，賃労働者が資本家に売りわたしたものは労働力であって，労働ではないということ，およびヨリ大きな価値の源泉である労働が，具体的有用労働と区別された抽象的一般的労働であり，それが支出される可変な労働日の一部分たる剰余労働時間であるということが，明確に理論化されていないことが注意さるべきである。労働の二重性把握にもとづく価値論および労働力と労働との区別にもとづく労賃論の確立を前提とする剰余価値論の完成こそ1850年代以降のマルクスに残された宿題であって，その解決のためにかれはロンドンに移ってからあらためてリカードを頂点とする従来の経済学の再検討をおこなわなければならなかったのであった。」[8]

この時点におけるマルクスは，資本制生産過程——労働過程と価値増殖過程との統一としての——への取り組みをまだおこなっていないだけではない。「労働力」範疇もまだ未確定であって，労働と労働力との区別と連関も明確ではないという未成熟さをもつものであって，その解決は1850年代後半以降の中期マルクスにゆだねられているところである。

1) マルクス・エンゲルス『ドイツ・イデオロギー』，『マルクス・エンゲルス全集』（以下，全集と略す）第3巻，345ページ。
2) マルクス「道徳的批判と批判的道徳」，全集，第4巻，356ページ。
3) 山中隆次「賃労働と資本」，『マルクス・コメンタールⅢ』1972年，現代の理論社，196ページ。なお，山中氏のこの論稿は，『賃労働と資本』の意義と内容について，マルク

ス手稿「賃金」(1847年)との関連に焦点をおきながら解明をおこなわれているものである。
4) 同上,206ページ。
5) J. F. ブレイ『労働者の不当な処遇と労働者の救済策』(1839年),マルクス『哲学の貧困』,全集,第4巻,99ページ。
6) リカード派社会主義者ブレイとマルクスとの区別と連関,とりわけ剰余価値論にかんするブレイの見解とその意義については,遊部久蔵「リカード派社会主義者とマルクス——『資本論』前史としてのリカード派社会主義者およびとくにジョン・フランシス・ブレイの見解の意義について」,経済学史学会編『『資本論』の成立』1967年,岩波書店,参照。
7) エンゲルス「〔『資本論』第2巻への〕序言」,全集,第24巻,24ページ。
8) 杉原四郎『マルクス経済学の形成』1964年,未来社,64-65ページ。

# 第2章　前史としての『ロンドン・ノート』

## 第1節　1850年代のマルクス

ロンドンへの亡命

　1848年革命の激動のなかで，1849年5月にドイツの各地でおこった自由主義的なドイツの実現を要求する蜂起はプロイセンの軍隊によって鎮圧されるにいたる。そのような事態のなかで，プロイセン政府は，マルクスにたいしてプロイセンからの追放を指令する。また，エンゲルスについては，エルバーフェルト蜂起への参加を理由とした逮捕命令が出される。

　それらの結果，『新ライン新聞』は発刊停止のやむなきにいたり，第301号（1849年5月19日付）を最終号として赤刷りで発行し，その最期をかざっている。

　そのあと，マルクスとエンゲルスは，フランクフルト・アン・マイン，バーデン，プファルツ，ブンゲンの各地へとおもむいたが，マルクスは6月3日頃フランスでの決定的な革命的事件の開始を期待してパリに向かい，エンゲルスは6月13日からヴィリヒ指揮下の義勇軍にはいり，ヴィリヒの副官としてバーデンおよびプファルツの革命的闘争のための戦闘に直接参加する。

　7月19日，こんどはフランス当局が，マルクスにたいして，不健康な沼沢地帯にあるモルビアン県への追放命令を出すにいたる。

　ここにいたって，マルクスは，やむなくロンドンへ亡命することを決意し，8月24日，ロンドンへと向かい，26日に到着，その後終生の亡命生活をそこで過ごすことになる。

　ロンドン到着後，マルクスは，革命の再燃を期待して，そのための機関紙として『新ライン新聞　政治経済評論』をエンゲルスとともに発行するが，やがて，当面の客観情勢は革命的情勢とはほど遠いことを認識するにいたり，亡命者仲間の内輪もめから身をひき，1850年9月頃より，経済学研究に精力的に取り組み始める。

　他方，エンゲルスは，11月半ば，生活のために，父親が共同経営者になって

いるエルメン・エンド・エンゲルス商会にふたたび勤務することになり，マンチェスターに移り住む。

## 1850年代の理論活動

ところで，このロンドン亡命後の1850年代は，マルクスにおける経済学研究の深化とその独自的な体系的理論の展開にとって，きわめて重要な時期となった。

この1850年代の時期に，マルクスは，資本主義世界の中心地イギリスでの膨大な経済学文献への取り組みをおこなって24冊の『ロンドン・ノート』を書きあげ，そのうえで，『経済学批判要綱』とその「序説」を執筆し，さらに，経済学批判体系の第1分冊としての『経済学批判』とその「序言」を公刊している。この『経済学批判要綱』とその「序説」，ならびに，『経済学批判』とその「序言」の執筆ということは，マルクスの経済学批判体系の方法と内容の基本的確立を意味するものである。

これ以降の『資本論』の形成へのプロセスのなかでマルクスによって深められ拡充されたものは大きくかつ多岐にわたるにしても，『資本論』に結実するマルクスの経済学体系にとっての最も基本的かつ基軸的な方法と内容はこの1850年代の時期に打ち立てられた，と言っても言い過ぎではないであろう。

この1850年代のマルクスにおける経済学体系の確立と深化のプロセスは，次のように三つの時期に分けることができる。

その第1の時期は，マルクスがブルジョア経済学批判の仕事を再開した1850年9月末から1856年頃までの時期であって，この時期には膨大なブルジョア経済学の諸著作や雑誌・資料類への新たな取り組みがおこなわれている。そこでの中心的な仕事は，1850年9月末から1853年8月にかけての24冊の『ロンドン・ノート』の作成である。

第2の時期は，1857年7月から1859年1月にかけての時期であって，この時期には，マルクスの経済学体系についてのはじめての体系的展開と叙述がおこなわれている。すなわち，1857年7月から1858年5月末にかけての『1857-58年の7冊のノート』における経済学草稿すなわち『経済学批判要綱』と，1858年11月から1859年1月にかけての『経済学批判』（第1分冊）の執筆がそれで

ある。

　第3の時期は，それにつづく1859年春ないし夏頃から1861年8月末あるいは9月後半頃までであって，この時期には，『経済学批判要綱』と『経済学批判』第1分冊のうえに立って，そのつづきとしての「資本についての章」についての『経済学批判』第2分冊（のちに『資本論』に計画変更）の執筆のための「プラン草案」の作成や『経済学批判要綱』の抜粋の再整理等がおこなわれた。

　このような1850年代に成し遂げられた経済学研究の深化と体系的展開のうえに，1860年代のマルクスの経済学体系の彫琢と完成が，すなわち，1861年から63年にかけての『資本論』全4部（『剰余価値学説史』を含む）の草稿たる『23冊のノート』（『資本論草稿』）の執筆と，1866年から67年にかけての『資本論』第1部の完成稿の執筆・公刊がおこなわれることになる。

## 第2節　『ロンドン・ノート』の内容

『経済学批判要綱』にとっての準備ノートとしての『ロンドン・ノート』

　ロンドン亡命後の経済学研究への新たな取り組みについて，マルクスは，『経済学批判』の「序言」において，次のように述べている。

　　「1848年と1849年の『新ライン新聞』の発行と，その後に起こった諸事件とは，私の経済学研究を中断させ，ようやく1850年になってロンドンで私はふたたび経済学研究に取りかかることができた。大英博物館に積み上げられている経済学の歴史に関する膨大な資料，ブルジョア社会の観察にたいしてロンドンがあたえている好都合な位置，最後にカリフォルニアおよびオーストラリアの金の発見とともにブルジョア社会が入り込むようにみえた新たな発展段階，これらのことが，全然はじめからやりなおして，新しい材料を批判的に研究しつくそうと私に決意させた。」

　かくして1850年9月から1853年11月にかけておこなわれた取り組みにより作成された『ロンドン・ノート』は，広範なテーマについての豊富な内容をもった24冊にものぼる膨大な抜粋ノートであるが，それは1857〜58年の『経済学批

判要綱』の執筆のための重要な素材となり，体系的展開にあたっての思索の糧となったものである。

佐藤金三郎氏は，『経済学批判要綱』とその前に取り組まれた研究ノートとの関係について次のように言われている。

> 「マルクスにしてもあらかじめなんの準備もなくて草稿を書けるわけがないのであって，そういうことをいえば『要綱』の場合でも同じですね。『要綱』の文献目録を見ると，これは旧版でも新版でも同じですが，膨大な文献が挙げられていて，それらがいつごろのマルクスの研究ノートに抜粋されているかということも書いてあります。そういう研究があらかじめなかったら，『要綱』はとうていありえなかった。そういう意味では，『要綱』前史の研究を抜きにしては，『要綱』そのものの研究も本格的にはできない，といっていいでしょう。」[1]

この『ロンドン・ノート』での取り組みが『要綱』にたいして与えた積極的意義について，新 MEGA 編集者は，「1850～1853年の時期に……のちの1857～1858年に『要綱』において，労働の二重性，価値形態，そしてとりわけ純粋な姿での剰余価値のような重要な諸発見をもたらした新しい認識の諸要素が，しだいに芽生えた。マルクスが『要綱』で数ヵ月のうちに経済学の質的転回をなしとげることができたとすれば，それは，彼が1850～1853年の集中的な研究過程の諸材料に依拠することができたからである」[2]と指摘しているところである。

この24冊の『ロンドン・ノート』については，新 MEGA の刊行によってその内容が順次に明らかになりつつある。

それは，現在までのところ，新 MEGA の第Ⅳ部第7巻において『ノートⅠ』から『ノートⅥ』までが，第8巻に『ノートⅦ』から『ノートⅩ』までが，そして，第9巻に『ノートⅪ』から『ノートⅩⅣ』までが公刊されている。しかし，最後の『ノートⅩⅤ』から『ノートⅩⅩⅣ』までの部分はまだ発表されていない。

なお，これまでにおいても，アムステルダム社会史国際研究所の『旧目録』[3]

**第1表** 『ロンドン抜粋ノート』

| ノートNo. | 執筆年月 | 抜粋著書冊数 | 抜粋著作の主内容<br>(( )内の数字は抜粋著書の数) |
|---|---|---|---|
| | 1850年 | | |
| ノート I | 9 月 | 6 | 貨幣・信用（2），恐慌（2） |
| ノート II | 9〜10月 | 5 | 貨幣・信用（3），銀行（1），恐慌（1） |
| ノート III | 10 月 | 14 | 貨幣・信用（12） |
| ノート IV | 11〜12月 | 8 | 貨幣・信用（2），農業（3），「(貨幣にかんする学説)」 |
| | 1851年 | | |
| ノート V | 1 月 | 16 | 貨幣・信用（11），銀行（5） |
| ノート VI | 2 月 | 19 | 貨幣・信用（8），銀行（6） |
| ノート VII | 3 月 | 20 | 貨幣・信用（15），銀行（3），「省察」 |
| ノート VIII | 4〜5月 | 10 | 一般経済書（2），貨幣・信用（3） |
| ノート IX | 5〜6月 | 20 | 一般経済書（13），貨幣・信用（3），労働問題（1） |
| ノート X | 6〜7月 | 6 | 一般経済書（4），労働問題（1） |
| ノート XI | 7 月 | 22 | 労働問題（18） |
| ノート XII | 〃 | 16 | 農業問題（13） |
| ノート XIII | 7〜8月 | 12 | 人口論（8），農業問題（1） |
| ノート XIV | 8〜9月 | 17 | 植民論（12） |
| ノート XV | 9〜10月 | 6 | 技術論（6） |
| ノート XVI | 11 月 | 12 | 貨幣・信用・銀行（8），一般経済書（2） |
| | 1852年 | | |
| ノート XVII | 〜 7 月 | 6 | 中世史・国家史等（5） |
| ノート XVIII | | 6 | 文学史等（4） |
| ノート XIX | 8 月 | 9 | 文学史等（4），婦人史（4） |
| | 1853年 | | |
| ノート XX | 1〜2月 | 1 | 文学史（1） |
| ノート XXI | 3〜5月 | 17 | インド史（6），文学史等（3），一般経済書（2） |
| ノート XXII | 6 月 | 14 | インド史（9），ヨーロッパ諸国（3） |
| ノート XXIII | | 7 | インド論（7） |
| ノート XXIV | | 2 | ヨーロッパ風俗史（1） |

のなかに『ロンドン・ノート』III〜XXIV[4]における抜粋文献があげられている。また，『経済学批判要綱』の「文献索引」や「注解」，あるいは『マルクス年譜』[5]においても，『ロンドン・ノート』でとりあげられている文献の一部があげられている。

### 『ロンドン・ノート』の内容

　そこで，それらにもよりながら『ロンドン・ノート』のなかで主としてとりあげられ抜粋されている書物の内容をみてみると，第1表のごとくである（な

お,『エコノミスト』掲載論文,雑誌記事,新聞記事についてはすべて除いてある。また,抜粋にあたって同一著書からの繰り返しの追加や,書名だけで内容の記述のないものもあり,さらに,多岐にわたる記述内容のため分類の確定が困難なものもある。したがって,この表に示してある冊数も分類も概括的な状況を示すにすぎない)。

そこからも明らかなように,『ロンドン・ノート』は,1851年11月の『ノートXVI』までは,経済学とそれに関連する諸問題への取り組みが集中的におこなわれている。そして,そのあとの時期の『ノートXVII』以後は,研究の一時的中断とスロー・ダウンがみられ,しかも,かなり経済学から離れた内容へ拡散したものとなっている。

では,ここで,『ロンドン・ノート』の概略についてみていくことにする。なお,この『ロンドン・ノート』を含む1850年代の前半の時期におけるマルクスの経済学の取り組みについては,八柳良次郎氏の研究に大きく依拠している[6]。

『ロンドン・ノート』は,J. S. ミルの『経済学原理』(John Stuart Mill, *Principles of Political Economy*, 2 ed., London, 1849, 2 vol.) の抜粋から始まり,ついで,通貨論争における銀行学派の代表的理論家とされている J. フラートンの『通貨調節論』(John Fullarton, *On the Regulation of Currencies*, London, 1844) からの大量の抜粋がおこなわれている。そして,そのあとの『ノートⅠ』と『ノートⅡ』では,トマス・トゥックなどの通貨問題を中心とした銀行業や商業恐慌等についての諸著作の研究と抜粋がおこなわれている。

この段階で,マルクスは,通貨論争に精通しただけでなく,銀行学派の優位に着目したようである[7]。

『ノートⅢ』の後半から,主として貨幣論に取り組んでいるが,『ノートⅣ』の終わり近くでのリカード『経済学および課税の原理』からの抜粋は「(貨幣にかんする学説 Lehre vom Geld)」と題されていて,それは通貨論争における通貨学派批判に通ずるものであり,『ノートⅤ』での通貨学派の論客たちの著作からの抜粋につながっている,とみられている。そして,『ノートⅥ』では,はじめに D. ヒュームなどの貨幣・信用理論の先駆的労作が研究されたのち,『ノートⅦ』にかけて,信用・銀行制度にかんする理論的・実証的文献が数多く抜粋されている。

なお,このノートの半ばをすぎたところで,「省察」(Reflection) という表題

の付けられた小論稿が書き込まれており，貨幣流通における商品・貨幣関係と資本制的階級関係との区別と連関について論じられている。

この『ノートⅦ』の終わり近く，アダム・スミス『諸国民の富』（ウェークフィールド編の英語版）からの抜粋と論評ののち，抜粋傾向が変化する。

すなわち，それまで精力的に取り組んでいた貨幣・信用論にかんする諸著作から次第に離れて，さまざまな経済学的諸問題にかかわる諸文献への取り組みへと向かうようになっている。

『ノートⅧ』では，マルクスは，ジェームズ・ステュアート『経済学原理』(James Stuart, *An Inquiry into the Principles of Political Economy*, 3 vol., Dublin, 1770) から相当大量の抜粋をおこない，つづいて，リカード『経済学および課税の原理』からの詳細な抜粋と評注をおこない，さらにそれを配列しなおして「リカード体系の再構成を試み」[8] たりしている。

さらに，『ノートⅨ』と『ノートⅩ』では，主としてマルサスやホジスキンなどの経済学原理にかかわる一般経済書への取り組みをおこなっているが，J. バートン『社会の労働階級の状態を左右する諸事情にかんする考察』（1817年）をはじめとして労働者の状態にかんする問題を扱った文献からの抜粋をはじめており，『ノートⅪ』において，労賃，労働日の長さ，婦人・児童労働，労働者の健康状態，工場制度の影響，雇用，労働組合等についての文献に集中的に取り組んでいる。

つづく『ノートⅫ』では，マルクスは，匿名の著者（チャールズ・ウェントワース・ディルク）の，「自由に処分できる時間」こそが富であるとして，利潤・利子・地代の実体としての剰余労働について指摘している『国民的苦難の根源と救済策』(*The Source and Remedy of the National Difficulties: deduced from principles of political economy, in a letter to Lord John Russell*, London, 1821) からの抜粋をおこなっている。さらにまた，賃金基金説にとっての支柱のひとつとしての収穫逓減法則と関連して農業問題，とくに地代論にかんする多くの著作をフォローしただけでなく，リービヒなどの農芸化学にかんする文献をもとりあげている。そして，『ノートⅩⅢ』では，賃金基金説のもうひとつの支柱であるマルサスの人口法則と，それにかかわるマルサス人口論にたいする反対者たちの文献をも含んで，人口論に取り組んでいる。

『ノートXIV』から研究の新たな局面がはじまり，人類史における社会的発展段階や社会構成体にかんする問題がとりあげられ，植民地問題が取り組まれている。

ところが，『ノートXV』では，工場制度における機械の影響に関連して技術論と技術史が研究されている。そして，1851年10月から11月にかけての『ノートXVI』では，ふたたび貨幣，信用，銀行論にかんする諸文献に集中的に取り組んでいるが，そのあと，マルクスは経済学研究をしばらく中断している。

というのは，同年12月2日にフランスでルイ・ボナパルトのクーデターが勃発し，それにたいしてマルクスは12月19日頃から翌1852年3月25日頃まで『ルイ・ボナパルトのブリュメール十八日』の執筆にエネルギーを集中する。さらに，この1852年の2月頃には極度に困窮し，衣服を質屋に入れたため図書館にも通えなくなっており，そのうえ無理な夜業がたたって目を痛めてもいる。

それにたいして，5月下旬にエンゲルスからのマルクス一家への援助が増え，6月末にマルクスは大英図書館の閲覧券を更新して，ふたたび諸著作の研究と抜粋にとりかかるが，同時に，この8月頃から『ニューヨーク・デイリー・トリビューン』紙への寄稿のための論説の執筆にも時間を割くようになる。

そのこともあってか，この時期のマルクスは，『ノートXVII』ではドイツ史や中世史に，『ノートXVIII』では文学史に，『ノートXIX』では婦人史や文化史に，そして，1853年に入ると，『ノートXX』では文化史，『ノートXXI』と『XXII』と『XXIII』ではとくにインド論とインド史に取り組み，『ニューヨーク・デイリー・トリビューン』紙にしばしばインド問題についての論稿を寄稿している。

そして，7月頃から11月にかけて書き込まれた『ノートXXIV』ではヨーロッパ風俗史と議会演説集に取り組んでいて，ここで24冊の『ロンドン・ノート』を終えている。

### 『ロンドン・ノート』にかんする諸研究

なお，この『ロンドン・ノート』にかんしては，国内外においてさまざまな研究が出はじめている。

新MEGA第IV部の第7巻，第8巻，第9巻に掲載された『ロンドン・ノー

ト』の概要については，各巻における新 MEGA 編集部による「序文」においてふれられているが，それについては八柳良次郎氏によって翻訳されている。第 7 巻——八柳良次郎訳「『メガ』第Ⅳ部第 7 巻「序文」」（マルクス・エンゲルス研究者の会『マルクス・エンゲルス マルクス主義研究』第 1 号，1987年10月）。第 8 巻——同「『メガ』第Ⅳ部第 8 巻「序文」」（同上，第 3 号，1988年 4 月）。第 9 巻——同「『メガ』第Ⅳ部第 9 巻「序文」」（同上，第21号，1994年 9 月）。

さらに，『ロンドン・ノート』にかんする研究には次のようなものがある。

*Arbeitsblätter zur Marx-Engels-Forschung*（Martin-Luther-Universität Halle-Wittenberg, DDR）誌には，Kraus Fricke/Wolfgang Jahn, "Marx' Londoner Exzerpthefte von 1850 bis 1853," *Arbeitsblätter zur Marx-Engels-Forschung 2*, 1976 や，Wolfgang Jahn/Dietrich Noske, "Fragen der Entwicklung der Forschungsmethode von Karl Marx in den Londoner Exzerptheften von 1850–1853," *Arbeitsblätter zur Marx-Engels-Forschung 7*, 1979 など。

また，Fred E. Schrader, *Restauration und Revolution. Die Vorarbeiten zum Kapital von Karl Marx in seinen Studienheften 1850-1858*, Gestenberg Verlag, Hildesheim 1980 の前半を占める「第 1 章 貨幣制度の批判，貨幣論，流通論および恐慌論についての研究（1850/51年，1854/55年）」は，アムステルダム社会史国際研究所に保管されているマルクスの遺稿の調査にもとづいて，『ロンドン・ノート』を中心とした1850年代第 1 期のマルクスについての詳細な検討をおこなったものである。本書については，山本孝則氏が，「《紹介》フレット・シュラーダー著『再建と革命——1850～1858年のマルクスの研究ノートにおける〈資本論〉の準備作業』」（『武蔵大学論集』第31巻第 6 号，1984年 3 月）で紹介されている。

わが国における『ロンドン・ノート』研究としては，八柳良次郎氏が，これらの諸研究を参考にしながら，「マルクス『ロンドン抜粋ノート』の意義——『資本論』成立史研究の新たな課題」（『社会科学の方法』第14巻第 8 号，1981年 8 月，御茶の水書房），同「マルクス『ロンドン抜粋ノート』における貨幣・信用論」（東北大学経済学会『研究年報 経済学』第44巻第 1 号，1982年），同「新 MEGA とマルクス研究」（『経済学史学会年報』第21号，1983年）等を発表されている。

## 第3節　準備草稿や抜粋の再整理

ところで，マルクスは，この1850年代の前半の時期に，経済学にかんして，さまざまな経済学者たちの諸著作や雑誌論文等からの抜粋や評注を24冊の『ロンドン・ノート』に書き込んだだけではない。抜粋の途中や，あるいは，しばらくたった後に，それまでの抜粋や研究にもとづく経済学の一定のテーマについての簡単な準備草稿の執筆や，抜粋文献の再整理的とりまとめなどをおこなっている。

それらは，『ロンドン・ノート』とあわせて，この時期におけるマルクスの経済学研究のなかでの問題意識と関心の焦点がいかなるところにあったかを推測する材料となるものである。

### 1　「省察」

そのひとつは，『ロンドン・ノートⅦ』に書き込まれている「省察 Reflection」[9]と題された，貨幣，信用，恐慌にかんする小論稿である。

それは，1851年3月頃に書かれたとみられているものであって，『ロンドン・ノートⅦ』のなかの，トマス・トゥック『通貨原理の研究』(Thomas Tooke, *An Inquiry into the Currency Principle,* 2 ed., London, 1844) からの短い抜粋の数ページあとに書き込まれているものである。

したがって，この「省察」は，『ロンドン・ノート』の『ノートⅠ』から『ノートⅦ』までにわたって精力的に取り組まれてきた貨幣・信用論についての抜粋と研究のほぼ終了したところで執筆されたものとみられる。

『ロンドン・ノート』での抜粋とこの小論稿「省察」との関連については，次のように指摘されている。

〔〔ロンドン・〕ノート第Ⅶ冊の，この手稿〔「省察」〕の数ページまえに，トゥックの『通貨原理の研究』(ロンドン，1844年) からの短い抜粋があり，その第7章は「商人と商人とのあいだの流通と，商人と消費者とのあいだ

第2章　前史としての『ロンドン・ノート』　47

の流通との区別」となっている。トゥックのこの考え方ならびにそれと関連するアダム・スミスの考えが，マルクスに「省察」を書こうと思いたたせるきっかけとなったのは確かである。」[10]

　ところで，この「省察」でとりあげられているのは，恐慌期における貨幣と信用のあり方をどうとらえるかという問題であるが，その取り組みにおいて中心的視点となっているのは，経済的諸事態における商品・貨幣関係と資本制的階級関係との区別と連関ということである。

　マルクスは，まず，スミス『諸国民の富』第2篇第2章やトゥック『通貨原理の研究』第7章によってとりあげられた「商人たちと商人たちとのあいだの取引」と「商人たちと消費者たちとのあいだの取引」との区別の重要性を強調する。

　そして，「商人たちと商人たちとのあいだの取引」を自身の貨幣（Money）をもっておこなわれる「資本の移転」とみ，「商人たちと消費者たちとの取引」を鋳貨（Münze）をもっておこなわれる「所得と資本との交換」とみながら，その大部分は「労働者たちと小売商人たちおよび職人たちとのあいだの交換」であるととらえかえ，それは「労働者たちと産業資本家たちとのあいだの交換」にかかっているとみなして，この二つの種類の取引のあいだの連関にかんする幾つかの考察をおこなっている。

　すなわち，恐慌における事態の把握に関連して，「商人たちと商人たちとのあいだの交換」は「商人たちと消費者たちとのあいだの交換」によって制限されているものであるが，「過剰生産は，ただ不均衡な生産にのみ帰せられるべきではなく，資本家たちの階級と労働者たちの階級のあいだの関係に帰せられるべきである」[11]と指摘する。

　また，これらの取引を媒介する貨幣についても，商人相互の取引を媒介する「本来の商業貨幣」と「所得と諸商品との交換における通貨」とを区別し，信用を通じての連関をみながらも，恐慌期に不足するのは資本ではなくて購買力としての通貨であることを指摘する[12]。

　さらに，ヴィリヒ，シュティルナーなどの小ブルジョア的な単純な民主主義者たちが，「商人たちと消費者たちとのあいだの交換」のなかに「正直者がや

る価値と価値との交換」をみて,「階級対立はこの交換では問題にならない」とみなしているのにたいして,マルクスは,賃金・利潤・地代といった所得の階級的源泉を指摘し,さらに,消費者たちが交換するものは靴屋,食料品店等の資本であることをとらえることによって,みかけは単純な「商人たちと消費者たちとの交換」のなかに「いっさいの階級関係が現われ出てくる」のであり,「諸階級が前提されている」のである,としている。

## 商品・貨幣関係における市民的平等

ところが,マルクスは,商品・貨幣関係についてのそのような階級論的内容を指摘しながらも,それだけにとどまらないで,商品・貨幣関係においては「ブルジョア社会における平等の外観」がひきおこされるようになるという把握もおこなうようになっている。

すなわち,これまでマルクスが指摘してきたように所得は一定の階級に属するものとしての諸個人に帰属するものであるが,しかし,「貨幣の形態,つまり金,銀,または銀行券の形態」への転化は「階級性格をあいまいにし,それを糊塗する」ものであって,「そこから,ブルジョア社会における平等の外観が生じる」[13]ようになるとみる。

というのは,貨幣と諸商品との交換においては,工場主は労働者と同じく消費者であり,召使は主人と同じ貨幣価値とひきかえに同じ諸商品を手に入れるのであって,そこでは,貨幣に転化された所得の特殊な階級的性格が脱落する。したがって,貨幣制度が完全に発展した社会では,諸個人が貨幣をもっているかぎり――その所得源泉がどのようなものであろうと――,彼らの現実の「ブルジョア的平等」が,現実に生じることになる,とマルクスはとらえるのである。

そして,そこから,マルクスは,「買う,売る,というその行為のなかに,階級個人ではなくて,階級性格をもたない買う個人そのものを見る幻想が生じる」のであって,「それゆえ貨幣は,階級諸対立の最高の表現でありながら,同時に,宗教的・身分的・知的・個人的な区別をあいまいにするのである」としているのである。

このように,「省察」のマルクスにおいては,近代社会の経済的諸関係にお

ける商品・貨幣関係を，資本制的階級関係のうえに存立するものとしながらも，同時に，商品・貨幣関係において諸個人を階級的な相違をもたない市民的平等のなかにあるものという外観を生じせしめることになるという独自的な規定的性格をもつ内容把握への歩みがみられるのである[14]。

　ここにおいて，マルクスは，貨幣制度が完全に発達した社会では，諸個人が貨幣をもっているかぎり——その所得源泉がどのような階級的なものであろうと——彼らのあいだに「市民的平等」が現実に生じうるものであるとみなして，階級関係とはちがった対等・自由・平等な関係という商品・貨幣関係における独自的な規定的性格の把握への歩みをみせはじめているのである。

## 2　「地金。完成した貨幣制度」

### 『ノート』の抜粋の再構成

　ところで，マルクスは，『ロンドン・ノート』と関連して，「省察」のほかに，一定のテーマについての抜粋を再構成した準備草稿を3点作成している。

　そのひとつは，「省察」とほぼ同じ時期の1851年3月につくられたとみられているものであって，マルクス自身によって「地金。完成した貨幣制度 Bullion. Das vollendete Geldsystem」と題された「ブリオン」とも呼ばれている要約抜粋ノートである。

　この「地金。完成した貨幣制度」は，新 MEGA，Ⅳ-8 において初めて公表されたものである。

　これは，24冊の『ロンドン・ノート』とは別のノートに書かれている。それは，それまでにマルクスが書き抜いてきた『抜粋ノート』，すなわち，パリ，ブリュッセル，マンチェスター，ロンドン（ただし，『ロンドン・ノート』は『ノートⅥ』まで）での『抜粋ノート』にもとづいて作成された52名の著者の63冊の著作からの抜粋（ただし，それ以外の24名の著者からの抜粋は紛失している）と，ひとつの「参考指示」からなるもので，それは「貨幣の理論と歴史にかんする文献を選別したもの」[15]のようである。

　シュラーダーは，この抜粋ノート要約「地金。完成した貨幣制度」を，「ノートⅥまでの諸抜粋にかんする最初の体系的概観」であるとして，「貨幣数量説

批判」「17世紀および18世紀の理論家」「貨幣の機能諸規定」の3項目にわけてまとめている[16]。

この「地金。完成した貨幣制度」について，新 MEGA 編集部は，それは「マルクスの貨幣理論・信用理論の具体的な発展状況」を示すものであって，そこでの「マルクスの関心は，貨幣，信用および経済恐慌の関連に注がれて」いるが，恐慌においては貨幣章標や信用貨幣といった金の代理物は流通の媒介物としての機能を果たすことはできないことが明らかになるものであって，なんらかの「完成された貨幣制度」によって資本主義の矛盾の克服を期待する小ブルジョア的ユートピア的見解にたいする批判をおこなっていると指摘し，このことこそマルクスがこの要約抜粋ノートにたいして「地金。完成した貨幣制度」という表題を与えた理由をなすものである，とみなしている。

3 「引用。貨幣制度。信用制度。恐慌」

ところで，マルクスは，『ロンドン・ノート』の作成終了後しばらくして，さらに二つの引用文の再構成をおこなっている。

そのひとつが，「引用。貨幣制度。信用制度。恐慌 Exzerpte aus Exzerpten, enthaltend: Citate. Geldsystem. Creditsystem. Crisen」と題されたもので，『ロンドン・ノート』作成終了の1年ほどの後，1854年12月～1855年1月頃につくられたものとされているものである。

この再構成された抜粋は，24ページにわたる抜粋からの記載であって，31冊の著書と3本の『エコノミスト』掲載論文からの抜粋によるものであり，貨幣論にかんしてとりあげられた材料についての，「地金。完成した貨幣制度」につづく第2の総括である。

しかも，さきの「地金。完成した貨幣制度」では通貨学派の基礎である貨幣数量説への内在的批判に力点がおかれていたのにたいして，この「引用。貨幣制度。信用制度。恐慌」では，銀行学派につらなる論者の検討に力点がおかれており，一定の批判をくわえつつも，銀行学派による貨幣の諸機能規定の区別と流通必要貨幣量の把握を高く評価している，とのことである[17]。

## 4 「参考事項」

ところで，さらに，ほぼ同じ頃，マルクスは，「参考事項 References」なる抜粋ノートからのピック・アップを，1855年1月に作成している。

これは，3ページほどのもので，11冊の著書と2本の『エコノミスト』掲載論文からなるもので，さきの「引用。貨幣制度。信用制度。恐慌」の一部と重複しているとのことであるが，内容の詳細は明らかでない。

なお，抜粋ノートの再構成によるこの二つの準備草稿「引用。貨幣制度。信用制度。恐慌」と「参考事項」においてとりあげられている著作については，八柳良次郎「マルクス『ロンドン抜粋ノート』における貨幣・信用論」(74-75ページ) に掲載されている。

## 5　1850年代第1期におけるマルクスの取り組み

このような1850年代の第1の時期においてマルクスが取り組んだ『ロンドン・ノート』，その関連諸草稿としての「省察」「地金。完成した貨幣制度」「引用。貨幣制度。信用制度。恐慌」「参考事項」などの内容やそれらがマルクスの経済学批判体系の形成にとってもつ意義は，今後のさらなる吟味のなかで明らかになるところであろう。

だが，これまでみてきたところからだけでも，この時期にマルクスが集中的に取り組んだ経済学上の中心論点のひとつは貨幣論や貨幣制度であったことは，『ロンドン・ノート』の『ノートⅠ』から『ノートⅦ』までの抜粋文献からも，また，『抜粋ノート』を編集・再構成した三つの「準備草稿」からも，さらに，独自的な論述をおこなっている「省察」の内容からも，十分に推察しうるところである[18]。

かくして，商品・貨幣関係の独自的かつ規定的内容の把握が明確におこなわれていたとは思えない，ロンドン亡命前の1840年代のマルクスからの，1850年代の経済学批判体系構築に向けての大きな前進のための地固めが，ここに打ち固められたものといえるであろう。

1) 佐藤金三郎「『資本論』成立史の時期区分について」,高須賀義博編『シンポジウム『資本論』成立史〔佐藤金三郎氏を囲んで〕』1989年,新評論,34ページ。
2) 新 MEGA, IV-7, Einleitung, S. 17*-18*. 八柳良次郎訳「『メガ』第IV部第7巻「序文」」,マルクス・エンゲルス研究者の会『マルクス・エンゲルス マルクス主義研究』第1巻,1987年10月,八朔社,37-38ページ。
3) 川鍋正敏「マルクス・エンゲルスの草稿および読書ノート目録」,『立教経済学研究』第20巻第3号,1966年12月。
4) 『ノートXXIV』については,ノート番号が付されていないが,『旧目録』のB61がそれに該当するとのことである(八柳良次郎「マルクス『ロンドン抜粋ノート』における貨幣・信用論」,東北大学経済学会『研究年報 経済学』第44巻第1号,1982年,67ページ,注4)。
5) MEL研究所編,岡崎次郎・渡辺寛訳『マルクス年譜』1960年,青木書店。
6) 八柳良次郎「マルクス『ロンドン抜粋ノート』の意義──『資本論』成立史研究の新たな課題」(『社会科学の方法』第14巻第8号,1981年8月,御茶の水書房),同「マルクス『ロンドン抜粋ノート』における貨幣・信用論」(東北大学経済学会『研究年報 経済学』第44巻第1号,1982年),同「新 MEGAとマルクス研究」(『経済学史学会年報』第21号,1983年)。なお,文献・資料類についても,八柳良次郎氏の好意により便宜を受けた。ここに記して謝意を表したい。
7) Wolfgang Jahn/Dietrich Noske, "Fragen der Entwicklung der Forschungsmethode von Karl Marx in den Londoner Exzerptheften von 1850-1853," *Arbeitsblätter zur Marx-Engels-Forschung*, 1979, S. 29. 八柳,前掲「マルクス『ロンドン抜粋ノート』における貨幣・信用論」67ページ。
8) 八柳,同上,70ページ。
9) この「省察 Refliction」という論稿は,新 MEGA, I-10とIV-8に収められており,その邦訳としては,大谷禎之介「カール・マルクス『論評』──貨幣,信用,恐慌にかんする1851年の1論稿」(法政大学経済学会『経済志林』第46巻第2・3合併号,1978年10月)があり,それは論文表題を「省察」と訳しかえられて,『マルクス・エンゲルス全集』補巻3(1981年,大月書店)に収録されている。
　この「省察」にかんしては,さきにあげた F. E. Schrader, *Restauration und Revolution* や John/Noske 論文のほかに,W. S. Wygodski, "Zum Manuskript 'Reflection' von Karl Marx in Heft VII der Londoner Exzerpt," *unsrer Partei einen Sieg erringen; Studien zur Entstehungs- und Wirkungsgeschichte des "Kapital" von Karl Marx*, Ein Sammelband, Berlin, 1978 でとりあげられている。わが国では,八柳良次郎氏の前掲「マルクス『ロンドン抜粋ノート』における貨幣・信用論」,中宮光隆「マルクス『省察』(Reflection, 1851) における恐慌・信用論──マルクスとシスモンディー」(『三田学会雑誌』第76巻第5号,1983年12月)がある。
10) 全集,補巻3,注解 (150), 590ページ。
11) K. Marx, Reflection, 新 MEGA, I-10, S. 504.「省察」,全集,補巻3, 153ページ。

12) このようなマルクスのとらえ方について，そこに消費制限的な恐慌論をみいだし，シスモンディとの連関をみようとする諸論稿（Schrader, *a. a. O.*, 中宮，前掲論文）や，再生産論的連関把握をみいだそうとする見解（Wygodski, *a. a. O.*, 飯田裕康「貨幣資本蓄積論の構成」，『金融経済』189号，1981年8月）などがある。
13) K. Marx, Reflection, S. 508-510. 邦訳，158-160ページ。
14) 服部文男氏は，「省察」においてマルクスが「貨幣制度を階級対立にもとづくものとみなしながらも，貨幣が「階級的性格を消し去り，ぬりかくす」ことを指摘し，「質的な階級の差異が，消費者と商人とのあいだの商業の行為において量的な差異のうちに消失する」と述べていることは，注目すべきである」と指摘されている（服部文男『『資本論』の成立」，岡本博之ほか監修『マルクス《資本論》の研究』上，1980年，新日本出版社，103ページ）。

また，内田弘氏は，「省察」における近代貨幣制度の歴史的にして二重の性格の把握と貨幣の三つの区分を重視し，それは「のちの『要綱』にとっての決定的なメルクマールを措定したことを意味する」とされている（内田弘「第1部，第2章，1850-1867年」，遊部久蔵・杉原四郎ほか編『講座 経済学史』Ⅲ，1979年，同文舘，59ページ）。

なお，シュラーダーは，「省察」の中心概念を「貨幣制度」とみなしながら，商品と貨幣との交換とそして賃労働者と資本家との階級対立との関連についての把握というところに，「省察」の中心的内容があるとみるとともに，それは内容的に『要綱』貨幣章に直結しているとみなしている（Schrader, *a. a. O.*, S. 88-90. 山本孝則「《紹介》フレッド・シュラーダー著『再建と革命——1850～1858年のマルクスの研究ノートにおける〈資本論〉の準備作業』」，『武蔵大学論集』第31巻第6号，1984年3月，127ページ）。また，ヴィゴドスキーは，この「省察」において「貨幣流通と恐慌の研究における具体から抽象への移行についての一定の歩み」がなしとげられており，『要綱』や1861-63年の『資本論草稿』に結びつくものとみている（Wygodski, *a. a. O.*, S. 80）。
15) 八柳，前掲「新MEGAとマルクス研究」5ページ。
16) Schrader, *a. a. O.*, S. 55-56. 山本，前掲論文，126-127ページ。八柳，前掲「マルクス『ロンドン抜粋ノート』における貨幣・信用論」71-73ページ。
17) Schrader, *a. a. O.*, S. 99-103. 山本，前掲論文，128ページ。八柳，前掲「マルクス『ロンドン抜粋ノート』における貨幣・信用論」75ページ。
18) シュラーダーも，1850年秋から54/55年の「引用。貨幣制度。信用制度。恐慌」にいたるまでのマルクスの経済学研究の「重点」は「市民社会における貨幣制度の分析」にあった，としている（Schrader, *a. a. O.*, S. 103. 山本，前掲論文，128ページ）。

# 第 3 章　貨幣章の導入による『経済学批判要綱』の着想

## 第 1 節　『経済学批判要綱』の構成

### 1　執　筆

**『1857-58年の経済学草稿』**

　1850年代中頃の一時期,経済学の研究から遠ざかっていたマルクスは,国際貨幣市場恐慌の切迫に刺激されて,1856年10月頃からふたたび経済学の研究を開始し,1857年7月から1858年5月末にかけて『1857-58年の経済学草稿』と呼ばれている膨大な草稿を『7冊のノート』に書きあげている。

　この『1857-58年の経済学草稿』という『7冊のノート』には,三つの草稿が含まれている。それは,二つの短い未完成の草稿,すなわち「バスティアとケアリ」および「序説」と,そして,『経済学批判要綱』とのちに名づけられた大きな著作の草稿とである。

　マルクスは,「序説」執筆の1か月ほどののち,1857年10月から『7冊のノート』でアルフレッド・ダリモン『銀行の改革について』をはじめとして『経済学批判要綱』とのちに呼ばれる草稿に取り組み,「貨幣にかんする章」を書き始める。そして,11月に入るや,『ノートⅡ』のなかで「資本にかんする章」に筆をすすめ,翌1858年の5月末に『ノートⅦ』において『要綱』を書き終えたようである。

　内容的には『原・資本論』ともみなされ,量的にも50印刷全紙を超え旧版の原書で850ページ近いこの膨大な草稿を,わずか8か月ほどで書きあげたことになる。ものすごいスピードである。

　マルクスは,1857年12月8日付のエンゲルスあての手紙のなかで,そのことについて,「僕は毎晩,夜を徹して,気違いのように,経済学研究の取りまとめにかかっている,大洪水〔恐慌のこと—重田〕の来るまえに,せめて要綱だけでもはっきりさせておこうと思ってね」と述べ,さらに10日後の12月18日付の

手紙でも,「僕はものすごく勉強している,たいてい,朝の4時までやる。勉強することが倍あるからだ。すなわち,1.経済学の要綱の仕上げ。……2.現在の恐慌。これについては──『トリビューン』に書く論説以外は──ノートをとるだけなのだが,これがしかし,相当時間を食うのだ」と書いている。

そこでふれられているように,この時期のマルクスは『要綱』の執筆だけにかかりきっていたのではない。生活費を稼ぐ必要もあって寄稿していた『ニューヨーク・デイリー・トリビューン』紙向けの論説として,「1844年の銀行法とイギリスの貨幣恐慌」など3篇,「ヨーロッパの金融恐慌」など3篇,「イギリスの貿易」「来るべきインド公債」「ボナパルトの暗殺未遂」など4篇,「時代の前兆」など9篇等の執筆をおこなっており,そのうえ,さらに,1858年1月前半にはヘーゲルの論理学を再読したり[1]),産業循環の問題に関連して機械の摩損について研究しバビジの『機械およびマニュファクチュア経済論』を読んだりしており,しかも,それらは持病の肝臓の疾患に悩まされながらの仕事であった。

まったくの驚異的なタフぶりである。当時のマルクスの年齢は30代の最後,まさに40歳になろうとするところであった。

## 2 構 成

**ずさんな見出しによる編別構成**

ここで,『経済学批判要綱』の構成と内容についての概括的一瞥のために,新MEGA版での見出しを示しておこう(第2表)。

マルクス自身は『要綱』においてきわめてわずかしか見出しを付けておらず,第2表に示された目次のなかの〔 〕が付けられているものは新MEGA編集部によって付けられたものである。

そこからも明らかなように,『経済学批判要綱』は,どうみても,「序説」で述べられている経済学の理論体系の方法とプランにしたがって,まえもって十分に構想をねり,篇・章別構成を明確にしたうえで,叙述されたものとは思えない。

『要綱』自体の執筆にとっての編別構成は,むしろ『要綱』そのものの叙述

**第2表** 『経済学批判要綱』目次

Ⅱ) 貨幣にかんする章　　　　　　　　　　　　　　　〔ノートⅠ〕
　アルフレッド・ダリモン『銀行の改革について』パリ，1856年
　〔貨幣の成立と本質〕
　〔貨幣関係の担い手としての貴金属〕
　　　a　他の金属との関係における金と銀
　　　b　種々の金属のあいだの価値関係の変動
　〔貨幣の通流〕
　　　a　〔諸価値の尺度としての貨幣〕
　　　b　〔流通手段としての貨幣〕
　　　c　富の物質的代表物としての貨幣（貨幣の蓄積。そのまえになお諸契
　　　　　約の一般的質料としての貨幣，その他）　　　　〔ノートⅡ〕
Ⅲ) 資本にかんする章
　〔第1章　資本の生産過程〕
　　資本としての貨幣にかんする章
　　〔貨幣の資本への転化〕
　　　　1　流通と流通から生じる交換価値が資本の前提
　　　　2　流通から生じる交換価値は自己を流通の前提とする，また流通の
　　　　　　なかで自己を保持するとともに，労働を介して自己を倍加させる
　　〔資本と労働のあいだの交換〕
　　〔労働過程と価値増殖過程〕　　　　　　　　　　　〔ノートⅢ〕
　　〔絶対的剰余価値と相対的剰余価値〕
　　〔剰余価値と利潤〕
　〔第2章　資本の流通過程〕　　　　　　　　　　　　〔ノートⅣ〕
　　〔資本の再生産と蓄積〕
　　〔資本制生産に先行する諸形態〕
　　〔資本の循環〕　　　　　　　　　　　　　　　　　〔ノートⅤ〕
　　〔剰余価値および利潤についての諸学説〕
　　〔固定資本と流動資本〕　　　　　　　　　　　　　〔ノートⅥ〕
　　〔固定資本と社会の生産諸力の発展〕
　　〔固定資本および流動資本の流通ならびに再生産〕　〔ノートⅦ〕
　第3章　果実をもたらすものとしての資本。利子。利潤。（生産費用，等々）
　〔貨幣にかんする章と資本にかんする章とへの補足〕
　　〔価値の尺度としての貨幣〕
　　〔流通手段としての貨幣，および，自立した価値としての貨幣〕
　　〔機械装置と利潤〕
　　〔疎外〕〔雑〕
　1）価値

の進行のなかで具体化され，修正され，再構成されていったようである。
　そして，そのなかで，「序説」で示された経済学批判体系の章別構成プラン
そのものもまた，『要綱』の叙述の進行のなかで修正されていっている。その

ことは、『要綱』のなかのいくつかの個所や、あるいは、エンゲルスやラサールあてのマルクスの手紙等において、さまざまなかたちで提示されている経済学プランのバリアントとその変遷において、示されているところである[2]。

　さらに、『経済学批判要綱』が十分に練りあげられた編別構成にもとづいて書かれたものではないことは、形式的側面からみてみても、それぞれの篇・章・節の見出しの不備や極度の欠落、さらには、篇・章の付け方の乱れ等にもあらわれている。

　たとえば、「貨幣にかんする章」のなかの〔貨幣の通流〕では、「貨幣の通流」という見出しはつけられておらず、さらに、「a」と「b」との項の見出しはアルファベットしか書かれていないのに、「c」の項だけ「c　富の物質的代表物としての貨幣（貨幣の蓄積。そのまえになお諸契約の一般的質料としての貨幣，その他）」という詳しい見出しが付けられたりしている。

　また、「資本にかんする章」においては、第1章も第2章もないのに「第3章　果実をもたらすものとしての資本。利子。利潤。（生産費用，等々）」だけが置かれていたりしている。

　そのようなきわめてずさんな見出しの付け方による編別構成のもとで、叙述がすすめられているのである。

　内容的にみても、叙述のなかでのさまざまな試行錯誤的な叙述のゆれや論点の踏み出しといったところがかなりある。マルクスは、『要綱』の執筆終了直後の1858年5月31日付のエンゲルスあての手紙において、「いまいましいことには、原稿（これは印刷すれば分厚い1巻になるだろう）のなかにはいろいろなことがごちゃ混ぜになっており、ずっとあとのほうに置くべき個所がたくさんあるのだ」と書いている。

　それらの点からみて、『要綱』は、かなり大雑把で概略的なものでしかない執筆構想のもとで、しかも、ものすごいスピードでの叙述がすすめられたものとみていいようである。

　そのようなことから生じている見出しの不備をおぎなうために、1939〜41年に出版され1953年に再版された旧版の『要綱』では、マルクスが『要綱』執筆終了後（1858年2月あるいは1861年夏）に作成した「私自身のノート〔『要綱』〕にかんする摘録」において要約的に整理された項目を利用して、かなりこまか

第3章　貨幣章の導入による『経済学批判要綱』の着想　59

く見出しがつけられていた[3)]。

　そのようなやり方にたいして，新しく編集出版された新MEGA版は，「前に出た初版と異なって，〔新MEGAでの〕テキストは，あとになってからできた諸資料を使うかたちでの整理はなされていない。そうすることは歴史的原則と矛盾するだろうからである。ごくわずかの見出しが，編集者によって挿入されたが，それらは編集者注と角括弧によって明示されている」[4)]としている。

　しかし，それでもなお，新MEGA版においても，「私自身のノートにかんする摘録」での区分にしたがったり，『資本論』にひきつけた見出しが付けられたりしているところがあるし，さらにいえば，新MEGA編集者によって挿入された見出しの内容や表現や場所が適切であるかどうかについて疑問のあるところもある。

　たとえば，「資本にかんする章」の始まる個所については内田弘氏によって疑問が提示されているし（後述），あるいは，『要綱』においてはまだマルクスが確定していなかった「資本制生産 die kapitalistische Produktion」という用語を使った「資本制生産に先行する諸形態」という見出しが付けられたりしている。したがって，新MEGA編集部によって挿入されている見出しについても，見出しの場所，内容，表現用語にいたるまで慎重な判断が必要である。

## 第2節　『経済学批判要綱』はいつ始められたのか？

### 1　冒頭の奇妙な見出し

ダリモンの『銀行の改革について』は『経済学批判要綱』の始原範疇であるか？
　『経済学批判要綱』の草稿は，その冒頭に，「（Ⅱ）貨幣にかんする章」という見出しが付けられ，その下に「アルフレッド・ダリモン『銀行の改革について』，パリ，1856年」と書かれていて，そのあと，プルードン主義者アルフレッド・ダリモンの『銀行の改革について』(Alfred Darimon, *De al Réform des Banques, Avec une inrtoduction par M. Emile de Girardin*, Paris, 1856) の抜粋と評注とともに，それにたいする批判的検討がおこなわれている。

　そのため，マルクスの草稿についての執筆状況が指摘されていない旧版の

『要綱』によるかぎり，冒頭の「貨幣にかんする章」という見出しのもとで，最初の始原的叙述としてダリモンの『銀行の改革について』からの抜粋と評注がおこなわれた，と思い込まざるをえないものとなっていた。

その結果，ダリモンの『銀行の改革について』という著書を『経済学批判要綱』の「貨幣にかんする章」にとっての始原範疇をなすものとみなす見解が生じることになる。

たとえば，森田桐郎氏は，そのようにダリモンの『銀行の改革について』を『要綱』「貨幣にかんする章」の始原的原点をなすものとして，つぎのように指摘されている。

> 「ダリモンに対する批判から彼〔マルクス〕が貨幣論の自己了解的展開をはじめたのは，ほかでもない。そこに──プルードン＝ダリモンの貨幣把握に──誤まれる近代市民社会認識の原点をみいだしたからである」[5]

そのように，ダリモン『銀行の改革について』が『要綱』の冒頭にとりあげられた理由とそのもつ意義について，森田氏以外にも，旧版の『要綱』にもとづいていくつかの見解が出されている。

シュラーダーやヴィゴツキーは，恐慌の原因を金・銀の特権的な役割にもとめ「労働貨幣」の発行による恐慌の克服を構想するプルードン主義者ダリモンの批判的検討は，貨幣材料での価値表現と労働時間での価値表現との関係を明らかにし，価値論─貨幣論への必然的連関の解明へと導くことになる，とみなしている[6]。

また，アントニオ・ネグリは，「マルクスがダリモンを最初の論難の対象としたのは偶然ではない。つまり，ダリモンの著書ではいたるところで，ブルジョア国家が剰余価値の抽出形態として完成していく歴史的移行が神秘化されているのである（プルードンの「信用の非生産性」という重要な用語によって神秘化されているのである）」[7]と述べている。

角田修一氏は，新版にもとづきながら，「『要綱』がなぜダリモンの著作の批判から書き始められたかということは，読者として当然の疑問である。その理由は，ダリモンがプルードン主義者であり，貨幣と銀行の改革について特定の

幻想をもち，それは商品・貨幣の理論的分析によって批判すべきだからであった」[8]とされている。

## 新 MEGA の指摘——あとからの追加による「Ⅱ) 貨幣にかんする章」という見出し

だが，マルクスの草稿についての執筆状況が記載されている新 MEGA によれば，『経済学批判要綱』全体の叙述の冒頭の「Ⅱ) 貨幣にかんする章」という見出しそのものは，『要綱』執筆の最初に書かれたものではない。

新 MEGA では，マルクスの草稿についての執筆状況が記載されており，『要綱』の『ノートⅠ』の冒頭部分については，「典拠文書についての記録」に次のような指摘がおこなわれている。

> 「まず，マルクスは，彼の草稿のこの部分に，「アルフレッド・ダリモン『銀行の改革について』，パリ，1856年」という見出しを付けた。あとからマルクスはそのうえに，わりあい大きな文字で，それよりはなはだしく幅を広げて書かれた表題「Ⅱ貨幣にかんする章」と書いた。そのさい「貨幣」の語は，特別に大きい，太い文字で書かれ，「Ⅱ」はあとになってから書きそえられた。このページからマルクスの手跡で，インクで書かれた新しいページづけ（1–44）が始まっており，それはノートの終わりにまで及んでいる。」[9]

すなわち，冒頭に書き込まれている「Ⅱ) 貨幣にかんする章」という見出しは，『ノートⅠ』の叙述の最初に書かれたものではなくて，本文の叙述の途中で書き込まれたものである。しかも，「貨幣にかんする章」という見出しが書かれたのちの，さらにあとになって「Ⅱ)」が付け加えられた，とされているのである。

このことは，新 MEGA におけるこのページ部分のフォト・コピーからも見てとることができる（第1図参照）。

そのような新 MEGA にもとづきながら，佐藤金三郎氏は，この「Ⅱ) 貨幣にかんする章」という見出しについて，次のように指摘されている。

第1図　『ノートⅠ』の第1ページ

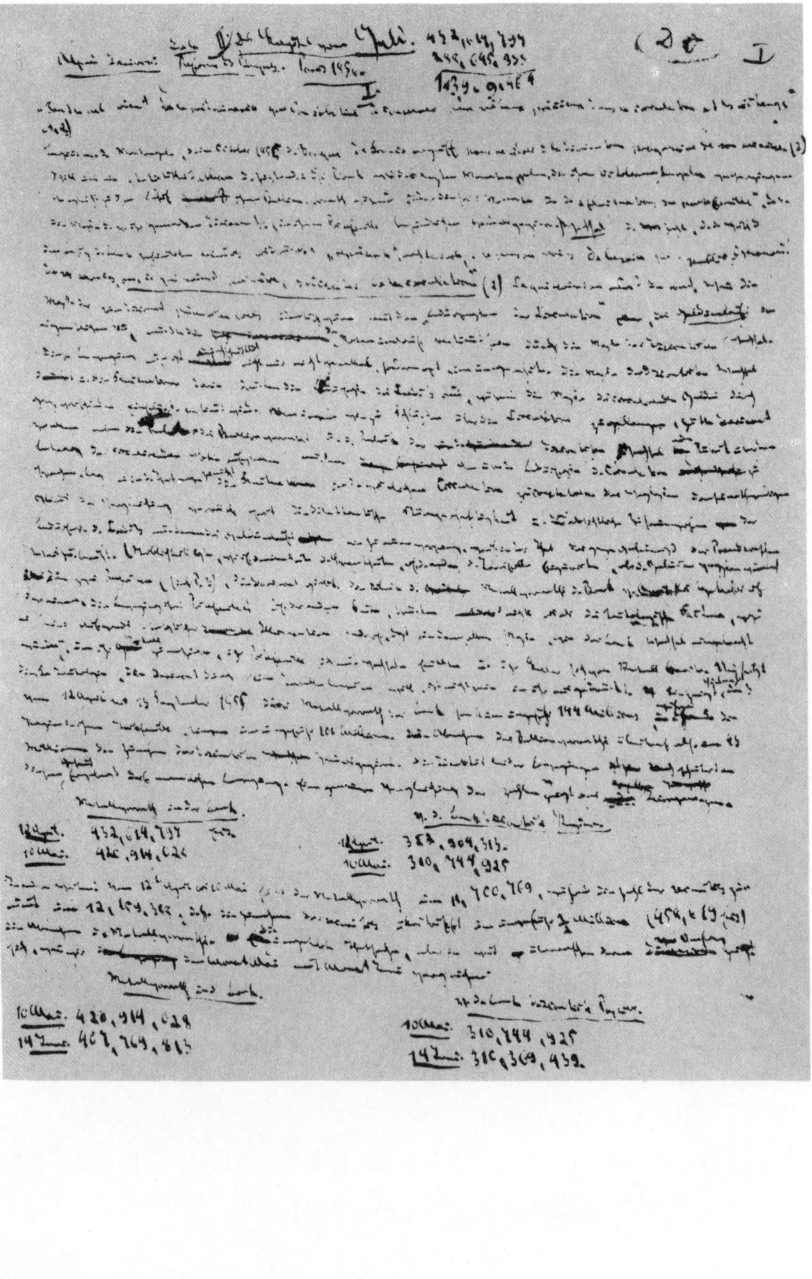

第3章 貨幣章の導入による『経済学批判要綱』の着想　63

「『要綱』の本文というのは、ご存知のように、「Ⅱ．貨幣にかんする章」というのから始まっているのですが、あの書き出しかたはどうも尋常普通ではない。1861-1863年草稿の書き出しと比べてみればすぐわかりますが、あらかじめ最初に明確なプランがあって書き始められたわけでもなさそうだし、なんとなく書評というか時論というか、そんなスタイルで始まっています。それが前から気になっていました。ところが『要綱』が新『メガ』で出たときに見ると、あの「Ⅱ．貨幣にかんする章」というタイトルは、「Ⅱ」というのも「貨幣にかんする章」というのも、編集者の注記によれば、あとから書き加えられたものだということです。そして、新『メガ』には草稿の問題の個所を含む最初のページの写真が挿入されていますが、それを眺めているとたしかにそれらしく見えてくるんですね。もしそのとおりだとすれば、マルクスは最初はタイトルなしに、ただダリモンの『銀行改革論』という題名を書いていただけだということになるわけです。」[10]

　そのように、新 MEGA 編集部の指摘にしたがうならば、マルクスが、『ノートⅠ』の最初のページの冒頭に書き入れたのは「アルフレッド・ダリモン『銀行の改革について』、パリ、1856年」という見出しであって、その前には、「貨幣にかんする章」という見出しも、「Ⅱ)」というナンバーも、付けられていなかったのである。

### 単なる抜粋ノートとしてのダリモン『銀行の改革について』

　すなわち、『ノートⅠ』の執筆にあたって、マルクスは、まず、「アルフレッド・ダリモン『銀行の改革について』、パリ、1856年」という見出しを付け、それにつづけて、ダリモンの著作の第1ページから始まる抜粋（ページ付で）とそれについてのコメントを書き込むというかたちで、記述を始めているのである。

　そのような記述内容、すなわち、まず著者氏名・書名・発行場所・発行年を見出しとして書き込むという記述の形式は、これまでマルクスが繰り返しおこなってきた『抜粋ノート』の記述形式にほかならないものである。

　その点について、佐藤金三郎氏も、『経済学批判要綱』はあらかじめ最初に

明確なプランがあって書き始められたわけでもなさそうであって、マルクスは最初はタイトルなしに、ただダリモンの『銀行改革論』という題名を書いていただけで、「なんとなく書評というか時論というか、そんなスタイルで始まって」いると指摘されているところである。

そのような「貨幣にかんする章」というタイトルなしに、ただダリモンの『銀行改革論』という題名を書いていただけで、書評か時論のスタイルで始まっている叙述を、いかなるものとみなしたらいいのか。

慎重な佐藤金三郎氏は、ここで、あと一歩を踏み出されない。

しかし、タイトルなしに、ただダリモンの『銀行改革論』という書名を書いていただけで、どうみてもあらかじめ最初に明確なプランがあって書き始められたわけでもなさそうな、書評か時論といったスタイルで始まっている叙述は、そのまま素直に、ダリモンの『銀行の改革について』の抜粋と評注を書こうとしていたにすぎない、とみなすべきであろう。

マルクスが「ダリモン『銀行の改革について』、パリ、1856年」と書いた最初の時点においては、それは1843〜45年にパリでおこなった『経済学ノート』以来繰り返してきた一連の『抜粋ノート』のひとつとして、ダリモンの著書についての抜粋をおこなうつもりで叙述を開始している、とみるべきものと思われる。

そこに、「貨幣にかんする章」という見出しが付けられていないのは、その最初の執筆時点では、「貨幣にかんする章」という章立ての構想はまだ存在していなかったからであり、さらにいえば、「貨幣にかんする章」を含む『要綱』の理論体系そのものもまだ構想されていなかったためであろう。

すなわち、マルクスが『ノートⅠ』の冒頭において、ダリモンの『銀行の改革について』の抜粋と評注を書き込み始めたときには、『要綱』の「貨幣にかんする章」についての構想はまだ存在していない状況であって、「貨幣にかんする章」という章の設定も、さらにいえば『経済学批判要綱』という経済学理論体系についてのまとまった草稿の執筆ということそれ自体も、構想されていなかったとみていいものと思われる。

おそらく、そこでは、マルクスは、単なる『抜粋ノート』として、ダリモンの『銀行の改革について』からの抜粋と評注をおこなって、プルードン主義者

第3章 貨幣章の導入による『経済学批判要綱』の着想　65

ダリモンの貨幣論の批判，とりわけプルードン主義的な「労働貨幣」ないしは「時間票券」によるブルジョア社会の治療についてのプルードン主義的命題の批判的検討をおこなおうとしたものであろう。

そのように，マルクスによるプルードン主義者アルフレッド・ダリモンの『銀行の改革について』の抜粋と評注から始められている叙述は，けっして『経済学批判要綱』の構想を前提として執筆され始めたものではないのであって，『要綱』が構想される以前に取り組まれたものである，とみるべきもののようである。

そうだとすると，ダリモンの『銀行の改革について』が『要綱』の始原範疇としての位置を占めるということはありうるはずのないことであろう。

**貨幣についての一般的吟味への移行による「貨幣にかんする章」の設定**

そのように，佐藤金三郎氏がためらわれた最後の一歩を踏み出して，『ノートⅠ』のはじめの部分は単なるダリモンの『銀行の改革について』の抜粋と評注にすぎないものであって，そこではまだ『要綱』の「貨幣にかんする章」は開始されていないとみなすならば，そこからただちに新たな問題が生じてくる。

もしそうであるならば，『要綱』の「貨幣にかんする章」の設定と叙述は，ダリモンからの抜粋と評注のはじめからではなくて，その叙述の途中においておこなわれたということにならざるをえない。そうなると，ダリモンからの抜粋を始めてのち，いつごろ，いかにして，『要綱』の構想と「貨幣にかんする章」の設定がおこなわれることになったのか，ということが問題になる。

ここで，マルクスの叙述にしたがって，事態の成り行きをみていくことにしよう。

マルクスは，『ノートⅠ』の冒頭において，ダリモンの『銀行の改革について』という抜粋ノートとしての見出しをつけたあと，まず，「1855年10月にフランス銀行が，同行の金銀保有高がしだいに減少するのを防ぐためにとった措置」についてのダリモンの指摘の抜粋を始める。

だが，『ノートⅠ』の5ページ目になると，マルクスは，「ここでわれわれは出発点とはもはや関係のない根本問題に到達している」として，貨幣にとっての一般的な問題へのひろがりについて指摘し，「問題は一般的にはこうであろ

う,すなわち,流通用具の——流通の組織の——変更によって,現在の生産諸関係とそれに照応する分配諸関係とを変革することができるのか？ さらに次のことが問題となる,すなわち,流通のそのような変形は,現存の生産諸関係とそれに立脚した社会的諸関係に手をふれることなしに,これを企てることができるものであろうか？」と,貨幣制度の改革による社会の生産関係の変革の実現可能性について言及して,その問題点を指摘する。

そして,「時間票券を採用することだけによって,すべての恐慌,ブルジョア的生産（bürgerliche Produktion）のすべての弊害がどのように除去されることになるのか」とプルードン主義的経済理論の問題点の焦点を示しながら,貨幣の価値の基礎としての労働時間量と商品価値との考察へと論点を移行しているのである。

このように,マルクスは,『要綱』の『ノートⅠ』においてダリモンの『銀行の改革について』の抜粋と評注をおこなうなかで,ダリモンから離れて,その叙述の内容はしだいに貨幣論の一般的理論へと向かうようになっているのである。

このような貨幣の一般理論へ,いつ,どこから移行したのか,その区切りはかならずしも明確ではない。

新MEGA編集部は『ノートⅠ』の12ページの後半部分でダリモン『銀行の改革について』の検討の終了をとらえて,そこに「〔貨幣の成立と本質〕」という見出しをつけて貨幣論の論述の展開が始まったものとしている。だが,マルクスが『要綱』執筆後に作成した「7冊のノートへの索引」においては,あらたな全体的再構成による一般的議論の開始は『ノートⅠ』の11ページの終わり近くの「価値」についての論議から始まるものとしているようである。

ともあれ,そこでの価値と貨幣価値との区別についての論究をへて,やがて,貨幣の本質と諸機能についての全面的な解明へとすすむのであるが,そのような論述のなかで,マルクスは,そのあたりのどこか,『ノートⅠ』のどこかで,そこで論じている内容を自己の経済学理論体系の展開のなかの「貨幣」にかんする「章」とすることを確定して,「貨幣にかんする章」という見出しを『ノートⅠ』の冒頭に書き込んだにちがいない。

ともかく,『ノートⅠ』の冒頭に「貨幣にかんする章」という見出しが付け

第3章 貨幣章の導入による『経済学批判要綱』の着想　67

られたのは，おそくとも『ノートⅡ』に移る時までであろう。

　というのは，『ノートⅡ』の第1ページの第1行目のうえには「貨幣にかんする章。(続き)」と書かれており，したがって，その前までに『ノートⅠ』の冒頭の「貨幣にかんする章」という見出しは書かれたのであろう，と推察されるところである。

　すなわち，プルードン主義者ダリモンの『銀行の改革について』の抜粋と評注をおこなってプルードン的な「労働貨幣」あるいは「時間票券」についての貨幣論の批判的論議をおこなうなかで，マルクスは貨幣論の一般的議論に入り込むことになり，貨幣論を議論しているなかで「貨幣にかんする章」を立てて経済学批判体系を構築する必要があると考えるようになり，『ノートⅠ』の冒頭に「貨幣にかんする章」という見出しを付けることになった，ということであろう。

「Ⅱ」というナンバーは，いつ付けられたのか？

　ところが，それに「Ⅱ)」というナンバーがつけられたのは，それよりさらに後であったとみられている。

　「Ⅱ」というナンバーの書き入れの時期については，正確にはよくわからない。

　その点について，新MEGA編集部は，新MEGA，Ⅱ-1・1の「序文」において，次のように指摘している。

　　「マルクスは，プルドン主義者アルフレッド・ダリモンの経済観，とりわけプルドン主義的な貨幣論の批判から草稿を始めている。……／のちになってマルクスは，草稿の最初の部分に「貨幣にかんする章」という表題をあたえたが，おそらく数字のⅡ[11]が付記されたのは，半年たってからのことのようである。同じ章にはすでに，「交換価値の篇」，「交換価値そのものについて論ずる章」がその前におかれねばならない旨の指示がみられる。」[12]

「数字のⅡが付記されたのは」『ノートⅠ』の執筆開始から「半年たってから」

ということであれば、1858年3月頃であって、マルクスはすでに最終ノートたる『ノートⅦ』に取り組んでいた時期であり、「交換価値の篇」や「交換価値そのものについて論ずる章」についての指摘をおこなった1857年10月頃の時期ではなく、『要綱』の終了近い時期である。

なお、「(Ⅱ) 貨幣にかんする章」の前に位置するものとしての「(1) 価値」は、『ノートⅦ』の『要綱』本文の終りの部分に書かれており、この「(1) 価値」という見出しが書かれたのは、1858年5月末ころの『要綱』の執筆の「最後」[13]あるいは『要綱』執筆後少したって「7冊のノート（第1部）への索引」の作成と同じかその後の時期[14]とみられている。

いずれにしても、「貨幣にかんする章」という『ノートⅠ』の冒頭に書き込まれた「貨幣にかんする章」に「Ⅱ」というナンバーが付けられたのは『7冊のノート』における『要綱』の最終ノートたる『ノートⅦ』の執筆の時期であろう、とみられるところである。

かくして、『要綱』全体にとっての基本的構成である「貨幣にかんする章」と「資本にかんする章」との区別も、さらには、「Ⅰ 価値」—「Ⅱ 貨幣」—「Ⅲ 資本」の区別とそれにもとづく構成も、『要綱』の執筆開始のはじめから明確なかたちで構想されて見出しを付けて取り組まれたものでないことは、明らかである。

## 2 「貨幣にかんする章」設定の構想

**「序説」プランと『経済学批判要綱』第1プラン**

1857年8月末、『経済学批判要綱』の執筆の直前に、マルクスは、下向法・上向法という経済学の方法や初めての経済学プランについての構想を含む「『経済学批判要綱』への序説」を書きあげたが、そのなかで指摘された経済学編別構成プランは次のごときものであった。

　　「編別区分は、明らかに、次のようになされるべきである。すなわち、(1) 一般的抽象的諸規定。それらはしたがって多かれ少なかれすべての社会諸形態に通じる……。(2) ブルジョア社会の内的編制をなし、また基本的諸階

級がその上に存立している諸範疇。資本, 賃労働, 土地所有。それら相互の関連。都市と農村。3大社会階級。これら3階級のあいだの交換。流通。信用制度(私的)。(3) ブルジョア社会の国家の形態での総括。自己自身にたいする関連での考察。『不生産的』諸階級。租税, 国債。公信用。人口。植民。(4) 生産の国際的関係。国際的分業。国際的交換。輸出入。為替相場。(5) 世界市場と恐慌」[15]

　ここで注目されることは, この経済学編別構成プランの冒頭の第1篇は「一般的抽象的諸規定。それらはしたがって多かれ少なかれすべての社会諸形態につうじる……」であり, それにつづく第2篇は「……資本, 賃労働, 土地所有。……3大社会階級。」となっていて, そこには「貨幣にかんする篇」も「価値(商品)にかんする篇」も存在していない, ということである。
　このことは, 『経済学批判要綱』に取り組む直前におけるマルクスの経済学理論体系プランの内的構想を示すものである。
　すなわち, この「序説」プランの執筆時点においては, 経済学理論体系において「資本, 賃労働, 土地所有。3大社会階級」の前に「価値(商品)」や「貨幣」についての章を立てて論じるということは構想されていなかったのである。
　それが, ダリモンについての抜粋と評注につづけて, 「貨幣」についての一般的論議をおこなうなかで, 「資本, 賃労働, 土地所有」について論じる前に, 当初予定していなかった「貨幣」について自立的な章を立てて, 貨幣そのものについての規定的内容や機能を明らかにしておく必要があると思いたち, 急遽「貨幣にかんする章」という見出しを冒頭に書き入れて, 「貨幣」についての論述をすすめた, ということになったようである。
　そして, 『ノートⅡ』に入り, その冒頭に「貨幣にかんする章。(続き)」と書き込み, 「貨幣にかんする章」の論述をつづけたが, 「貨幣」についての議論の終了間近の3ページ目の終わり近いところで, マルクスは, さらに, 新たな経済学理論体系プランを書き込んでいる。
　この『経済学批判要綱』第1プランにおいては, 次のように, 「諸交換価値, 貨幣, 諸価格が考察される第1篇」という項目が組み入れられている。

「諸交換価値，貨幣，諸価格が考察されるこの第1篇では，諸商品はつねに，現存するものとして現われる。形態規定は単純である。われわれは，諸商品が社会的生産の諸規定を表現していることを，知っているが，しかし社会的生産は，それ自体としては，前提である。しかも諸商品は，このような規定において措定されてはいない。それで実際のところ最初の交換は，生産の全体をとらえることもなく，またそれを規定することもないところの余剰の交換として現われるにすぎない。それは，諸交換価値の世界の外部にある生産全体の，現存する過剰物なのである。そこでまた発展した社会においてもなお，この諸交換価値の世界は，直接的に現存している商品世界として，表面上に現われ出てくる。しかし諸交換価値の世界は，自己自身をつうじて，自己をのりこえて，生産諸関係として措定されている経済的諸関係を指し示す。それゆえ，生産の内部的な編制（Gliederung）が第2篇をなし，国家における総括が第3篇をなし，国際的関係が第4篇をなし，世界市場が終篇をなす。この世界市場の篇では，生産は総体性として措定されており，同時に生産の諸契機のいずれもが措定されている。しかしながら同時に，そこではすべての諸矛盾が過程に登場する。世界市場はこのばあいまたしても，同様に全体の前提をなし，全体の担い手をなしている。そのさい恐慌は，前提をのりこえることへの全般的指示であり，新しい歴史的姿態の受容への促迫である。」[16]

　ここにおいて，経済学批判体系の冒頭の「第1篇」は「諸交換価値，貨幣，諸価格が考察される」としている。
　このプランの提示にあたって，初めて置かれることになった「第1篇　諸交換価値，貨幣，諸価格……」についての内容と意義づけの説明が，項目だけを示している他の諸篇に比して異常に詳しいものとなっている。
　このことは，この「諸交換価値，貨幣，諸価格が考察される第1篇」にたいして，新たな構想における独自な自立した冒頭の篇となることについてのマルクスの意気込みが示されている，とみることができるのではないだろうか。

## 3 「貨幣にかんする章」の設定による『経済学批判要綱』の着想

### 「貨幣にかんする章」の設定と『経済学批判要綱』の構想

　そのように「貨幣にかんする章」という章を立てることになったその瞬間こそ，『経済学批判要綱』と呼ばれるマルクスの経済的理論体系の構想が着想された時点である，とみていいのではないかと思われる。

　マルクスが，ダリモンの『銀行の改革について』からの抜粋と評注を書きながら「貨幣」の一般理論についての叙述に移行していくなかで，『ノートⅠ』の冒頭に「貨幣にかんする章」という見出しを付けたということは，もともと予定されていた「資本……」等について論じる章がそれにつづくものとして，そのような篇・章別編成をもった経済学の理論体系が構想されたことを意味するものと思われる。

　いってみれば，『経済学批判要綱』の構想そのものも，ここに初めてかたちを成したのであろう。

　ドラマティックな言い方をするならば，この「貨幣にかんする章」という見出しを『ノートⅠ』の冒頭に書き込んだ瞬間こそ，『経済学批判要綱』とのちに呼ばれるようになる経済学批判体系の構想がマルクスの脳裡にひらめいた刻（とき）であった，ということができるのではないだろうか。

　自立的な章としての「貨幣にかんする章」の設定は，そのようなものとして，経済学理論体系としての『要綱』それ自体の構想にとって，決定的な意味をもつものである。

　「貨幣にかんする章」の設定ということは，『要綱』内部の構成と内容にとってもきわめて重要な意味をもつものである。

　すなわち，マルクスが『ノートⅠ』のはじめの部分の執筆をおこなうなかで，その途中に，現に書いている内容を「貨幣にかんする章」とするということを決めたということは，『要綱』執筆の直前に書かれた「序説」プランの時点では存在していなかった「貨幣」についての内容が，「序説」プランではマルクスが中心的本論と考えていた「ブルジョア社会の内的編制をなし，また基本的諸階級がその上に存立している諸範疇」たる「資本，賃労働，土地所有」につ

いての考察と展開の前に，自立した「章」として必要であるということを，執筆しているなかでマルクスが確定した，ということを意味する。

そして，その経済学批判体系は『要綱』第1プランとして構想され，やがて『経済学批判要綱』における「貨幣にかんする章」と「資本にかんする章」との基本的な2章構成による展開へとすすんでいくことになる。

このようにして，「貨幣にかんする章」が設定され，しかも，近代社会における資本・賃労働・土地所有といった3大階級の経済的基礎の解明がおこなわれる前に自立した章として置かれるという経済理論における体系的配置は，その後のマルクスの近代社会の経済的諸関係についての理論的解明の形成史において，『要綱』の「貨幣にかんする章」にはじまり，ついで，もっぱら商品・貨幣関係のみを取り扱った『経済学批判』第1分冊へ，そして，『資本論』冒頭の「商品」「貨幣」の叙述へとつながっていくところである。

## 『ロンドン・ノート』における貨幣論研究と『要綱』「貨幣にかんする章」

ところで，マルクスが，ロンドンに亡命するまえに，1848年革命のなかで『新ライン新聞』に連載した論稿は『賃労働と資本』であった。『賃労働と資本』は，近代社会における資本＝賃労働の階級関係の本質的内容と歴史的使命をストレートに真正面からとりあげたものであった。

そうであるにもかかわらず，マルクスにとって初めての経済学体系を展開しようとした『経済学批判要綱』において，どうして《賃労働と資本》から始めないで，《貨幣》から始めることになったのか。「貨幣にかんする章」が自立的な章（篇）として確定されることになった契機はなにであるのか。

その直接的契機は明らかではない。マルクスがダリモンの『銀行の改革について』の抜粋と評注からいつの間にか貨幣の一般理論について取り組んでいくなかで，そのような発想が生じてきたのであろう。

だが，そこにおいて思索の材料と着想の契機となったものは，1850年代の前半の時期の『ロンドン・ノート』における貨幣論への取り組みとそれと関連した小論稿や抜粋の第二次加工などによる貨幣論への吟味であったことは，まずまちがいのないところであろう。

マルクスは，『要綱』執筆の直前の1855年時点において，エンゲルスあての

手紙（1855年2月13日付）のなかで,「書物を書き上げるのでないにしても, ともかく材料を自分のものにしていつでもそれに手を加えていくことができるようにしておくため」に彼の『経済学ノート』に目をとおしたと伝えている。

そのさい, 1850年代前半につくりあげてきた『ロンドン・ノート』などへの取り組みが重要な意味をもったであろうことは,『要綱』のなかのとくに「貨幣にかんする章」において,『ロンドン・ノート』やさらにそれから抜粋整理された「地金。完成した貨幣制度」「貨幣制度。信用制度。恐慌」などがしばしば利用されていることにも示されているところである。

## 4 「交換価値の章」の構想

### 「交換価値」の前提的考察の必要

ところで, マルクスは,「貨幣にかんする章」のなかで,「交換価値」については,「貨幣」の論議とは別に,「交換価値の篇〔Abschnitt〕」で解明すべきであるという指摘をおこなっている。

55ページある「貨幣にかんする章」のなかの半分以上も過ぎた37ページ目の「b〔流通手段としての貨幣〕」の項のなかで, 次のような指摘がおこなわれている。

> 「諸価格は, その実現がどんなに貨幣流通の結果として現象しようとも, 貨幣流通の前提なのである。諸商品の交換価値を騰落させることによって, 諸商品の価格をそれらの平均価値以上または以下に騰落させる諸事情は, 交換価値の篇で (in dem Abschnitt vom Tauschwerth) 展開されるべきであって, 諸商品の貨幣での現実的実現の過程に先行する。」

ここでいわれていることは, 要するに,「価格」における「諸商品の貨幣での現実的実現の過程」については「貨幣についての篇」で取り扱うが, しかし, その過程に先行する「諸商品の交換価値を騰落させることによって, 諸商品の価格をそれらの平均価値以上または以下に騰落させる諸事情」すなわち諸商品の交換価値そのものの騰落については「交換価値の篇で展開されるべき」もの

である，ということである。

さらにそのあとの42ページ目の「富の物質的代表物としての貨幣」の項においても，次のような指摘がおこなわれている。

> 「1ポンドの綿花の金にたいするこの本源的な関係——この関係によって1ポンドの綿花に含まれている金の量が規定される——は，両者に実現されている労働時間，つまり諸交換価値の現実的な共通の実体の量によって，措定されている。このことは，交換価値そのものについて論ずる章（der Chapter das über den Tauschwerth als solchen handelt）からして，前提とされなければならないことである。」

ここで述べていることは，交換される1ポンドの綿花と一定量の金との両者のそれぞれの交換価値の現実的な共通の実体の量は労働時間であるが，このように「交換価値の現実的な共通の実体の量」が「労働時間」であるということは，「交換価値そのものについて論ずる章」において前提的に明らかにしておくべきことである，ということである。

すなわち，商品にとっての交換価値あるいはその基礎としての価値の大きさと労働時間との関係については，「貨幣」の章ではなくて，「価値」または「交換価値」についての章においてまえもって展開しておくべきである，としているのである。

### 『経済学批判要綱』における下向・上向法

ここに，われわれは，マルクスが『要綱』にとりかかる直前に執筆した「『経済学批判要綱』への序説」において指摘していた経済学の方法としての下向・上向法についてのマルクス自身における具体的事例をみることができる。

すなわち，『要綱』の「貨幣にかんする章」において，資本に先だって貨幣についての概念的内容と性格を明らかにしていくなかで，貨幣概念の解明のためにはさらにそれに先だつ前提的な範疇として商品の「交換価値」の内容とその規定因について明らかにしておく必要があると感じ，そのことを指摘しているのであるが，このことは，まさしく経済学の研究における「下向の道」をた

どっていることを，具体的に示しているのである。

そして,『要綱』のあとで執筆され出版された『経済学批判』および『資本論』において「商品」→「貨幣」というかたちで叙述の方法としての上向の道をたどりながらの理論的展開がおこなわれているのであって，マルクスが「序説」において指摘した経済学の方法としての下向・上向法は，単に経済学そのものが歴史的に歩んできた道としてだけではなくて，マルクス自身の研究と理論的展開の具体的な歩みのなかでもおこなわれていることが，示されているのである。

ところで，そのようにマルクスが価値または交換価値について，貨幣との範疇的区別と論述の展開の必要性に思いいたったにしても，それは，その時点において，「貨幣」とは別に，「貨幣」の前に「交換価値」を独自的な「篇」または「章」として自立させ,「価値」─「貨幣」─「資本」の3篇構成を『要綱』の基本的構成とすべきであると構想したことを意味するものではない。

マルクスは,「貨幣にかんする章」の時点においては,「価値」と「貨幣」とは同じ篇あるいは章のなかの小区分として考えていたようである。そのことは,『要綱』における経済学体系第1プランにおける「諸交換価値，貨幣，諸価格が考察される第1篇」という指摘に明らかに示されているところである。

それが,『要綱』の全体を書き終わる『ノートⅦ』の終了時になって，最終的に「(1) 価値」と書き込み，そして,「(1) 価値」については,「この篇はあとから用いるためのもの」と述べてから書き始められ，しかもノート1ページ分も書き切らないところで中断したまま打ち切られてしまっているのである。

そのように,「交換価値」または「価値」にかんする章の自立的な「章」としての設定ということは,『要綱』の執筆終了時点あるいは終了後になってはじめて構想されたもののようである。

そして，最終的には,「(1) 価値」の章を置いて,「Ⅰ 価値」─「Ⅱ 貨幣」─「Ⅲ 資本」の構成が考えられるようになり，「貨幣にかんする章」に「Ⅱ」というナンバーが付けられるにいたった，というところであろう。

そのように,『要綱』の冒頭の「Ⅱ) 貨幣にかんする章」という奇妙な見出しは，貨幣にかんする執筆の中途で「貨幣にかんする章」という見出しが付けられ，さらにそれよりも後になって「Ⅱ」というナンバーが付けられるという,

2回にわたるあとからの加筆によって形成された見出しである。

それは，急ピッチで走りながら構想を練りなおしていた『要綱』のマルクスにとってシンボル的な見出しといえるものである。

そして，そのような「Ⅱ）貨幣にかんする章」という見出しの設定は，「価値」にもとづく「貨幣」の規定的内容の自立的解明をおこない，それを「資本」の前に置くことによって，貨幣に対比されるかたちで資本の範疇的内容を解明することに役立てる，というマルクスの意図によるものとみることができるものである。

### 「貨幣」について残された諸論点

ところで，マルクスは，そのような「交換価値」にかんする諸問題だけではなく，さらに，貨幣論そのものの内容についても，「特別に篇をもうけて，あとから補足すべきことは，以下の諸点である」として，次のような諸項目をあげている。

(1) 鋳貨としての貨幣。
(2) 歴史的に金銀の購入先。金銀の発見など。それらの生産の歴史。
(3) 貴金属の価値の変動の諸原因，したがってまた金属貨幣の価値の変動の諸原因。
(4) とりわけ，通貨の量の諸価格の騰落にたいする関連。
(5) 通貨について――速度，必要量，通過の作用……。
(6) 貨幣の解体的作用。

これは，マルクスが，『要綱』の「貨幣にかんする章」においてなお不十分あるいは残されたと考えた諸論点を示すものである。

それどころか，マルクスは，「資本にかんする章」の執筆が終わったあとに，さらに，〔貨幣にかんする章と資本にかんする章とへの補足〕として，〔価値の尺度としての貨幣〕〔流通手段としての貨幣，および，自立した価値としての貨幣〕といった分類，〔雑〕という分類のもとに，貨幣論についての追加的な諸文献からの抜粋と論述をおこなっているのである。

このように，貨幣についての論述の開始にもとづく「貨幣にかんする章」の設定や，最後になっての「Ⅱ」というナンバーを付け，さらには「貨幣にかん

する章」の執筆の半ば以上たってからの「交換価値にかんする章」あるいは「篇」を前に置く必要があるという指摘や，あるいは，貨幣にかんして「あとから補足すべきこと」の諸項目の列挙や抜粋の記述や論述をおこなっているといったことは，「貨幣にかんする章」が，まえもって明確な完成した体系的なプランにもとづいて取り組まれたものではなくて，記述しながら構想し，構想しなおしながら記述していくといった，まさに内容物が満ち溢れてマグマを噴き出しながら形をととのえているといった感じの，内容と構成についてはいささか混沌状態にある体系的形成への途上の産物であったことを示すものである。

マルクスは，『要綱』執筆が終わって半年ほどのちの1858年11月29日付のエンゲルスあての手紙のなかで，『経済学批判』第1分冊からみると，『要綱』では，「第1章，商品は，草案〔『要綱』〕では全然書かれてなかったものであり，また第2章，貨幣または単純な流通は，ごく簡単な輪郭だけしか書かれていなかったものだ」と指摘しているのである。

## 第3節 「貨幣にかんする章」

### 1 「貨幣にかんする章」の内容

**「貨幣にかんする章」の基本的内容**

この「貨幣にかんする章」でとりあげられている貨幣論の基本的内容は，新MEGAの見出しに即してみるならば，次の三つの叙述がおこなわれている。

1．貨幣の成立と本質
2．貨幣関係の担い手としての貴金属
3．貨幣の通流
　　a）価値尺度　b）流通手段　c）蓄蔵貨幣

マルクスは，まずはじめの〔貨幣の成立と本質〕において，貨幣の本質的内容とそれに関連する諸論点を問題にし，ついで，〔貨幣関係の担い手としての貴金属〕において，貨幣材料としての貴金属の性質や金・銀と他の金属との関

係などをとりあげ，最後に，〔貨幣の通流〕において，価値尺度，流通手段，蓄蔵貨幣といった貨幣の諸機能と，それとの関連における交換価値の運動における諸事態についてとりあげている。

　では，この「貨幣にかんする章」における商品・貨幣関係の規定的性格と内容はいかなるものであるのか。

　マルクスは，1850年代前半の『ロンドン・ノート』の時期においては，小論稿「省察」にみられるように，「貨幣」における経済関係について，商人と商人とのあいだの取引における「資本の移転」とそして商人と消費者との取引における「資本と所得との交換」という把握や，あるいは，賃金・利潤・地代といった所得の階級的源泉の指摘といったかたちで，商品・貨幣関係には「諸階級が前提されている」ととらえている。

　だが，同時に，「貨幣の形態」は「階級性格をあいまいにし，それを糊塗する」ような「ブルジョア社会における平等の外観が生じる」ようになる，という把握をもおこなっている。

　それにたいして，『要綱』の「貨幣にかんする章」においては，商品・貨幣関係について，基本的には，商品交換や売買において労働時間の対象化による「交換価値」にもとづく等価交換がおこなわれるものととらえて，そこでは自由・平等な市民的関係が貫徹しているという把握に純化している。

## 労働時間に規定された交換価値にもとづく交換

　マルクスは，ダリモンの検討から離れて「貨幣にかんする章」の本論部分に入るところで，商品の価値と価格について，「すべての商品（労働も含めて）の価値（実質的交換価値）は，その商品の生産費用によって，別の言葉でいえば，その商品の生産のために必要とされる労働時間によって規定されている。価格は，この商品の交換価値が貨幣で表現されたものである」と指摘している。

　このように，マルクスは，『要綱』の「貨幣にかんする章」においては，「商品」の「（交換）価値」を「商品の生産のために必要とされる労働時間によって規定」されるものとして把握し，そのうえで，そのような「交換価値」を「貨幣」によって表現したものが商品の「価格」であるととらえている。

　そのような把握のなかで，マルクスは，対象化された労働時間の分量によっ

てその大きさが規定されているものとしての「交換価値」を，商品交換や貨幣による売買をとらえるにあたってのキイ・カテゴリーとしているのである。

そのようなものとしての商品や貨幣の「交換価値」にとっての「労働時間の対象化」としての規定的関係を，マルクスは繰り返し強調している。

> 「商品（生産物あるいは生産用具）はいずれも，一定の労働時間の対象化に等しい。商品の価値，すなわち商品が他の諸商品と交換され，あるいはまた他の諸商品がその商品と交換される割合は，その商品に実現されている労働時間の分量に等しい。……商品が価値（交換価値）であるのは，交換（現実の交換であれ，表象された交換であれ）においてだけである。この商品の交換能力一般だけではなく，商品の特有な交換可能性が価値なのである。」

商品の「交換価値」の大きさはその生産において必要とされた労働時間の対象化された分量に規定されるものであるということの重要性の認識が，おそらく「貨幣」について論じる前に「交換価値」の章を立てて論じておく必要がある，という判断へとつながっていったのであろうと思われる。

そして，マルクスは，「貨幣」を「純粋な交換価値としての商品が貨幣である」といったかたちでとらえながら，交換価値についての一般的等価物としての貨幣の成立を論じ，貨幣の諸機能や商人の出現や銀行業務についてふれていく。

また，貨幣の諸性質（諸機能）についても，「貨幣の諸性質，(1) 商品交換の尺度としての，(2) 交換手段としての，(3) 諸商品の代表物としての（したがって契約の対象としての），(4) 特殊な諸商品とならぶ一般的商品としての，——これらはすべて，諸商品それ自身から切り離された，対象化された交換価値という貨幣の規定から単純に出てくる」と，「対象化された交換価値という貨幣の規定」にもとづくものとしてとらえている。

**自由と平等な体制の実現としての貨幣システム**

そのように，「貨幣にかんする章」におけるマルクスは，「交換価値」の交換

としての商品・貨幣関係においては，諸個人，諸主体は単純に交換者としての平等の連関をもつものであって，それ以外の人格的な区別や社会的なあるいは階級的な差異は消えてしまっている，とみなしている。

そこにおいて「主体はどちらも交換者である。すなわち，そのどちらもが，相手が彼にたいしてもっているのと同じ社会的関連を相手にたいしてもっている。それゆえ交換の主体として，彼らの関連は平等の関連である。彼らのあいだになんらかの区別とか，ましてや対立をさがしだすことさえ不可能である」のであって，「貨幣体制は，事実上この自由と平等の体制の実現でしかありえない。……3シリングで商品を買う労働者は，売り手にたいしては，商品の同じ買い方をする国王と，同じ機能，同じ平等のなかにあるものとして，——つまり3シリングという形態で，現われる。両者のあいだの区別はいっさい消し去られている」と，商品の売り手と買い手との交換者の相互関係における平等性がとらえられる。

それとともに，さらに，商品の買い手としては，「労働者」であろうと，「国王」であろうと，売り手にとっては同じ機能，平等の買い手であって，そこには「区別はいっさい消し去れらている」ととらえていくのである。

そして，そのような諸個人や諸主体の平等を措定する交換は，自由をももたらすものであるとする。

すなわち，「経済的な形態すなわち交換が，あらゆる面からみて諸主体の平等を措定するとすれば，交換を促す内容，すなわち個人的でもあれば物象的でもある素材は，自由を措定する。したがって平等と自由が，交換価値にもとづく交換で重んじられるだけではなく，諸交換価値の交換が，あらゆる平等と自由の生産的で実在的な土台である」ととらえるのである。

このような商品・貨幣関係における規定的性格は，マルクスにとっては，『要綱』の時点において，はじめて，理論的に明示的かつ自覚的に確定されたものであって，そのことは，この時期以降におけるマルクスの理論的構築にとってきわめて重要な意義をもつものである。

マルクスは，このような商品・貨幣関係における諸個人，諸主体の「交換価値」を基礎とする関係の理論的範疇としての明確化によって，はじめて商品・貨幣関係における対等・自由・平等の等価交換的関係を基礎とした「市民的(ビュルガーリヒ)

な関係」と,そして,価値増殖をおこなう資本制生産における資本＝賃労働の階級関係における「ブルジョア的な関係」との,それぞれの規定的性格と範疇的な区別が明確になり,そこから,「貨幣」と「資本」とのそれぞれについて論述する章ないしは篇の区別立てがおこなわれることになっているのである。

それにたいして,新MEGA編集者は,『1857-58年の経済学草稿』の「序文」において,「貨幣にかんする章」の最重要点として,「貨幣にかんする章のなかでのマルクスの最も重要な研究成果のひとつは,生産手段の私的所有の諸条件のもとでの商品生産の発展した形態は,必然的に貨幣の資本への転化を前提するということの確認であった。商品生産と交換価値の発展傾向は「不可避的に労働と所有の分離」をもたらし,「その結果,労働は他人の所有をつくりだすことに等しく,所有は他人の労働を支配することに等しくなる」[17)」[18)]ととらえたところにある,と述べている。

しかしながら,「貨幣の資本への転化」を論じるためには,まず「貨幣」と「資本」との規定的性格の範疇的な相違が確定されることが必要である。

そのためにこそ,「資本」の章の前に,「貨幣」の章が自立したかたちで立てられて,資本とは異なる商品・貨幣関係の規定的性格が範疇的に明らかにされることになっているのである。

新MEGA編集者の見解と違って,『要綱』における「貨幣にかんする章」の最も基本的で重要な意義は,なによりもまず,「貨幣」と「資本」との範疇的区別によりそれぞれの規定的内容を明確にしているところにあるのであって,そのようなものとしての「貨幣にかんする章」の自立化にもとづき,労働時間の対象化としての「交換価値」に基礎づけられるところの等価交換としての商品・貨幣関係の規定的内容を確定しているというところにある,とみるべきである。

## 《依存関係史》三段階説

近代社会におけるそのような「交換価値」に規定された商品・貨幣関係においては,生産における人身的依存関係の解消による自由・平等な「市民的(ビュルガーリヒ)」な関係が基礎づけられ,そして,「交換価値においては,人格と人格との社会的連関は物象と物象とのひとつの社会的関係行為に転化しており,人格的な力

能は物象的な力能に転化している」といったかたちで,自立した私的諸個人の物象的依存関係による疎外された社会関係がとらえられることになる。

ここに,いわゆる人類史における《依存関係史》三段階説が展開される。

> 「人格的な依存諸関係(最初はまったく自然生的)は最初の社会諸形態であり,この諸形態においては人間的生産性は狭小な範囲においてしか,また孤立した地点においてしか展開されないのである。物象的依存性のうえにきずかれた人格的独立性は第二の大きな形態であり,この形態において初めて,一般的社会的物質代謝,普遍的諸関連,全面的諸欲求,普遍的諸力能といったもののひとつの体系が形成されるのである。諸個人の普遍的な発展のうえにきずかれた,また諸個人の共同体的,社会的生産性を諸個人の社会的力能として服属させることのうえにきずかれた自由な個体性は,第三の段階である。第二段階は第三段階の諸条件をつくりだす。それゆえ家父長的な状態も,古代の状態(同じく封建的な状態)も,商業,奢侈,貨幣,交換価値の発展とともに衰退するが,同様にまた,これらのものと歩みを同じくして近代社会が成長してくるのである。」

この《依存関係史》三段階説は,人格的あるいは物象的な社会的依存関係と個人的自立性との関連のあり方を視座とした人類史についてのとらえ方である。

そのような人類史の把握の中軸にすえられている近代社会についての規定的内容は商品・貨幣関係にほかならないものであって,そこにおける「人格的依存関係の解消」と「物象的依存性」のもとでの「人格的独立性」という近代社会の規定的性格の把握は,まさに商品・貨幣関係の全面化による私的所有のもとでの諸個人の自由と平等という規定性の把握によるものである。

そのように,この《依存関係史》三段階説は,商品・貨幣関係についての『要綱』「貨幣にかんする章」の内容を基軸としてとらえられた人類史の発展諸段階の把握にほかならないものである。そのようなものとして,この《依存関係史》三段階説は,近代社会を商品・貨幣関係の全面化においてみる観点からとらえられた人類史の歴史的発展を示したものである。

しかし,この《依存関係史》三段階説は,人類史の歴史的発展の一側面を示

すものにほかならない。近代社会の規定的内容を「生産様式」の歴史的形態としての「資本制生産様式」としてとらえる観点からみると，人類史の歴史的発展は『経済学批判』の「序言」にみられるように，《生産様式の特殊歴史的諸形態の変遷》となるのである。

**商品・貨幣関係にとっての資本＝賃労働関係**

　これまで見てきたように，「貨幣にかんする章」における商品・貨幣関係について，マルクスは，基本的には，商品・貨幣流通における「交換価値」の等価交換を土台とした自由・平等な「市民的」関係を規定的内容としたものとしてとらえているのであるが，マルクスはそれだけにとどまらないで，さらに，「交換価値」にもとづく商品・貨幣関係にとっての資本＝賃労働関係との関連についても言及している。

　それは，ひとつには，「貨幣」による生産と社会の発展にとっての賃労働の意義についての指摘であって，「貨幣が生産の発展した契機として存在しうるのは賃労働が存在しているところだけであるということ，したがってまた，そこでは貨幣は，社会形態を解体するどころか，むしろ社会形態を発展させるひとつの条件であり，物質的ならびに精神的な，あらゆる生産諸力の発展のための動輪であるということは，貨幣の単純な規定そのもののうちに含まれている」としている。

　さらに，もうひとつ，マルクスは，「貨幣」による「労働」の購入による資本＝賃労働関係への転回への途についても，あらたな事態として「労働と所有との分離」がひきおこされると，「その結果，労働は他人の所有をつくりだすことに等しく，所有は他人の労働を支配することに等しくなる」とするのであって，深部における別の諸過程においては現存ブルジョア社会における自由と平等の仮象性が明らかになってくる，と指摘する。

　だが，このような「貨幣」による「労働」の購入にもとづく「貨幣の資本への転化」の内容的吟味と理論的展開は，つぎの「資本にかんする章」への移行における課題である。

### 「貨幣にかんする章」の設定が『経済学批判要綱』にもたらした課題

ともあれ，マルクスは，『経済学批判要綱』において，これまでみてきたような「貨幣にかんする章」において明らかにされた「交換価値」にもとづくものとしての商品・貨幣関係についての理論的把握を跳躍台としながら，「貨幣」とは規定的内容を異にする「資本」関係についての理論的解明をおこなっていくのである。

そのような「貨幣にかんする章」の設定により，『経済学批判要綱』は，「貨幣にかんする章」と「資本にかんする章」との2章構成による論述の展開がおこなわれることになる。このことは，マルクスにおける経済学体系の理論的展開にとってきわめて重要な意味をもつものであって，『要綱』において次のような重要な課題が提起されることになる。

その1は，あらためていうまでもないことであるが，商品・貨幣関係そのものの独自的な規定的内容を自立的に解明することが必要になる。このことは「貨幣にかんする章」の課題として取り組まれている。

その2としては，規定的内容を異にする商品・貨幣関係と資本＝賃労働関係との関連をどうとらえるかという問題である。このことは，貨幣から資本への移行をどう論述するかという論点ともなるものであるが，それは領有法則転回論の展開へとつながるものである。

その3として，商品・貨幣関係における交換と流通の過程における事態とは別の規定的性格をもつところの資本＝賃労働関係のうえに打ち立てられた生産様式のもとでの資本にとっての価値増殖を明らかにすることが必要となる。それは，「資本」の章における課題であって，商品・貨幣関係的な資本と労働との等価交換というあり方においてではなく，経済的諸活動にとっての規定的モメントたる生産の場においてとらえられることになる。

ここにおいて，近代的生産において資本と賃労働のもつ意義が理論的に明確になり，剰余価値生産の秘密が明らかにされる。そして，そのうえに，資本の運動の諸姿態が解明されることになる。

## 2 「交換価値にもとづく生産」概念の定置

### 交換価値とその生産的基礎

　ところで,『経済学批判要綱』において，マルクスは，近代社会の経済的諸関係についての理論的把握の深化のなかで，経済的諸関係の規定的なあり方を，従来までのように「ブルジョア的生産」「ブルジョア的生産様式」という用語でもって概括的にあらわすのではなくて，「貨幣」や「資本」といった経済的諸要因に規定されるものとして，経済的諸関係の基礎的要因としての「生産」や「生産様式」を表現しようとしている。

　そのような『要綱』における近代社会の経済的諸関係についての用語法の新たな試みは，やがては，『資本論』段階における資本主義範疇としての「資本制生産」「資本制生産様式」という用語へと結実していくことになるものである。

　そのようなものとして,「貨幣にかんする章」においては，商品・貨幣関係を基礎づける生産や生産様式が，基本的には商品・貨幣流通における「交換価値」に規定される生産様式といった用語によって表現されている。

>　「……交換価値に立脚する一般的な生産 (die allgemeine auf dem Tauschwerth beruhende Production) の一契機は，生産物と生産作用因とを貨幣の規定のうちにおくことであって，この規定は生産物とは区別されたひとつの貨幣を想定しているからである。また，生産をその総体性において考察するばあいには，貨幣関係それ自体がひとつの生産関係であるからである。」

　そして，そのような「交換価値」に規定された社会を「ブルジョア社会」と等置しながら,「ブルジョア社会，つまり交換価値に立脚した社会の内部で (innerhalb der bürgerlichen, auf dem Tauschwerth beruhenden Gesellschaft) つくりだされる生産諸関係ならびに交易諸関係こそは，同時にまた，それらの諸関係の数とちょうど同数の，ブルジョア社会を爆破するための爆弾ともなるのである」と，ブルジョア社会における「生産諸関係ならびに交易諸関係」を把握してい

## 「交換価値」を基礎とした生産（様式）のさまざまな表現用語

そのような「交換価値」に規定された「生産」や「生産様式」についての用語は、『経済学批判要綱』の全範囲にわたって、次のような用語表現でもって使われている。

① 「交換価値の基礎のうえでの生産（die Production auf der Basis der Tauschwerthe）」（新 MEGA, Ⅱ-1・1, S. 94）

② 「交換価値に立脚する一般的な生産（die allgemeinen auf dem Tauschwerth beruhende Production）」（*Ebenda*, S. 142）

③ 「交換価値を基礎としている、一般的な生産（die allgemeinen, auf den Tauschwerth begründete Production）」（S. 142）

④ 「交換価値に照応する社会の生産様式（die ihm〔die Tauschwerth〕entsprechende Productionsweise der Gesellschaft）」（S. 162）

⑤ 「ブルジョア的生産、すなわち交換価値を措定する生産の体制（das System der bürgerlichen, d. h. der Tauschwerth setzenden Production）」（S. 178）

⑥ 「交換価値を措定する生産（die Tauschwerth setzende Production）」（S. 179）

⑦ 「交換価値と発展した流通とが前提されている近代的生産（die moderne Production, worin der Tauschwerth und die entwickelte Circulation vorausgesetzt sind）」（S. 179）

⑧ 「交換価値のうえに打ち立てられた生産様式（die auf den Tauschwerth gegründete Productionsweise）」（S. 187）

⑨ 「交換価値にもとづく生産（die auf dem Tauschwerthe basirte Production）」（新 MEGA, Ⅱ-1・2, S. 411）

⑩ 「交換価値を生産する生産（der Tauschwerthe producirende Production）」（*Ebenda*, S. 412）

⑪ 「交換価値にもとづく生産（die auf den Tauschwerth basirte Production）」（S. 416）

⑫ 「交換価値にもとづく生産（die auf den Tauschwerth gegründete Production）」

(S. 428)

⑬「分業および交換にもとづく生産（die auf Theilung der Arbeit und Austausch gegründete Production）」（S. 507）

⑭「多かれ少なかれ交換にもとづく生産」（die more or less auf ihr〔der Austausch〕geguründete Production）」（S. 554）

⑮「価値に立脚する生産（die auf dem Werth beruhende Produktion）」（S. 580）

⑯「交換価値を土台とする生産（die auf dem Tauschwerth ruhnde Production）」（S. 582）

⑰「交換価値に立脚する生産諸関係（die auf dem Tauschwerth basirte Productionsverhältnisse）」（S. 662）

⑱「交換価値にもとづく生産様式（die auf den Tauschwerth basirte Productionsweise）」（S. 708）

⑲「多かれ少なかれ交換に立脚するすべての生産様式（in allen auf dem Austausch mehr oder minder beruhenden Productionsweise）」（S. 716）

## 「交換価値を基礎とした生産」の規定的な内容

ところで，「交換価値」に立脚する「生産」の体制について，マルクスは，次のように述べている。

> 「流通の前提とは，労働による諸商品の生産であるとともに，諸交換価値としての商品の生産でもある。これが流通の出発点であり，また流通はそれ自身の運動を通して，みずからの運動の結果としての諸交換価値をつくる生産にたちかえるのである。……／この運動は，異なる姿態をまとって現われる，すなわち価値を生産する労働へ歴史的につながるものとして現われるとともに，また他方ではブルジョア的生産，すなわち交換価値を措定する生産の体制（innerhalb des Systems der bürgerlichen, d. h. der Tauschwerth setzenden Production）そのものの内部においても現われる。」

この「交換価値」にもとづく「生産」の規定的な内容は，基本的には「交換価値」を目的としておこなわれる生産ということである。それは，「使用価値

のための労働という性格を失」って,「流通によって規定され,交換価値を措定する生産に転化」されたところの,なんらかのかたちでおこなわれる「交換価値」をめざした生産にほかならないものである。

したがって,そのかぎりにおいては,その生産はけっして資本による利潤の獲得をめざす資本＝賃労働関係にもとづく近代的な資本制生産形態というものではない。

マルクスは,「交換価値にもとづく生産」について,たとえば社会の境界において余剰が交換される商品や,あるいは,囲い込み運動による羊の牧畜にもとづく商品としての羊毛販売について指摘したりしているが,さらに,近代的な資本＝賃労働関係のもとでの資本制生産についてもとりあげたりしていて,「余剰としてのみ交換価値をつくりだすにすぎない生産」から社会的生産物のほとんどが商品として生産される資本制的な生産形態まで含むさまざまなかたちで存在するものとしてとらえている。

その意味では,ここで論じられている「交換価値にもとづく生産」は,貨幣の資本への転化における「歴史説」や「論理・歴史説」における資本制以前の歴史的な「小商品生産」範疇でもなければ,「資本制的商品生産」範疇でもない。それは,いわば「論理説」的な性格をもった範疇としての「商品生産」一般とみるべきものであって,現実的事態としては資本制生産様式以前の時期におけるさまざまな諸形態の「商品」範疇も,資本制「商品」も含むものである。

すなわち,「交換価値にもとづく生産」とは,そのような商品・貨幣関係におけるキイ・カテゴリーとしての「交換価値」を基軸として規定的性格をとらえられた「生産」にほかならないものである。

**近代的経済構造における交換の重層性**

だからして,「交換価値にもとづく生産」としては,それが資本＝賃労働関係によっておこなわれている生産活動をとりあげて論じている場合においても,商品・貨幣関係における「交換価値」を基軸とした交換関係における事態として資本や賃労働をとりあげているのである。

そのため,近代社会における経済構造の総体にとっては,「交換価値にもとづく生産」の「表層」では等価物の自由で平等な交換がおこなわれているが,

第3章　貨幣章の導入による『経済学批判要綱』の着想　89

その「土台」においては「使用価値としての生きた労働」との交換となっている，という把握となっているのである．

> 「交換価値にもとづく生産（die auf dem Tauschwerthe basirte Production）の表層では，かの，等価物の自由かつ平等な交換がおこなわれているが，この生産は土台においては，交換価値としての対象化された労働と使用価値としての生きた労働との交換であり，あるいは，それがどのように表現されうるにせよ，労働が自分の客体的諸条件にたいして——だからまた自分自身によって創造された客体性にたいして——他人の所有物にたいする様態でかかわること，すなわち労働の外在化である．」

そのように，近代社会における経済的構造の総体において，「交換価値にもとづく生産」の「表層」をなすものは対等・自由・平等な等価交換の関係にほかならないものであるが，その「土台」においては，「使用価値としての生きた労働」（すなわち，賃金労働者の労働活動）と「交換価値としての対象化された労働」（すなわち，賃金）との交換となっているものであるとして，資本と労働との交換関係における「表層」と「土台」との重層性についての把握となっているのである．

1) 「問題を論じる方法の点では，ほんの偶然のことから——フライリヒラートがもとはバクーニンの蔵書だったヘーゲルの本を数冊見つけて，僕にプレゼントとして送ってくれた——ヘーゲルの『論理学』をもう一度ぱらぱらめくってみたのが，大いに役に立った．もしいつかまたそんな仕事をする暇でもできたら，ヘーゲルが発見はしたが，同時に神秘化してしまったその方法における合理的なものを，印刷ボーゲン2枚か3枚で，ふつうの人間の頭にわかるようにしてやりたいものだが．」（「マルクスからエンゲルス（在マンチェスター）へ」(1858年1月〔16日ごろ〕)，全集，第29巻，206ページ）．
2) この時期に示されたマルクスの経済学批判体系プランの変遷は，次のものに見ることができる．
    ① 「『経済学批判要綱』への序説」新 MEGA, II-1·1, S. 43. 資本論草稿集翻訳委員会訳『マルクス資本論草稿集① 1857-58年の経済学草稿』第1分冊，1981年，大月書店，62ページ．
    ② 『経済学批判要綱』, *Ebenda*, S. 151-152. 同上，252-253ページ．
    ③ *Ebenda*, S. 187. 同上，310-311ページ．

④ *Ebenda*, S. 199. 同上，329-330ページ。
⑤ 「マルクスからラサール（在リュッセルドルフ）へ」（1858年2月22日），全集，第29巻，430ページ。
⑥ 「マルクスからラサール（在ベルリン）へ」（1858年3月11日），同上，432ページ。
⑦ 「マルクスからエンゲルス（在マンチェスター）へ」（1858年4月2日），同上，246-250ページ。

3) その点について，旧『要綱』編集者は次のように述べている。「7冊のノートの手稿を，マルクスは外形的に表題をあたえることによって整理してはいない。そのかわり手稿の内容は大部分，『私自身のノートへの心覚え〔摘録〕』でくわしくしめされている。『心覚え』〔摘録〕での要約を，われわれは手稿に欠如している表題のかわりにテキストのそれに対応する個所に挿入した。」（Karl Marx, *Grundrisse der politischen Ökonomie (Rohentwurf) 1857-1858*, Dietz Verlag, Berlin 1953, S. XIV. 高木幸二郎監訳『経済学批判要綱』第1分冊「序言」16ページ）

4) 新MEGA，Ⅱ-1・1，Apparat, S. 790. 『1857-58年の経済学草稿』第1分冊「成立と来歴」56*ページ。

5) 森田桐郎「第三章『貨幣にかんする章』分析──市民社会と歴史認識」，山田鋭夫・森田桐郎編著『講座 マルクス経済学6 コメンタール《経済学批判要綱》上』1974年，日本評論社，110ページ。

6) Fred E. Schrader, *Restauration und Revolution. Die Vorarbeiten zum Kapital von Karl Marx in seinen Studienheften 1850-1858*, Gestenberg Verlag, Hildesheim 1980, S. 111-112. 山本孝則「《紹介》フレット・シュラダー著『再建と革命──1850～1858年のマルクスの研究ノートにおける〈資本論〉の準備作業』」，『武蔵大学論集』第31巻第6号，1984年3月，129ページ。ヴィゴツキー『資本論の生誕』（1965年）富岡裕訳，1967年，新読書社，70-86ページ。

7) Antonio Negri, *Marx oltre Marx: Quadèrno di lavoro sui Grunrisse* (manifestolibri, 1998), p. 44; *Marx beyond Marx: Lessons on the Grundisse* (Autonomedia, 1991), p. 25. アントニオ・ネグリ『マルクスを超えるマルクス──『経済学批判要綱』研究』（1979年）清水和巳ほか訳，2003年，作品社，70-71ページ。

8) 角田修一『「資本」の方法とヘーゲル論理学』2005年，大月書店，171ページ。

9) 新MEGA，Ⅱ-1, Apparat, S. 785. 『1857-58年の経済学草稿』第1分冊，51*ページ。

10) 佐藤金三郎「『資本論』成立史の時期区分について」，高須賀義博編『シンポジウム『資本論』成立史〔佐藤金三郎氏を囲んで〕』1989年，新評論，26ページ。

11) 邦訳では「ノートⅡの番号」となっているが，ここでの原文 "Ziffer Ⅱ" は「ノートⅡ」ではなくて「貨幣にかんする章」という見出しに付けられた「数字のⅡ」であると思われる。

12) 新MEGA，Ⅱ-1・1, Einleitung, S. 14*-15*. 『1857-58年の経済学草稿』第1分冊「序文」20*-21*ページ。

13) *Ebenda*, Apparat, S. 779. 同上，45*ページ。

14) Karl Marx, *Grundrisse der Kritik der politischen Ökonomie (Rohentwurf) 1857-1858*, Dietz Verlag, S. XI–XII.『経済学批判要綱』第 1 分冊,「序言」12-13 ページ。
15) 新 MEGA, Ⅱ-1・1, S. 43.『1857-58年の経済学草稿』第 1 分冊, 62 ページ。
16) *Ebenda*, S. 151-152. 同上, 252-253 ページ。
17) *Ebenda*, S. 160. 同上, 271 ページ。
18) *Ebenda*, Einleitung, S. 17*. 同上,「序文」23* ページ。

# 第4章 資本の理論

## 第1節 「資本にかんする章」とその構成

　「資本にかんする章」において，マルクスは，「貨幣にかんする章」で明らかにした商品・貨幣関係についての概念把握を前提としながら，「貨幣」とは概念的な規定的内容を異にする「資本」にかかわる経済的諸関係についての理論的解明をおこなっている。

### 1　開始個所

「資本にかんする章」の開始

　新MEGAによって『経済学批判要綱』において「資本にかんする章」という見出しが付けられている個所に入ってからも，商品・貨幣関係についての論述がしばらくつづけられている。

　そのため，「貨幣にかんする章」は実際にはどこで終わって，「資本にかんする章」がどこから始まるのかということが，問題になる。

　マルクスは，『ノートⅡ』の8ページ目の冒頭部分にあたる個所に，「資本としての貨幣にかんする章」という見出しを付けており，旧版『要綱』も，新MEGA版『要綱』も，「資本にかんする章」は『ノートⅡ』の8ページ目から始まるものとしている。

　ところが，『ノートⅡ』の8ページ目に付けられた「資本としての貨幣にかんする章」という見出しのあとの叙述において，マルクスは，「資本としての貨幣」について論じていない。しばらくのあいだは，「貨幣としての貨幣」にかんする叙述をつづけているのである。そして，『ノートⅡ』の12ページ目の半ばすぎの「横線」のあと，はじめて，「資本としての貨幣とは，貨幣としてのその単純な規定をこえる貨幣の規定のことである」という叙述がおこなわれ，そこから「資本としての貨幣」についての論述が始められているのである。

そのような状況にもとづいて，内田弘氏は，「資本にかんする章」のはじまりについて旧版『要綱』の編集部は誤っているとして，「ノートⅡの8葉から12葉の「横線」までは7葉に続けて「貨幣章」の末尾におくべきである。「資本章」はノートⅡ12葉に引かれた「横線」の直後から始まるのである。」[1)]と指摘されている。

本書においても，『要綱』の「資本にかんする章」は『ノートⅡ』の12ページ目の「横線」から始まるものとして，みていくことにしたい。

## 2 構　成

**編別構成と見出し**

「資本にかんする章」の構成は，新MEGAによると，次のようになっている。なお，〔　〕で括られた見出しは，マルクスによるものではなくて，新MEGA編集部が挿入したものである。

　〔Ⅲ）　資本にかんする章〕
　　〔第1章　資本の生産過程〕
　　　資本としての貨幣にかんする章
　　　　〔貨幣の資本への転化〕
　　　　〔資本と労働のあいだの交換〕
　　　　〔労働過程と価値増殖過程〕
　　　　〔絶対的剰余価値と相対的剰余価値〕
　　　　〔剰余価値と利潤〕
　　〔第2章　資本の流通過程〕
　　　　〔資本の再生産と蓄積〕
　　　　〔資本制生産に先行する諸形態〕
　　　　〔資本の循環〕
　　　　〔剰余価値および利潤についての諸学説〕
　　　　〔固定資本と流動資本〕
　　　　〔固定資本と社会の生産諸力の発展〕

〔固定資本および流動資本の流通ならびに再生産〕
　第3章　果実をもたらすものとしての資本。利子。利潤。（生産費用，等々）

　この章別構成についても，気になるところが2点ある。
　その第1は，「〔第1章　資本の生産過程〕」として一括されている部分のうちはじめの二つの節——すなわち，「〔貨幣の資本への転化〕」と「〔資本と労働のあいだの交換〕」の節——は，『資本論』的な構成でいえば第2篇「貨幣の資本への転化」に属するものであって，それ自体は「資本の生産過程」を扱っているものではない，ということである。
　そのような「商品・貨幣」論と「資本の生産過程」論との結節・転化を取り扱うものとしての《貨幣の資本への転化》のもつ概念的な理論的性格をあいまいにしたままで「資本の生産過程」論に一括して含めてしまうと，そこでの叙述の理解が不十分にならざるをえない。この点については十分に注意する必要がある。
　第2としては，「〔第2章　資本の流通過程〕」は，内容的には「〔資本の循環〕」の節から始まるものと思われる，ということである。
　このことは，山田鋭夫氏の『経済学批判の経済像』[2)]や『コメンタール『経済学批判要綱』（上）』[3)]，あるいはアントニオ・ネグリの『マルクスを超えるマルクス——『経済学批判要綱』研究』[4)]においても指摘されているところである。
　そうだとすると，項目としての「〔資本の再生産と蓄積〕」の節と「〔資本制生産に先行する諸形態〕」の節とは「〔資本の生産過程〕」の章に属するものとみるべきである，ということになる。
　マルクスは，『要綱』を急ピッチで試行的なかたちで執筆しながら章別・節別編成をおこなっているので，その見出しは確定的なものではない，とみてよい。そこで，とりあえず上記2点について留意しながら『要綱』「資本にかんする章」の内容と論点についてみていくことにしたい。

## 第2節 「資本にかんする章」の内容

　『経済学批判要綱』「資本にかんする章」においてとりあげられている基本的内容はいかなるものであるのか。

　「資本にかんする章」は、その編別構成でみたように、「1　資本の生産過程」「2　資本の流通過程」「3　果実をもたらすものとしての資本。利子。利潤。」の三つの章でもって編成されている。

　だが、さきにみたように、「資本の生産過程」のなかには、「貨幣の資本への転化」にかんする部分と、直接に「資本の生産過程」の内容に属する剰余価値論や資本蓄積論などについての論議とがあるので、それについては区別してみていくことにしたい。

　また、その内容と論議の流れを理解しやすくするために、便宜的に新MEGAでの見出しにもとづいて、小節ごとに見ていくことにする。

　なお、『要綱』の内容についての概括的な理解のために、細部の論議にはこだわらないで論述の大筋の内容を示すことにしたい。

**理論体系の構築と変革への志向との結節環としての「資本にかんする章」**

　「資本にかんする章」において、マルクスが最も基軸的な論点としているのは、いかなることであるか。

　「資本にかんする章」における最も基本的な重要問題として取り組まれているのは、資本の価値増殖すなわち剰余価値の生産について明らかにすることである。そして、そのうえで、生産力の発展のなかで資本の運動がひきおこす長期的な歴史的事態の解明に、マルクスの基本的な問題意識は向けられている。

　すなわち、なによりもまず、基本的課題とされている第1の論点は、近代社会の経済的諸関係における基本的な階級関係である資本＝賃労働関係の基軸的内容たる剰余価値の生産と資本によるその取得について、その本質的な理論的内容を確定し、そして、その展開諸形態を示すこと、これである。

　そのうえで、資本制生産の発展のなかでひきおこされる剰余価値と利潤の動向を明らかにすることによって、資本制生産の桎梏化と新たな社会への変革へ

の展望を明らかにすること,これが「資本にかんする章」においてマルクスが解明しようとしている第2の基軸的な論点である。

この二つの基本的論点は,一方において,それまでのブルジョア経済学の批判のうえに立つ新たな経済学理論体系の構築による近代社会の経済的構造ならびにその運動法則の解明をおこなうことと,他方において,世界経済恐慌の切迫に促されてマルクスが『経済学批判要綱』の執筆に取り組んだ現実的変革への志向との,結節環をなしているものである。

## 1 貨幣の資本への転化

「資本にかんする章」のなかでも,〔貨幣の資本への転化〕と〔資本と労働のあいだの交換〕の二つの節においては,《貨幣の資本への転化》がとりあげられている。

ここにおいて,「貨幣」と対比しての「資本」の概念的な一般的特質が示され,商品・貨幣的な交換をつうじての資本への転化過程の契機となる事態が指摘されている。

### 〔貨幣の資本への転化〕

〔貨幣の資本への転化〕の節では,まず,「貨幣にかんする章」において考察された〈貨幣としての貨幣〉との対比における〈資本としての貨幣〉の特質を明らかにすることから論述は始められている。

すなわち,「貨幣としての貨幣」は,流通過程においてその役割を果たして自己を実現するやいなや交換価値の自立的形態としての規定性を失うことになるが,それと違って,「資本としての貨幣」は,その特性として,流通の運動における「交換価値の保持性」すなわち「流通をつうじての自己保持」という特徴をもち,さらに交換価値の「倍加」すなわち交換価値の「価値増殖」として存立するものである。

ここにおいて,「資本」は,「交換価値」の分量を規定する「労働」とのかかわりにおいてみていくことが必要になる。

**〔資本と労働のあいだの交換〕**

　そこで，マルクスは，〔資本と労働のあいだの交換〕の考察に移る。

　なお，この時期のマルクスにおいては，「労働」と「労働力」との概念と用語上の区別がややあいまいであるため，必要な場合には〔　〕をつけて補うことにする。

　マルクスは，「資本と労働のあいだの交換」においては，「形式的に異なっているばかりでなく質的にも異なり，また対立さえしている二つの過程に分かれている」と指摘する。

　資本と労働とのあいだの交換における二つの過程とは，(1) 商品としての労働〔能力〕の売買という等価での商品交換関係と，(2) 価値を生みだす生産的活動としての労働そのものを資本家が手に入れて，資本の維持・倍加がおこなわれることになる，という過程とである。

　ところで，そこにおける第2の行為としての資本の側からする労働者の労働の領有という独特の過程が，どうしておこなわれることになるのか。

　そのことについて，マルクスは指摘する。それは「貨幣と交換して手に入れたものの使用価値が特殊的な経済的関係としてあらわれ，貨幣と交換に手に入れたものを特定の仕方で使うことが，この二つの過程の究極の目的をなしている」からである。

　そもそも労働者の労働能力は，他の商品と違って，財貨としての使用価値物ではない。それは，生きた人格をもった労働者の労働能力である。そして，使用価値としての労働者の労働能力の消費は，生産過程において，資本家の指揮命令のもとで，資本家の所有する生産手段と合体させるかたちで労働者を労働させ，新生産物を生産すると同時に剰余価値を生みださせて，それを資本家が所有物として領有するというものである。

　この第2の行為において取り結ばれている社会関係の規定的内容は，商品としての労働能力の売買としての自由・平等な関係ではなくて，他人の労働能力の処分権の領有と消費にほかならないものである。

　このような「資本と労働のあいだの交換」における二つの過程がとらえられることによって，労働者と資本家とが取り結んでいる関係についての自由・平等な商品経済関係としての内容は「仮象」的なものでしかないことが明らかに

なる。

　この「資本と労働のあいだの交換」における二つの過程の区別と連関は，商品・貨幣関係と資本＝賃労働関係との結節点をなし，貨幣の資本への転化をもたらすものとして，マルクスの近代社会の経済的諸関係についての規定的内容の把握にとって，きわめて重要な枢軸的意義をもつものである。

　この点について，佐藤金三郎氏は次のように指摘されている。

> 「私自身は，……単純流通と資本の生産過程とのあいだの独特の関係をどのように把握するかがまさに『要綱』におけるマルクスの経済学批判の全体系を理解するための「軸点」であると考えています。……私は，単純流通と資本主義的生産過程との関連を歴史的な移行の関係としてではなく，対象であるこのブルジョア社会の「表面」と「深部」との関係として，いわば同時的な関連としてとらえた点にこそ『要綱』におけるマルクスの最大の理論的達成があったのではないかと考えているのです。」[5]

　かくして，この後，マルクスは，資本による労働者の労働の領有と支配の過程としての生産過程へと論議をすすめることになる。

## 2　資本の生産過程

　「資本の生産過程」の章においてマルクスが取り組んでいる基本的内容は，剰余価値を生みだす価値増殖過程についての理論的な解明と，そして，労働生産力の発展のなかでひきおこされる剰余価値の増大の長期的な趨勢的動向についての検討である。

〔労働過程と価値増殖過程〕
　『要綱』における《資本の生産過程》についての叙述は，新 MEGA において〔労働過程と価値増殖過程〕という見出しがつけられている個所から始められる。

　マルクスは，まず，剰余価値について，「資本が生産過程の終わりで手に入

れる剰余価値とは，交換価値の一般的概念にしたがって表現すれば，生産物に対象化された労働時間が資本のはじめの構成諸要素のなかに存在する労働時間よりも大きいということにほかならない」ととらえる。

　ところで，「資本のはじめの構成諸要素」のなかの「労働者の価値」について，マルクスは，「労働者の価値は，どのようにして決められるのだろうか？　彼の商品のなかに含まれている対象化された労働によってである。この商品は彼の生命力のうちに存在している。この生命力を今日から明日まで維持するためには，彼は一定量の生活手段を消費し，使いはたされた血液の補充などをしなければならない。彼は等価物を受けとるだけである」とする。

　すなわち，商品としての労働者の〔労働能力の〕価値の大きさは，基本的には，労働能力を維持するための労働者の生活費によって規定される対象化された労働の分量にほかならない，とするのである。

### 剰余価値生産の解明

　マルクスは，剰余価値論の理論化のために，労働者の労働能力のもつ創造的な力による剰余価値の生産とそれにたいする資本による領有について，手をかえ品をかえての論述をおこなっている。

　そして，資本が剰余価値を手に入れることができるのは，商品としての労働者の労働能力についての等価交換の結果として資本に譲渡されることになった労働能力の消費が，資本の指揮命令のもとで資本の所有する原材料および労働用具と合体されるかたちでの労働者の労働活動としておこなわれ，そのなかで，労働能力の交換価値に対象化された労働時間を超えておこなわれることによって生みだされる剰余価値を含む労働生産物が生産されて，それを資本が領有する，という経済的関係にもとづくものであることを確定する。

　そのような「剰余価値」についての叙述は，剰余価値生産の基本的内容の説明にほかならない。

### 剰余価値増大の長期的動態

　ところで，この〔労働過程と価値増殖過程〕という節においては，そのような剰余価値生産の基本的内容が明らかにされているだけではない。

それにつづいて，マルクスがすぐさまとりあげているのは，資本制的生産力の発展によってひきおこされる事態についての解明である。それも，とくに，労働生産性の上昇による必要労働時間の短縮と，それにもとづく剰余労働時間の増大による剰余価値の増大という，相対的剰余価値の生産についての追求がおこなわれているのである。
　『資本論』では，剰余価値増大の方法としては，①労働時間の延長による絶対的剰余価値の生産，②労働生産性の上昇による必要労働時間の短縮にともなう剰余労働時間の増大による相対的剰余価値の生産，③個別資本の生産性上昇による社会的価値と個別的価値との差額としての特別剰余価値，の三つの方法がとりあげられている。
　だが，『要綱』においては，剰余価値増大の方法としては，労働時間の延長による絶対的剰余価値の生産はここではほとんど問題にされていない。それについては，ずっとあとになって，〔剰余価値と利潤〕の節の終わり部分とそれにつづく〔資本の再生産と蓄積〕の節において，ごく簡単にふれられているにすぎない。
　また，社会的価値と個別的価値との差額としての特別剰余価値についてはまったくとりあげられていない。この時点のマルクスの資本についての理論においては，多数の個別資本の運動にかかわる競争論的観点はなく，また，価値規定の社会的性格についての理論内容も不十分である。
　『要綱』の「資本にかんする章」における剰余価値についてのマルクスの強い関心事は，なによりもまず資本の価値増殖運動についての基本的内容の解明と，そして，それにつづいて，労働生産性の上昇にもとづく相対的剰余価値としての剰余価値の増大の動向に，問題関心が振り向けられている。
　しかも，労働生産性の上昇がもたらす相対的剰余価値の生産による剰余価値増大にかんしても，この〔労働過程と価値増殖過程〕の節におけるマルクスは，〈協業―分業とマニュファクチュア―機械と大工業〉といった生産力発展の諸段階を問題にしている『資本論』とは違って，生産性の上昇テンポに比して剰余価値の増大テンポが相対的に立ち遅れるという特殊な事態に，つよく焦点をあてている。
　『要綱』におけるマルクスは，そのような生産力の発展のなかでの生産性上

昇テンポに比しての剰余価値増大テンポの相対的立ち遅れの動向について，逐次的な計算を詳細におこないながら，「以上を要約すると次のことがわかる」として，次の3点をあげている。

（1）生きた労働の生産力の増大が資本の獲得する剰余価値を増加させるのは，それが必要労働を減少させて剰余労働をつくりだすからである。

（2）剰余価値は生産力が増加する倍数どおりに増加するわけではなく，労働日における必要労働時間の減少だけしか増加しない。そのため，必要労働時間が減少すればするほど，生産力の増加が剰余価値を増加させる程度は次第に減少するものである。そのため，国が異なり，産業が異なると，その程度は相違することになる。

（3）かくして，労働日のうち必要労働をあらわす分数部分が小さくなっていればいるほど，剰余価値の増大はますます困難になり，やがて資本は資本であることをやめてしまうことになるであろう。

このように，『要綱』でのマルクスは，剰余価値論レベルにおいて，剰余価値の増加テンポの相対的低下に焦点をあてて，生産力の発展のなかでの資本の長期的な歴史的動向をとらえようと苦労している。

なお，『要綱』でのマルクスは，生産力の発展によってひきおこされる長期的動態とそこでひきおこされる崩壊への展望については，このあと，資本蓄積を取り扱う〔資本の再生産と蓄積〕の節と，最後の「果実をもたらすものとしての資本。利子。利潤。」の章における生産力の発展のなかでの不変資本部分の増大による利潤率の低下傾向のなかにおいても，論じている。

〔絶対的剰余価値と相対的剰余価値〕

つづく〔絶対的剰余価値と相対的剰余価値〕の節においては，前節にひきつづいて，生産諸力の発展による生産性の上昇のなかでの必要労働と剰余労働との動きの変化などの問題について，数字例を計算しながらながながとした検討をつづけている。

そのうえで，マルクスは，「われわれはつねに資本の二つの要素，すなわち生きた労働日の二つの部分だけを問題にしてきたのであって，その一方は賃金を，他方は利潤を，一方は必要労働を，他方は剰余労働を表わしている。では，

労働材料と労働用具とに実現されている資本の他の二つの部分は,どこに残っているのだろうか?」と問題を提示する。

そして,資本によって購入された労働用具と材料との生産過程における価値移転の問題について,「紡ぎ糸と紡錘に含まれ,生産物の価値部分を構成している対象化された労働時間は,労働者がつくりだしたものではない。彼にとってそれらのものは,これまでも,またいまもなお材料であり,彼はそれに他の形態をあたえ,あらたな労働を合体させたのである。……彼の生産物は,いまや対象化された労働の二つの部分――すなわち彼の労働日と,また彼とは独立に,彼の労働に先立って,彼の材料である紡ぎ糸と紡錘のうちにすでに含まれていた労働――を含んでいる」ととらえているのである。

かくして,マルクスは,資本家が労働者との交換過程をとおして手に入れるものとして,「資本家は,……生きた労働をわがものとすることによって,次のものを二重の意味で無償で手に入れる。すなわち第1に,彼の資本の価値を増加させる剰余労働を手に入れるが,同時にまた第2に,生きた労働の質を手に入れる。この質は,資本の構成諸部分のなかに物質化された過去の労働を保持し,こうしてまえもって存在している資本の価値を保持するのである」としている。

〔剰余価値と利潤〕

そのあとの〔剰余価値と利潤〕の節においては,前節にひきつづき生産過程において一定の率で剰余価値を生みだす資本の運動をとりあげながら,生みだされた剰余価値の一定部分が資本家の個人消費に使われ,残った利潤部分が資本蓄積にまわされて資本規模を拡大する事態について,15ページほどにわたってながながと計算を,それも計算まちがいをしながらつづけている。

このように,ここでのマルクスは,生産力の発展がひきおこす剰余価値の分量の長期的な事態に強い関心を向けている。

だが,ここではまだ個別資本の競争の観点は存在しておらず,そのため個別資本における生産性の上昇にもとづく個別的価値と社会的価値との差額としての特別剰余価値の獲得を動力とする個別資本の主導による生産力の発展と,それをつうじて推しすすめられる社会的価値水準の引き下げによる労働力の価値

低下の論理も明確ではない。

　そのため，マルクスの数字例による例解においては，剰余価値率は上昇しながらも，生産力の発展のなかでの不変資本部分の増大による資本の有機的構成の高度化によって利潤率は低下傾向を示す事態が数字例として出てきたりして，マルクスを困惑させている。

　マルクスは，そのような事態の数字例をあれこれ計算しながら，一連の計算違いをしたり，立ち往生したりしており，その途中で，「これ以上この退屈きわまる計算にかかずらっているべきではない」とか，あるいは，「こんないまいましい計算まちがいなど，どうにでもなるがいい。だがまあ，気にしないで，もう一度やりなおそう」とか，さらには，「生産力の増大の結果生じる価値にかんする問題は，そろそろおしまいにする時である」とか述べながらも数字計算をおこなったうえで，やがて，「生産力の増大によってつくりだされた新価値が，労働の絶対的増大によってつくりだされた新価値とどのようにかかわるかという問題は，蓄積および利潤にかんする章で扱われるべきである」としながら，ついには，「このようなくどくどした話についてはのちにくわしく」といったかたちで，追究を先送りにして打ち切っている。

　ところで，ここでマルクスは，労働者によって生みだされる必要労働時間を超える過剰労働時間は，人びとにとっての「自由に使える時間の創出」の基礎をなすものであって，この「自由に使える時間」こそが「富」にほかならないものであるという《時間の経済》論についての指摘をおこなっている。だが，この問題については，さらにのちの〔固定資本と社会の生産諸力の発展〕の節において，より詳しく論じられることになる。

〔資本の再生産と蓄積〕

　さらに，つづく〔資本の再生産と蓄積〕の節において，マルクスは，資本のたえざる蓄積がもたらす歴史的傾向について論じている。

　すなわち，資本の再生産による剰余価値の増大にともなって，一面では，労働時間の増加による絶対的剰余価値の増大は，流通の圏域のたえざる拡大を推しすすめ，資本にもとづく生産を普及させて世界市場をつくりだそうとする傾向としてあらわれる。他方では，生産力の発展にもとづく相対的剰余価値の増

大は，新たな消費のための新たな欲望と新生産部門を創出することになる，としている。

ここにおいて，新たな有用的属性を発見するための全自然の探求，自然科学の最高度までの発展，新たな欲求の発見・創造・充足，豊富な欲望をもつものとしての社会的人間の生産など，たえず拡大されますます豊かになっていく諸欲求の体系が対応することになるとして，ここに，マルクスは，「資本の偉大な文明化作用」を見いだし，「資本による一つの社会段階の生産が生じる」としている。

ところで，そのように生産力の発展を無限に推しすすめる資本の傾向のなかで，同時に，資本そのものが生産力発展の内部的限界となり，資本はたえざる諸矛盾の展開のなかで運動するものとなる。

ここで，マルクスは，生産と価値の増殖実現とのあいだの矛盾，生産の制限としての必要労働などについてとりあげ，生産力の発展にとっての内的制限としての限界が見いだされるとする。

そのあと，マルクスは，投資を構成する諸要因とその総額とにかかわらせながら，資本家の獲得する利潤について，さまざまな数字例による検討をおこなっている。

そのうえで，あらためて，「資本」は「生きた労働にたいする支配」であるとして，「対象化された他人の労働の取得」としての「領有法則の転回」論について展開し，さらに，「賃労働」について，資本に対立している生きた労働についての考察をおこない，資本制生産における賃労働と庭仕事や医師などの人身的用益給付との相違を指摘している。

〔資本制生産に先行する諸形態〕

次の〔資本制生産に先行する諸形態〕の節においては，これまでみてきた資本制生産に先行する歴史的諸形態についての概括的な素描と，その解体による資本制生産への変革の基本的過程の指摘をおこなっている。

すなわち，さまざまなかたちでの共同体的組織への隷属と，労働手段などの労働実現の客観的条件との結びつきにかかわる所有の歴史的諸形態として，自然生的な共同体的形態，ローマ的形態，ゲルマン的形態等について，さまざま

な視角から論じている。

　そして，所有を，労働する主体が生産条件にたいしてかかわる様態とみなしながら，前近代的諸関係の解体による無産者化と，そして，隷属諸関係の解体による自由化によって，自分の労働能力を唯一の所有物として所有し交換する自由をもつところの，二重の意味での自由な近代的労働者の成立をとらえる。

　そして，それに対応して，自由な労働者のみならず生産手段や生活手段等をも手に入れることができ，貨幣財産が資本になることが可能になるとして，そこに資本制生産が形成される歴史的過程としての「資本の本源的蓄積」の形成をとらえているのである。

　そのうえで，そのように古い生産様式を破砕しながら資本が展開していく歴史的諸形態について言及し，「資本」とはけっして「物象」ではない，「資本とは明らかにひとつの関係であり，しかもひとつの生産関係でしかありえないのである」という指摘でもってこの節を締めくくっている。

## 3　資本の流通過程

　〔資本の流通過程〕の章において，マルクスは，資本の運動における生産過程と流通過程との二つの過程における流通過程にかんする諸要因について，価値増殖にとっての意義に視点をおきながら，さまざまな検討をくわえている。

〔資本の循環〕
　〔資本の流通過程〕の叙述は，〔資本の循環〕の節からはじまる。
　生産過程と流通過程との二つの契機を包括する資本の運動は，全体としては，(1) 現実的生産の期間，(2) 生産物の貨幣への転化の操作期間，(3) 貨幣の原料，労働手段，労働への転化，(4) 資本と生きた労働能力との交換，という四つの契機をもつとする。
　そして，まず，輸送についてとりあげる。
　だが，輸送は生産過程に属するものである。その意味では，生産過程での労働時間プラス輸送に含まれる労働時間が生産費用をなす，とする。ついで，道路問題がとりあげられるが，生産物の市場への搬送は生産過程における生産物

の製造費用に属するものである。

　それにたいして,「時間」的契機における流通は,価値の転化過程での費用として本質的に流通費用にぞくするものである。

　流通時間と価値増殖との関係についてみると,流通時間は剰余労働時間からの控除として価値増殖の制限であるが,しかし,流通時間は価値の実現をもたらす価値増殖の要素でもある。生産過程にたいする流通時間の関係は,流通速度が早ければ早いほど一定時間内に資本の生産過程が反復される回数は多くなり,生みだされる剰余価値は大きくなる。

　この〔資本の循環〕の節においては,資本の流通についての論議よりも,むしろ,流通における生産過程としての運輸と,それに関連する道路についての論述が大きなウェイトを占めている。

　なお,ここでの社会的施設としての道路建設についての論述のなかで,マルクスは,大量労働と結びついた工場の展開によって,熟練は労働者から離れて機械と科学との結合による全体としての工場に移転するようになるという指摘や,ローマ軍における傭兵賃金制度と賃労働との本質的な区別といった興味ある論点についての示唆をおこなっている。

〔剰余価値および利潤についての諸学説〕

　そのあと,〔剰余価値および利潤についての諸学説〕がとりあげられている。

　ここでの全体としての論議は,リカードの価値論を中心として,それをめぐるさまざまな理論家たちの論議についての批判的検討である。

　そこでは,商品についての労働時間による価値規定,および,生きた労働者の価値規定と剰余価値の形成根拠との関連をどのようにとらえるか,という問題が中心的論点となっている。

　ここには,リカードやアダム・スミスはいうまでもなく,ド・クィンシ,ケアリ,マカラク,ブレイ,ウェークフィールド,マルサス,ベイリ等々……の多くの理論家たちの言説がとりあげられているが,そのほとんどが『ロンドン・ノート』から引きだされた抜粋によっている。

　ここでのマルクスの基本的立脚点は,すでにこれまでみてきた「資本家が交換で手に入れるのは労働能力であって,これは彼が支払いをする交換価値であ

る。生きた労働は，資本家にとってこの交換価値がもっている使用価値であり，そしてこの使用価値から剰余価値が生じるのである」という見解である。

### 〔固定資本と流動資本〕

そのあと，〔固定資本と流動資本〕の節に入り，「さて，本論に戻ろう」と流通過程の問題に取り組みなおしている。

この節における主たる論点は，固定資本と流動資本との資本の区別と，資本の回転の問題，そしてそれらを組み入れての資本の流通と剰余価値の生産の問題である。

マルクスは，まず，資本が通過する諸局面について，それは，(1) 剰余価値の創造——直接的生産過程，(2) 生産物の商品への転化，(3) ($a$) 商品の貨幣への転化，($\beta$) 貨幣の生産諸条件への再転化，(4) 生産過程の更新，という四つの局面を通過しながら運動をしていくものであるとする。

そして，資本の総生産過程は〈労働時間 プラス 流通時間〉であるとして，生産と流通との統一においてとらえる。

そのうえで，固定資本と流動資本との資本の区別について，プルードン，J. S. ミル，アンダースン，J. B. セー，クィンシ，ラムジ，リカード，シスモンディ，シュルビュリエ，シュトルヒといった理論家たちの見解について批判的にとりあげている。

そのうえで，年間を期間とした資本の運動を，(生産局面〔必要労働時間＋剰余労働時間〕＋流通局面)×回転数としてとらえながら，一定期間における資本の運動のなかでの価値と剰余価値との生産とその分量についてとらえている。

さらに，生産諸要因の価値と使用価値にとっての生産過程と流通における運動について，生産用具は，固定資本として，その使用価値を生産過程にとどめつづけながら，価値としては部分的に流通に入るものであるのにたいして，生産過程には入らない賃金部分と生産過程に入る原材料や補助材料は，流動資本として，1生産期間に価値移転するものである，といった資本の種類による相違を指摘する。

そのうえで，さらに，資本の回転時間を問題にして，1生産期間に価値移転する原材料あるいは価値更新・増殖する賃金部分といった流動資本と，長期間

にわたって継起的に価値移転する固定資本との相違を指摘しながら，固定資本と流動資本の価値の更新・回転時間におよぼす影響をとりあげるとともに，さらに，資本の総回転時間や平均回転時間等についても考察している。

なお，この節のなかで，マルクスは，流通にかんする検討の途中で，「自由競争」についての考察をおこない，自由競争は，資本の運動・発展・実現にとっての諸制限の否定であるが，自由競争における自由はけっして諸個人の自由ではなくて資本の自由にほかならないものであって，自由競争の前提をなすものは資本の支配であるとする。

そして，「自由競争が発展すればするほど，資本の運動の諸形態はそれだけ純粋に現われてくる」が，資本の発展の諸時期において資本と自由競争とのかかわり方の相違がみいだされる，としている。

〔固定資本と社会の生産諸力の発展〕

つづく〔固定資本と社会の生産諸力の発展〕の節においては，工場内における固定資本としての機械についての論議が中心的論点となっている。

そして，それと関連して，(1) 労働活動における機械の主導的役割と労働者の役割の従属化，(2) 必要労働の短縮と剰余労働時間の拡大による「自由に処分できる時間」の問題，が論じられている。

まずはじめに，バビジ『機械およびマニュファクチュア経済論』による機械の分類と，ユア『工場哲学』による工場についての見解がとりあげられる。

そして，固定資本と流動資本の把握にかんして，労働手段，原料，生きた労働といった使用価値としての諸要素の区別と，固定資本と流動資本といった資本の形態規定における区別とが指摘される。

ここで，労働手段としての機械に関連して，マルクスは，労働活動における機械の主導的役割と労働者の役割の従属化について指摘する。すなわち，生産手段としての機械の導入と発展によって，労働者自身はこの自動装置の意識ある手足として規定されているにすぎないものとなり，そこにおける労働者の活動は，機械の労働を監視し機械の故障を防止するにすぎないものとなる。

ここにおいて，労働者に代わって熟練と力をもっている機械装置が労働者の活動を規制することになり，科学は魂をもたない機械装置に合目的的な自動装

置として作用することを強制するのであって，科学は機械そのものの力が労働者にたいして疎遠な力として作用するものになる，ととらえる。かくして，労働者は生産過程の主たる作用因であることをやめ，直接的形態における労働は富の偉大な源泉であることをやめることになる。

ところで，ここで，生産手段としての機械による生産力と労働生産性の上昇と関連して，マルクスは，必要労働の短縮・剰余労働時間の拡大による「自由に処分できる時間」の問題を再度とりあげている。すなわち，機械の発展による生産手段の増大のなかでの必要労働時間のますますの短縮のなかで，労働時間が富の尺度であることもやめることになり，そこにおいて自由な時間の発展による諸個人の芸術的，科学的等の発達と開花が対応することになる。そして，そのような自由な時間は，自由時間の持ち主をこれまでとは違った主体へと転化するものである，とするのである。

〔**固定資本および流動資本の流通ならびに再生産**〕

さらに，〔固定資本および流動資本の流通ならびに再生産〕の節においては，固定資本と流動資本との資本の還流の仕方の相違と，資本の回転と再生産運動に影響をおよぼす仕方の相違を明らかにすることが，中心的論点となっている。

流動資本は，全体として流通に入り，全体としてそこから還流するものであるからして，資本の運動の1期間でもって剰余価値をともなう価値が再生産されて，回転を繰り返す。

だが，固定資本は，なんども反復して同じ作業に役立つものであって，使用価値としてはけっして流通に入らず，消費される使用価値の程度に応じて価値として流通に入るだけである。

そのような固定資本と流動資本との資本の還流の仕方の相違は，資本の回転運動に影響をあたえ，総資本の回転時間と固定資本の再生産期間との相違をもたらす。資本の復帰を測るときの総時間としては，1年が単位とされることになるが，そこから，流動資本の回転については資本の循環期間にもとづく1年のうちの回転数としてとらえられる。他方，固定資本の場合においては，機械装置の平均的な再生産は5年であるといわれるが，大工業の時代に属する産業循環は10年前後の期間で通過するものであって，それは資本の総再生産局面と

関連している,とされている。

　このように,生産物の価値をそっくり実現し同時に剰余価値を実現する流動資本と,生産過程で使用価値として消尽される程度に応じて加工される原料に価値として入って生産物価値に移転され,多年にわたる循環ののちに還流することになる固定資本との,それぞれの使用価値と価値にかかわる特有の価値実現様式,回転様式,再生産様式は,流動資本と固定資本との資本の二つの異なった存在の仕方による資本としての還流の仕方の相違により規定されているものである。

## 4　果実をもたらすものとしての資本

**「第3章　果実をもたらすものとしての資本。利子。利潤。(生産費用,等々)」**

　最後の「第3章　果実をもたらすものとしての資本。利子。利潤。(生産費用,等々)」の章においては,利潤論と利潤率の傾向的低下法則のみが問題にされていて,商業,信用,地代等の諸範疇についてはまったくとりあげられていない。

　この章では,大きくいって,(1) 利潤と利潤率,利潤率低下傾向と,(2) 生産力発展にもとづく利潤率低下による資本制生産の桎梏化と崩壊の問題,そして,(3) 労働生産力の発展がひきおこすさまざまな諸事態,といった三つの事柄がとりあげられている。

　まず,利潤とは,自己増殖する価値として資本で測られた剰余価値であり,利潤率は資本の価値にたいする利潤の価値の比率である。

　利潤率は,原料および生産用具の形態で存在する不変資本部分にたいする比率に左右されるものであり,投下総資本のなかで生きた労働と交換される資本部分が少なくなればなるほど利潤率は小さくなる。したがって,利潤率は増大する原料や用具を含む資本総量の増大に反比例して減少するけれども,利潤量は資本総量の価値に比例して増大するものであって,このことは,「近代の経済学の最も重要な法則」である,とマルクスは強調している。

　利潤率の低下について,それは (1) 生産力のための物質的基礎であり科学力の巨大な発展を前提とし,(2) 再生産に必要とされる直接的労働の減少を示

し，(3) 資本の大きさ，市場の大きさ，労働の多様性，等を意味するものである，とみなしている。

そこから，「資本そのものによって資本の歴史的発展のなかでもたらされた生産諸力の発展がある一定の点にまで達すると，資本の自己増殖を措定するのではなく，それを止揚する，ということである。生産諸力の発展が，ある一定の点を越えると，資本にとっての制限となり，したがって，資本関係が労働の生産諸力の発展にとっての制限となるのである。この点に達すると，資本，すなわち賃労働は，社会的富と生産諸力との発展にたいして，……桎梏として必然的に脱ぎすてられる」と，生産力の発展にともなう利潤率の低下が資本制生産の桎梏化と解体をひきおこすことになると指摘している。

そのような社会的生産力の発展にとっての資本制生産様式の不適合は，もろもろの矛盾，恐慌，痙攣において表現され，資本の強力的破壊はその桎梏化を示し，「最後には，資本の強力的な転覆にいたることになる」とマルクスは資本制生産様式の崩壊をみているのである。

ここに，われわれは，『経済学批判要綱』における資本制生産の歴史的発展と桎梏化，そして，その崩壊による新しい経済社会システムへの転換についてのマルクスの展望をみることができる。

## 第3節　いくつかの問題

ところで，この「資本にかんする章」においては，そのような大筋の論議だけでなく，きわめてさまざまな理論的あるいは現実的な諸問題について，この時点におけるマルクスの問題意識と見解が吐露されていて，傾聴すべき独自な論議がみられる。

### 1　「自由に使える時間」と《時間の経済》論

**剰余労働時間と「自由に使える時間」**

『経済学批判要綱』において，マルクスは，労働者によって生みだされる必要労働時間を超える過剰労働時間は，人びとにとっての「自由に使える時間の

創出」の基礎をなすものであって，この「自由に使える時間」こそが「富」にほかならない，という《時間の経済》論を展開している。

かねてより杉原四郎氏によってマルクスの経済本質論を端的に表明したものとして強調され[6]，また山田鋭夫氏によって「『要綱』中の白眉をなす」[7]論議とされている《時間の経済》論について，『要綱』ではいくつかの個所においてとりあげている。

マルクスは，まず，「貨幣にかんする章」の〔貨幣の成立と本質〕の節において，すべての経済の帰着点として《時間の経済》をとらえようとしている。

> 「共同社会的生産が前提されているばあいでも，時間規定はもちろんあいかわらず本質的なものでありつづける。社会が小麦や家畜などを生産するために必要とする時間が少なければ少ないほど，社会はますます多くの時間をその他の生産，物質的または精神的な生産のために獲得する。個々の個人のばあいと同じく，社会の発展の，社会の享受の，そして社会の活動の全面性は，時間の節約にかかっている。時間の経済，すべての経済は結局のところそこに帰着する。」

だが，《時間の経済》論は，必要労働時間を超える時間にかかわる論点であるから，それは「資本」についての労働生産性上昇による必要労働時間の短縮にもとづく相対的剰余価値論にかんする論議のなかで論じられることになる。

### 自由に使える時間による富の発展

マルクスは，「資本にかんする章」のなかの〔第1章　資本の生産過程〕の〔剰余価値と利潤〕の節における，生産性の増大による必要労働の短縮にもとづく剰余労働の増大についての論議の終わり部分において，「富の発展のすべては，自由に使える時間の創出にかかっている。必要労働時間の過剰労働時間にたいする割合は，生産諸力の発展段階が異なるにしたがって変化する」と指摘している。

そして，さらに，〔固定資本と社会の生産諸力の発展〕の節において，機械制大工業の発達による富の創造にとっての直接的労働への依存の減少と関連し

て，《時間の経済》論についてかなり詳細に論じている。
　すなわち，労働生産性の上昇による必用労働時間の短縮がもたらす結果として，労働が富の源泉であることをやめてしまうなかで，自由になった時間が諸個人の自由な発展と開花をもたらすことになる，とする。

> 「直接的形態における労働が富の偉大な源泉であることをやめてしまえば，労働時間は富の尺度であることを，だからまた交換価値は使用価値の〔尺度〕であることを，やめるし，またやめざるをえない。……それとともに交換価値を土台とする生産は崩壊し，直接的な物質的生産過程それ自体から，窮迫性と対抗性という形態がはぎとられる。諸個人の自由な発展，だからまた，剰余労働を生みだすために必要労働時間を縮減することではなくて，そもそも社会の必要労働の最小限への縮減。その場合，この縮減には，すべての個人のための自由になった時間と創造された手段とによる，諸個人の芸術的，科学的，等々の発達開花が対応する。」

かくして，そこにおいては生産力の発展と労働時間の節約とが一致することになる，とマルクスは指摘する。

> 「真実の経済——節約——は労働時間の節約（生産費用の最小限（と最小限への縮減））にある。だが，この節約は生産力の発展と一致している。だからそれは，享受を断念することではけっしてなく，生産のための力，能力を発展させること，だからまた享受の能力をその手段をも発展させることである。享受の能力は享受のための条件，したがって享受の第1の手段であり，またこの能力は個人の素質の発展であり，生産力である。労働時間の節約は，自由な時間の増大，つまり個人の完全な発展のための時間の増大に等しく，またこの発展はそれ自身がこれまた最大の生産力として，労働の生産力に反作用を及ぼす。」

**富の源泉としての労働と自由時間**
　ところで，この《時間の経済》論はさまざまな論点を含んでいる。

まず、そもそも「富」とはなにか、富の尺度を規定する基準はなにであるのか、ということから問題になる。

アダム・スミスの『諸国民の富』以来の古典派経済学の経済学的基本思想は、「労働時間」こそ経済学的「富」の源泉であり尺度であるとしているのであって、それは経済理論における《労働価値説》として結実しているものである。マルクスが労働価値説を投下労働説的にさらに徹底しているのも、その見解に立ったうえでのことである。

それにたいして、「労働時間」ではなくて「自由時間」こそが「富」の実体をなすものであるという《時間の経済》論は、経済学における労働価値説とは異質の理論である。それは、経済思想としては、富の尺度について逆転の発想をおこなったものであり、いわば人類的文明論の観点から「富」をとらえたものにほかならない。

しかも、現実の資本制生産においては、「自由に処分できる時間」は階級的な敵対的性格をもたざるをえないものである。

マルクス自身、「自由に処分できる時間」という非労働時間の創造は、資本の立場においては、少数者にとっての非労働時間、自由時間であって、自由に処分できる時間の創造を剰余価値を生みだす剰余労働に転化するというのが資本の傾向である、と資本にもとづく生産様式におけるその対立的性格を指摘しているところである。

> 「富の尺度としての労働時間は、富そのものを、窮乏にもとづくものとして措定し、また自由に処分できる時間を、ただ剰余労働との対立のなかでのみ、またそれを通じてのみ存在するものとして措定する。だからこそ、いまや、最も発展した機械装置が労働者に、未開人よりも長く、すなわち労働者自身が最も簡単で最も粗野な道具をもってやっていたのよりも長く労働することを強いるのである。」

すなわち、現実の階級的対立のある経済的関係においては、「富の尺度としての労働時間」によって富が生産され、発達した機械のもとで長時間労働が強制されることになるものであって、現実的には非労働と剰余の富は全社会的な

階級的対立のうちに存在するものである。

では、剰余労働時間はいかにして「自由な時間」になるのか。

その点について、マルクスは、資本にもとづく生産においては、「資本の傾向はつねに、一方では、自由に処分できる時間を創造することであるが、他方では、それを剰余労働に転化することである」ととらえながら、そのような傾向は現実的事態における矛盾を展開し、やがては、労働者大衆による自分たちの剰余労働を自らのものとして取得するという変革をひきおこさせることによって、資本にとっての剰余価値を生みだす剰余労働を労働者たち自身にとっての「自由に処分できる時間」に転化する、としているのである。

> 「資本は前者〔自由に処分できる時間の創造〕の点でうまく成功し過ぎると剰余生産に苦しむことになるのであり、その場合、剰余労働が資本によって価値実現されえないので、必要労働が中断される。この矛盾が発展すればするほど、ますますはっきりしてくるのは、生産諸力の増大はもはや他人の剰余労働の取得に縛りつけられたままでいることができないということ、労働者大衆が自分たちの剰余労働を取得しなければならないということである。彼らがそれをやり遂げたならば——そしてそれとともに、自由に処分できる時間が対立的な存在をもつことをやめるならば——、一方では、必要労働時間が社会的個人の諸欲求をその尺度とすることになるであろうし、他方では、社会的生産力の発展がきわめて急速に増大し、その結果として、生産はいまや万人の富を考量したものであるにもかかわらず、万人の自由に処分できる時間が増大するであろう。というのも、現実の富とはすべての個人の発展した生産力だからである。」

### 自由時間のための展望

このように、剰余労働時間が資本にとっての剰余価値を生みだす剰余労働時間ではなくなって、労働者自身に取得されることになるということ、すなわち、労働者の剰余労働が資本が獲得する剰余価値（利潤）の源泉となることをやめて、労働者大衆にとっての自分自身の「自由に処分できる時間」として獲得するということは、まさしく社会変革をおこなうことによってはじめて達成でき

ることである。

　しかも，社会変革ののちにおいても，ただちに社会の全構成員にとっての「自由に処分できる時間」の獲得による諸個人の開花の全面化の実現は困難であって，さしあたりは社会的あるいは国家的な必要をいかにして支えるかといった問題がある。したがって，諸個人の開花の全面化は国家の死滅後にはじめて可能になるような長期的展望における実現可能性にほかならないものであって，現実的な展望についてはさまざまな配慮が必要であろう。

　なお，マルクスは，社会的な必用労働時間を超える時間部分をそのまま「自由に使える時間」としているのであるが，最近のジェンダー論の視点からするならば，家事労働やケア（介護）労働は個人的にも社会的にも家族生活にとっては不可欠であって，これらの労働部分を「自由に使える時間」から誰がどのようなかたちで負担するかということも問題にならざるをえない[8]。

　マルクスに欠落しているジェンダー的視点を導入して《時間の経済》論を具体化するかたちで再構築する必要があるものと思われる。

　なお，イギリスにおける工場法制定以来の現実の資本制社会における労働時間の短縮化という趨勢的事態を「自由の時間」論からみてどのようなものとして評価するか，あるいは，わが国における一方ではパートなどの非正規雇用による短時間労働と他方における過労死にいたる常勤の長時間労働との二極化現象[9]や，あるいは，現代のアメリカ社会に見られるような労働者自身の過剰消費への欲求による労働時間の延長といった事態[10]をどのように理解するか，《時間の経済》論にもとづく「自由時間」論によるユートピアにたいして現実的事態は複雑である。

## 2　匿名の著作による《時間の経済》論の先駆的指摘

### 先駆的匿名論文

　「労働時間」ではなくて「自由に処分できる時間」こそが「富」であるという経済思想としては異端的ともいえる見解は，マルクス以前にも，ある論文において次のように展開されている。

「富とは自由のことである——つまり，レクリエイションを求める自由——人生をエンジョイする自由——精神を向上させる自由のことである。富とは自由に使える時間のことなのであって，それ以上のものではない。(wealth is liberty—liberty to seek recreation—liberty to enjoy life—liberty to improve the mind: it is disposable time, and nothing more.)」[11]

このような先駆的な指摘をおこなっている著作とは，ロンドンで1821年に出版された匿名著者による『国民的苦難の根源と救済策』(*The Source and Remedy of the National Difficulties: deduced from principles of political economy, in a letter to Lord John Russell*, 1821, Rodwell and Martin, London) という40ページのパンフレットである。

この著作について，マルクスは，『要綱』のなかで4回も引用し，その末尾に書名をあげている[12]。さらに，新 MEGA の Apparat には，その匿名の著作の該当個所についてのより詳しい内容の記述がおこなわれており[13]，それは『要綱』の訳本では（注解）に記されている[14]。

ところでマルクスは，この著作の主要部分の抜粋を，まず，『ロンドン・ノートXII』(1851年7月頃執筆) に記載している[15]。そこから『要綱』へ引き写されているのであって，『要綱』での引用抜粋に付けられている「(27, 28ページ)」というページ数は，『ロンドン・ノートXII』のページ数を示すものである[16]。

なお，このパンフレットの主要な内容は，《時間の経済》についての自由時間論にかんする論議ではない。そこで叙述されている主な内容は，剰余労働論にかんするものであって，このパンフレットの結論は穀物法の撤廃を主張しているものである。そして，それとの関連において自由時間論についての見解が述べられているのである。

### マルクスの高い評価

マルクスは，この40ページほどのパンフレットにたいして，自由時間論についてだけではなく，そこで展開されている剰余労働論についてもきわめて高く評価しており，『要綱』において4ヵ所で引用しているだけでなく，「私自身のノートにかんする摘録」でも1ヵ所[17]，また，『マルクス資本論草稿集 経済学批判（1861-63年草稿）』のなかの『剰余価値学説史』のなかでは「1 経済学

者たちにたいする反対論（リカードの理論を基礎とする）」のなかで9ページにわたって書き込みをしており[18]，その冒頭では次のように高く評価した指摘をおこなっている。

> 「このほとんど知られていないパンフレット（約40ページ）は，リカードを越える本質的な一進歩を含んでいる。それは直接に剰余価値を，またはリカードが名づけるところでは「利潤」（しばしばまた「剰余生産物」）を，またはこのパンフレットの筆者が呼ぶところでは「利子」を「剰余労働」として示している。すなわち，労働者が，自分の労働能力の価値を補塡するところの，または自分の賃金の等価を生産するところの，労働量を越えて，無償で行なう労働として示している。価値を労働に帰着させることが重要だったのとまったく同様に，剰余生産物において現われる剰余価値を剰余労働として示すことが重要だったのである。……」[19]

また，このパンフレットの文言は，『資本論』第1部においても引用されている[20]。そして，エンゲルスは，『資本論』「第2部への序文」において，次のような指摘をおこなっている。

> 「『資本論』第1部（第2版）の609ページには，『国民的苦難の根源と救済策。ジョン・ラッセル卿への書簡』，ロンドン，1821年，という一書から，「剰余生産物または資本の所有者」という句が引用されている。この書は，剰余生産物または資本という表現からもすでにその意義に注目されるべきはずのものであり，マルクスのおかげで消失を免れた40ページのパンフレットである……。」[21]

### 匿名の著者：ディルク

ところで，新MEGAでもこの著作の筆者は「匿名の著者」ということになっているが，その著者はチャールズ・ウェントリース・ディルク（Charles Wentworth Dilke, 1789–1864）であることが，杉原四郎氏のイギリスでの探索によって突きとめられて，すでに1963年には公表されている[22]。

ディルクは，バーミンガムの東方にある Warwickshire の Maxstoke Castle の旧家の家系の出身[23]で，彼の孫の Charles Wentworth Dilke, Bart., M. P. (準男爵) によると，祖父ディルクは「若い時期に急進主義者（ラディカル）になり，生涯の最後までその急進的な信条をもちつづけていた」[24]とのことであり，1821年に『国民的苦難の根源と救済策』という政治的パンフレットを出版したがその結論は穀物法の廃止である，と指摘されている。

Leslie A. Marchand によると[25]，ディルクは，ケンブリッジで学んだのち，Navy Pay Office に入ったが，文芸史に興味をもち，文芸誌 "Atheneum" への寄稿と編集をおこない，当時の文学的，芸術的ならびに科学的な分野の重要な人物との広範囲な交流があった人物であるとのことである。

なお，この『国民的苦難の根源と救済策』というパンフレットは，蛯原良一氏により全訳されており[26]，そこでも，このパンフレットの筆者がディルクであることは杉原氏によるものとして指摘されているところである。

なお，新 MEGA の『要綱』の本文では，本文献は「匿名の著者」によるものであるとされているが，邦訳においては，補足的に〔チャールズ・ウェントワース・ディルクによる〕と著者名があげられており[27]，さらに，この著作の翻訳が蛯原良一氏によって『新潟大学経済学論集』第6号に掲載されていることも付記されている[28]。

なお，この著作からの抜粋がおこなわれている『ロンドン・ノート』の新 MEGA, Ⅳ-9 においては，欄外の書名欄に，"Aus Charles Wentworth Dilke: The source and remedy of the national difficulties"[29]と，著者名が記されている。また，新 MEGA, Ⅳ-9 の「序文」においては，『国民的苦難の根源と救済策』とその著者ディルクについて新 MEGA 編集部による指摘がおこなわれている[30]。

## 3 社会的生産の主体的担い手の転換

### 機械制生産の発展と熟練の移転

『経済学批判要綱』において，マルクスは，機械制生産の発展のなかで，生産過程の主作用因が「労働者」ではなくなって，「熟練と力をもっている機械」に移ることになると，社会的生産にとっての担い手の移転について指摘して

いる。

　まず，〔第2章　資本の流通過程〕の〔資本の循環〕の節において，マルクスは，社会的施設としての道路建設についての論述につづけて，固定資本の大きさの発展と関連して，大工業の生産諸力における大量労働と結びついた工場の展開のなかで，熟練は，労働者から離れて，機械と科学との結合による全体としての工場に移転するようになる，と熟練の主体の移転について指摘する。

> 「資本が真に発展すると，それは大量労働を熟練と結合するが，しかしその結果として，大量労働はその物理的な力を喪失し，また熟練は労働者のなかにではなく，機械および，機械と科学的に結合されてひとつの全体として働く工場のなかに存在するようになる。労働の社会的精神が，個々の労働者たちの外にひとつの客観的な存在を受け取るのである。」

そして，〔固定資本と社会の生産諸力の発展〕の節において，機械装置の自動体系の完成と，そのような機械装置の付属物としての労働者の役割の従属化について論じている。

> 「労働手段は，資本の生産過程に取り入れられると，さまざまな変態を通過していくのであって，この変態の最後が機械である，というよりはむしろ，自分自身で運動する動力というひとつの自動装置によって運動させられる，機械装置の自動的体系である。この自動装置は，多数の機械的器官と知的器官とから成っているので，労働者自身は，ただこの自動装置の意識ある手足として規定されているにすぎない。」

そこにおいては，「労働者の活動」は，「もはや機械の労働を……監視し，機械の故障を防止するにすぎない」ものとなってしまっている。労働手段が「用具（Instrument）の場合には，労働者が，器官としてのこれに，自分自身の熟練と活動とをもって魂を吹き込むのであり，だからまた，それの取り扱いが彼の名人芸に依存するのである」が，それとは違って，機械制大工業においては，「労働者に代わって熟練と力をもっている機械は，それ自身が名人であって，

自己のなかで作用する機械的諸法則のかたちで自分自身の魂をもって〔いる〕」のであり、そこでは、「労働者の活動は、あらゆる側面からみて、機械装置の運動によって規定され規制されているのであって、その逆ではない」のである。

そして、それ自体としては魂をもたない客体的な物質である機械装置を、合目的的に自動装置として動くよう強制するのは、「科学」である。「科学」は機械そのものの力として労働者に作用することになる。

> 「科学は、魂をもたない機械装置の手足に、これの構造を通じて、合目的的に自動装置として作用することを強制するのであるが、この科学は、労働者の意識のうちに存在するのではなく、機械を通じて、他者の〔疎遠な〕力として、機械そのものの力として、労働者に作用する。」

そして、「ここでは、特定の労働様式が労働者から機械の形態にある資本へ直接に移転されて現われるのであって、この移しかえによって労働者自身の労働能力は無価値になる。……生きた労働者の活動であったものが、機械の活動となる」のである。

### 労働者の役割の従属化

かくして、労働者は生産過程の主作用因であることをやめ、直接的形態における労働は富の源泉であることをやめることになる。

> 「大工業が発展するのにつれて、現実的富の創造は、労働時間と充用された労働の量とに依存することがますます少なくなり、むしろ労働時間のあいだに運動させられる諸作用因の力に依存するようになる。そして、これらの諸要因——それらの強力な効果——それ自体がこれまた、それらの生産に要する直接的労働時間には比例せず、むしろ科学の一般的状態と技術学の進歩とに、あるいはこの科学の生産への応用に依存している。」

機械、機関車、鉄道、電信、ミュール自動精紡機といった生産手段は、人間の手で創造された人間の頭脳の器官であり、一般的知性の制御のもとでの社会

的生活過程の諸条件をなすものである。そのような固定資本の発展は，富一般の発展の程度を示すものであるとともに資本の発展の程度を示すものでもある。

かくして，マルクスは次のように結論づけている。

> 「労働者は，生産過程の主作用因であることをやめ，生産過程と並んであらわれる。この変換のなかで，生産と富との大黒柱としてあらわれるのは，人間自身がおこなう直接的労働でも，彼が労働する時間でもなくて，彼自身の一般的生産力の取得，自然にたいする彼の理解，そして社会体としての彼の定在を通じての自然の支配，一言で言えば社会的個人の発展である。」

## 社会的生産の主体の転換

ところで，このような「労働者」から「機械装置」への社会的生産の担い手の転換ということは，いかなる意味をもつものであるのだろうか。

そこでの機械制大工業における労働者にとっての労働の疎外は，階級的な社会経済関係によって規定されたものではなくて，生産力構造における生産主体の転換によるものとされているのである。すなわち，資本制的な機械制大工業の発展のなかで，熟練は，労働者のなかにではなく，機械および科学的に結合された全体としての工場のなかに存在するようになり，社会的生産にとっての主作用因が「科学」と「機械」に移転して，労働者は機械装置に規定された従属的な役割しか果たさなくなる，というのである。

それでは，このことは，機械制大工業として展開している資本制生産において，社会的生産とその発展にとっての基本的な担い手は，人格的には，労働者階級ではなくて，「機械」の開発や製作をおこなうエンジニアや，それを支える「科学」研究をおこなっている科学者である，ということになるのだろうか。

この点について，アントニオ・ネグリも，『マルクスを超えるマルクス──『経済学批判要綱』研究』の「イタリア語再版（1998年）への序文」のなかで，次のように指摘している。

> 「今日，われわれが生きている社会は，非物質的（知的・科学的・テクノ

ロジー的など）労働のヘゲモニーにますます特徴づけられるようになっている。この社会では商品生産（この生産がまさに情報処理されているのだが）とその分配の安定的な関連が，すなわち，商品生産と分配の間に広がる社会的諸関係が非物質的なのだ。これは次のことを意味している。直接労働は生産と分配の副次的基礎となり，むしろ生産と分配を実際に組織するのはテクノロジーとネットワークになっている，ということである。したがって，「機械の体系」として資本制的発展を分析したマルクスの見通しが，現実の核心に位置するのである。」[31]

　それだけではなく，さらに，資本制生産の変革後に，機械制大工業と情報テクノロジーををひきつぎながら成立する社会主義的生産様式において，その社会的生産力の発展にとっての担い手は，労働者階級ではなくて，機械と科学とを発展・結合させている科学者や技術者やそれを組織するテクノクラートである，ということになるのだろうか。

　この問題は，資本制生産様式の変革にあたっての主体となる階層や階級はいかなるものであるのか，さらには，変革後の社会主義社会においてその運営主体をいかなる社会階層が担っていくのか，ということと関連するものである。それは，資本制社会の変革と変革後の社会主義の社会運営はいかなる人たちが担うのか，社会主義社会の運営は，プロレタリアートによる階級的な独裁的支配によるべきであるのか，それとも，「自由な時間」に裏づけられ階級を止揚した科学者や技術者やテクノクラートでもある「社会的個人」によって運営されるべきものとなるのか，といったことにかかわる重要な論点となるものである。

## 4　資本制生産の行き詰まりと変革の展望

### 資本制生産の崩壊への展望

　ところで，『経済学批判要綱』において，マルクスは，資本制生産の発展がもたらす歴史的事態とその変革をいかなるものとして展望しているのだろうか。
　この問題は，資本制社会の変革の問題として，佐藤金三郎氏が指摘されてい

る『要綱』における"恐慌＝革命説"と『資本論』における"労働者階級の組織化・社会化説"との対比にかかわる問題でもある[32]。

資本制生産の歴史的崩壊への展望について，マルクスは，『要綱』においては，まず，〔第１章　資本の生産過程〕の〔労働過程と価値増殖過程〕の節において，剰余価値論レベルでの議論として，生産力の発展のなかでの資本の長期的な歴史的動向を，相対的剰余価値による剰余価値の増加テンポの低下に焦点をあててとらえようとしている。すなわち，資本制生産の発展のなかで，労働生産性の上昇によって労働日のうちの必要労働をあらわす分数部分が小さくなるため，資本が生産力の一定の増加によって必要労働をさらに減少させて剰余労働を増大することはますます困難になり，やがて資本は資本であることをやめてしまうことになるであろう，と資本制生産にとっての生命力の枯渇化を指摘する。

「必要労働に属する分数部分がすでに小さければ小さいほど，生産力のなんらかの増大が必要労働を目に見えて減少させることはますますできなくなる。分母が法外に増加したからである。資本の自己増殖は，資本がすでに価値増殖されていればいるほど，いよいよもって困難になる。もしそうであれば生産諸力の増大は，資本にとってどうでもよいものとなりかねないであろう。価値増殖そのものも，その比率が極小となったために，資本にとってどうでもよいものとなりかねないであろう。そして資本は，資本であることをやめてしまうであろう。」

さらに，〔資本の再生産と蓄積〕の節においては，資本そのものが資本制的発展にとっての最大の制限となると，次のような指摘をしている。

「資本がやむことなく指向する普遍性は，もろもろの制限を資本自身の本性に見いだすのである。これらの制限は，資本の発展のある段階で，資本そのものがこの傾向の最大の制限であることを見抜かせるであろうし，したがってまた資本そのものによる資本の止揚へと突き進ませるであろう。」

だが，ここで述べられているかぎりでは，資本の発展のひきおこす歴史的事態における資本自身の本性による制限という，きわめて抽象的な一般的な指摘でしかない。

ところで，「第3章　果実をもたらすものとしての資本。利子。利潤。」においては，利潤論レベルにおける事態として，「生産諸力の発展が，ある一定の点を越えると，資本にとっての制限となり，したがって，資本関係が労働の生産諸力の発展にとっての制限となるのである。この点に達すると，資本，すなわち賃労働は，社会的富と生産諸力との発展にたいして，……桎梏として必然的に脱ぎすてられる」とさきほどの資本蓄積論でのばあいと同じような一般的な指摘をおこないながら，さらに，そのような資本制生産様式の社会的生産力の発展にとっての生産諸関係の不適合は，「もろもろの尖鋭な矛盾，恐慌，痙攣において，社会の代表的な生産的な発展が社会の従来の生産諸関係とますます適合しなくなっていることが表現される。資本にとって外的な諸関係によるのではなくて，資本の自己維持の条件である，資本の強力的な破壊は，去って社会的生産のより高い段階に席を譲れ，という忠告が資本にあたえられるさいの最も痛烈な形態である」と述べている。

### 危機展開の理論的基礎

ところで，そのような危機的状況をひきおこす事態について，理論的には次のような説明をおこなっている。

「利潤のこの減少は，直接的労働が再生産し新たに生みだす対象化された労働の量にたいする直接的労働の割合の減少と同意であるので，資本は，次のことのためにあらゆることを試みるであろう。すなわち，資本量一般にたいして生きた労働の割合が小さいのを，だからまた，前提された資本にたいして，利潤として表現されたときの剰余価値の割合が小さいのを，充用される労働全体について，必要労働に対する分け前を減らして剰余労働の量をさらにいっそう拡大することによって抑制する，ということである。」

すなわち、生産力の発展のなかで推しすすめられる事態は、固定資本を含む資本総量にたいして必要労働量の比率がきわめて小さいものとなっているにもかかわらず、利潤として表現される剰余価値を増大するための試みはさらに必要労働を抑制することになるということであって、基本的には剰余価値論レベルでの論理と同じ理論的内容であるが、マルクスは、そこから、資本の減価、労働者の退廃、労働者の生命力の消尽といったさまざまな混乱と困難がひきおこされることになる、とするのである。

　「それゆえ生産力の最高の発展は、現存する富の最大の拡大と相まって、資本の減価、労働者の退廃、そして彼の生命力の最もあからさまな消尽と同時に生じるであろう。これらの矛盾はもろもろの爆発、激変、恐慌をもたらすが、そのさい資本は、労働の一時的な停止や資本の大きな部分の破棄によって、自害することなくその生産力をひきつづき十分に充用できるような点にまで、強力的に引き戻される。それにもかかわらず、規則的に生じるこれらの破局は、さらに高い規模でのそれらの反復に、そして最後には、資本の強力的な転覆にいたることになる。」

　かくして、資本は、もろもろの爆発、激変、恐慌による労働の一時的な停止をもたらすものの、ただちに崩壊することなく強力的に回復されるが、しかし、「最後には、資本の強力的な転覆にいたることになる」としているのである。
　ここに、われわれは、『経済学批判要綱』における資本制生産の歴史的発展とその桎梏化、そして、その崩壊についてのマルクスの展望をみることができる。

**革命運動の歴史的経験**
　ところで、ここで述べられている「最後には、資本の強力的な転覆にいたることになる」という事態は、そのかぎりでは恐慌の繰り返しのうえで最終的に到達する破局として、一見したところ自動崩壊論的な恐慌＝革命論としての終局論であるかのようである。
　このように、『要綱』において、マルクスは、資本制社会の変革にとっての

客体的な要因について打ちだしているものの、そこにおける変革の主体については示していない。

しかし、マルクスの資本制社会の変革論は経済的要因による自動崩壊論ではない。『要綱』の直後に書かれた『経済学批判』の「序説」において、マルクスは、「既存の生産諸関係……は、生産諸力の発展諸形態からその桎梏に一変する。そのときに社会革命の時期が始まる」[33]と述べて、社会革命について言及しているのである。

『要綱』が書かれた1857〜58年といえば、マルクスもエンゲルスも実践的に参加した1848年革命から10年ほどしかたっておらず、彼らはその再来としての過剰生産恐慌を契機とした革命を期待していたのである。

だが、そこにおける変革主体は、プロレタリアートであるのか、それとも、さきにみた生産力の新たな担い手としての技術者や科学者や生産を組織するテクノクラートであるのか、あるいは、手工業職人や庶民たちの反乱する民衆であるのか、明らかではない。

ところで、エンゲルスは、1895年に、マルクスの『フランスの階級闘争、1848年から1850年まで』の「(1895年版)の「序文」」において、19世紀における革命運動の形態とその変化についてきわめて簡潔的なかたちでの総括的な指摘をおこなっている。

それによると、「(1848年の)二月革命が勃発したときは、われわれすべてのものが、革命運動の条件や経過についてのわれわれの考えにおいて、それまでの歴史的経験に、とくにフランスの歴史的経験に、とらわれていた。このフランスの歴史的経験こそは、まさに1789年以来の全ヨーロッパの歴史を支配してきたものであり、こんどもまた全般的変革への信号がそこから発せられてきたからだ」[34]としているのである。そして、マルクスたちがロンドンに亡命したとき、そこでは大多数の亡命者たちは、「きょうかあすにも新たな革命が勃発することを期待していた」のにたいして、「われわれは、すくなくとも革命期の第1局面は終わったこと、そして新しい世界経済恐慌が勃発するまでは、なにごとも期待できないということを、すでに1850年秋に声明した」[35]としている。

このことは、マルクスたちは、次の新しい恐慌が勃発するときには1848年の

二月革命と同じような新たな革命がおこるにちがいないと期待していたことを意味する。そのようなものとして，1857〜58年に新しい世界経済恐慌の切迫に刺激されて『要綱』の執筆に取り組んでいたときのマルクスは，エンゲルスとともに，新しい経済恐慌がひきおこされれば二月革命と同じような革命がおこるという見解であったものと思われる。

## 闘争方法の歴史的変化

だが，それにたいしてエンゲルスはいう。

>「しかし，歴史はわれわれの考えをもまた誤りとし，当時のわれわれの見解がひとつの幻想であったことを暴露した。歴史はそれ以上のことをした。歴史はわれわれの当時の誤りを打ち破ったばかりでなく，プロレタリアートが闘争すべき条件を，すっかり変革してしまった。1848年の闘争方法は，今日では，どの面でも時代遅れとなっている。」[36)]
>「そのわけは，……闘争の条件が根本的に変わってしまっていたからである。あの旧式な反乱，つまり1848年まではどこでも最後の勝敗を決めたバリケードによる市街戦は，はなはだしく時代遅れとなっていた。」[37)]

そのように，『要綱』が書かれた1857〜58年の時点においては，マルクスとエンゲルスは，まだ1848年の二月革命の再来としての経済恐慌，爆発，激変のなかでの民衆の街頭での反乱とバリケードによる市街戦による革命を構想していたのである。その意味では，それはけっして経済主義的な自動崩壊論としての「恐慌＝革命論」ではない。

『要綱』における資本制生産の発展の行き詰まりによる経済恐慌，爆発，激動という事態でもって資本制生産の止揚がもたらされるという展望の論述には，経済的激動のなかでの民衆的反乱としての街頭行動とバリケードによる市街戦によって政治的権力を打倒するという革命の行動が含意されているのである。

しかし，そこにおける直接的に変革をもたらす行動は，バリケードによった民衆的反乱であって，労働者階級による規律性をもった組織的行動とはされていない。

ところが,『要綱』執筆中のマルクスが期待した1857年恐慌においては革命運動の盛りあがりはなく,しかも,1848年恐慌後にも,1857年恐慌以後にも,資本制生産の急速な発展が推しすすめられたのである。

## バリケードによる市街戦から組織的活動の時代へ

そこにおいて,エンゲルスは,1848年革命ののちには,革命にとっての客観的状況も主体的状況も変化した,と指摘する。

エンゲルスはいう。1848年以後「非常に多くの変化がおこったが,それらはみな軍隊に有利だった」。大都市はいちじるしく大きくなったが,軍隊はさらにそれ以上に大きくなった。しかも,この途方もなく数を増した軍隊の武装が,比較にならないほど強力になっている。しかも,1848年以来大都市につくられた新市区は,長い,まっすぐな,幅の広い街路で仕切られているから,新しい銃砲の効力を発揮するにはあつらえむきである。だから,将来の市街戦は,こうした不利な状況を別の諸契機で埋め合わせたばあいにしか勝つことができない[38],というのである。

ところで,1848年以来,全大陸をまきこんだ経済革命は資本制生産の発展をもたらし,ブルジョアジーとプロレタリアートの2大階級間の闘争がようやく全ヨーロッパに広がり,プロレタリアートの数と組織と規律がたかまりつつあり,きびしい,ねばり強い闘争によって一陣地より一陣地へと徐々に前進している。ドイツの労働者は前進し,1866年に実施された普通選挙権の利用によって社会民主党は驚くべき成長をとげている。かれらは選挙権をこれまでの欺瞞の手段から解放の道具に変えている,という[39]。

そこから,エンゲルスはいう。

「奇襲の時代,無自覚な大衆の先頭に立った自覚した少数者が遂行した革命の時代は過ぎ去った。社会組織の完全な改造ということになれば,大衆自身がそれに参加し,彼ら自身が,なにが問題になっているか,なんのために彼らは肉体と生命をささげて行動するのかを,すでに理解していなければならない。このことをこそ,最近50年の歴史がわれわれに教えてくれたのだ。だが,大衆がなにをなすべきかを理解するため――そのためには,

長いあいだの根気づよい仕事が必要である。」[40]

## 変革運動への展望

『要綱』の恐慌＝革命論からのマルクスの変革論の転換について一石を投じた西村弘氏は，「57年恐慌が予測に反して革命に結びつかなかったという反省を直接の契機として旋回したマルクスの変革像は，第一次的には，標準労働日＝工場立法問題を取り入れ，たんなる恐慌＝革命論は棄却することによって，「革命と改良の経済学」へと移行し，経済学の基本性格に，微妙ではあるが，しかし本質的な変化を与えているのである」[41]とされている。

その基本的論旨は首肯できるものの，1857年恐慌後のマルクスの変革像の転回にあたっては，エンゲルスが指摘している革命闘争の客観的条件やそのなかでの闘争方法の変化についての配慮が第一義的要因ではなかったかと思われるところである。

『資本論』においては，マルクスは，資本蓄積論レベルにおいて，資本制生産の発展の長期的動態としての歴史的傾向において，「労働のいっそうの社会化」がすすみ，「資本制生産過程そのものの機構によって訓練され結合され組織される労働者階級の反抗もまた増大する。……生産手段の集中と労働の社会化とは，それらの資本制的な外皮とは調和しえなくなる一点に到達する。この外皮は粉砕される。資本制的私的所有の弔鐘が鳴る。収奪者が収奪される」としている。

そして，利潤論レベルにおける事態として，資本の有機的構成の高度化によって利潤率の傾向的低落がひきおこされるとともに，それに反対する諸要因の反作用との交錯による「内的諸矛盾の展開」によって，資本制生産様式の経済的危機や困難が展開されることになる，としている。

したがって，そこでは，資本制生産様式の経済的危機や困難がひきおこされるなかで，労働者の多数化，組織化，社会的性格の発展にもとづくものとしての労働者階級の組織的行動と階級的運動が登場することになり，選挙や議会活動での多数派をめざすヘゲモニーの拡大による地方議会や国家機関そのものとの闘いや，さらには，さまざまな要求をめざす大衆的な組織的行動が，資本制生産様式の変革にあたっての行動と結びつくことになる，とするのである。

『経済学批判要綱』と『資本論』とにおいて，資本制生産の歴史的発展のなかでひきおこされる経済的危機の展開とその変革への展望が相違するものとなっているのは，それぞれの執筆時点における，資本制社会を止揚するものとしての革命の形態と行動主体についてのマルクスの構想の相違と結びついたものであろうと思われるところである。

1) 内田弘「貨幣の資本への転化」，山田鋭夫・森田桐郎編著『講座 マルクス経済学 6 コメンタール《経済学批判要綱》上』1974年，日本評論社，201ページ。
2) 山田鋭夫『経済学批判の近代像』1985年，有斐閣，298ページ（注8）。
3) 山田・森田編著，前掲『コメンタール《経済学批判要綱》上』20-22ページ。
4) Antonio Negri, *Marx oltre Marx: Quadèrno di lavoro sui Grundrisse* (manifestolibri, 1998), p. 131; *Marx beyond Marx, Lessons on the Grundrisse*, 1991, p. 94-95; *Marx au-delà de Marx, cahiers de travail sur les "Grundrisse"*, 1996, p. 171-172. アントニオ・ネグリ『マルクスを超えるマルクス──『経済学批判要綱』研究』清水和巳ほか訳，2003年，作品社，187ページ。
5) 高須賀義博編『シンポジウム『資本論』成立史〔佐藤金三郎氏を囲んで〕』1989年，新評論，51-52ページ。
6) 杉原四郎『ミルとマルクス』1957年，ミネルヴァ書房。『経済原論──「経済学批判」序説 (1) マルクス経済学全書1』1979年，同文舘。『杉原四郎著作集 (1)』2003年，藤原書店。
7) 山田鋭夫「第1章 マルクスにおける『経済学批判要綱』」，山田・森田編著，前掲『コメンタール《経済学批判要綱》（上）』45ページ。
8) このことにかんしては，法政大学比較経済研究所／原伸子編『市場とジェンダー──理論・実証・文化』2005年，法政大学出版局，に示唆された。
9) 森岡孝二『動きすぎの時代』2005年，岩波新書。
10) アメリカの消費者の過剰消費については，ジュリエット・ショアー『働きすぎのアメリカ人──予期せぬ余暇の減少』（森岡孝二ほか訳，1993年，窓社）が重要な論点提起をしている。
11) *The Source and Remedy of the National Difficulties: deduced from principles of political economy, in a letter to Lord John Russell*, 1821, Rodwell and Martin, London, p. 6. 新 MEGA, Ⅳ-9, S. 163-165.『ロンドン・ノートⅫ』。新 MEGA, Ⅱ-1・1, S. 305; Apparat, S. 1001.『マルクス資本論草稿集①　1857-58年の経済学草稿』，『経済学批判要綱』第1分冊，518ページ。
12) 新 MEGA, Ⅰ-1・1, S. 305; Ⅱ-1・2, S. 328, 582, 584.『経済学批判要綱』第1分冊，518-519ページ（注解）(2)。第2分冊，29-31ページ（注解）(2)(3)，491-492ページ（注解）(14)，495-496ページ（注解）(1)。
13) 新 MEGA, Ⅱ-1, Apparat, S. 1001-1002, 1004, 1043, 1043.

14) 『経済学批判要綱』第1分冊，518ページ（注解）(2)。第2分冊，31ページ（注解）(2)，491ページ（注解）(14)，495ページ（注解）(1)。
15) 新 MEGA, IV-9, S. 163-165.
16) 新 MEGA, II-1, Apparat, S. 1001.
17) 新 MEGA, II-2, S. 283.「私自身のノートにかんする摘録」，『マルクス資本論草稿集③ 1858-61年の経済学草稿』第3分冊，529ページ。
18) 新 MEGA, II-3・4, S. 1370-1388.『マルクス資本論草稿集⑦ 経済学批判（1861-63年草稿）』第4分冊，288-314ページ。
19) *Ebenda*, S. 1370. 同上，288ページ。
20) 『資本論』第1部，全集，第23巻b，765ページ。MEW, 23, S. 614.
21) エンゲルス「『資本論』第2部への序文」，『資本論』第2部，全集，第24巻，18-20ページ。MEW, 24, S. 18-20.
22) 杉原四郎「マルクスの経済本質論に関する一考察」，『関西大学経済論集』第13巻第1・2合併号，1963年6月，15ページ。
23) Sir Charles Wentworth Dilke, Bart., M. P., *The Papers of a Critic. Selected from the Writings of the late Charles Wentworth Dilke. With a Biographical Sketch by his grandson, Sir Charles Wentworth Dilke, Bart., M. P. Author of "Greater Britain", and of "The Fall of Prince Florestan of Monaco."* (2 Vol.) London, 1875, Vol. 1, pp. 14-15.
24) *Ibid.*, p. 1.
25) Leslie A. Marchand, *The ATHENAEUM, A Mirror of Victorian Culture*, New York, 1971, pp. 27-29.
26) チャールズ・ウェントワース・ディルク著，蛯原良一訳「ジョン・ラッセル卿宛書簡において政治経済学の原理から演繹された国民的諸困難の原因および救済，ロンドン，1821年」，『新潟大学経済学論集』第6号，1969年。
27) 『経済学批判要綱』第2分冊，31ページ（注解）(2)，491ページ（注解）(14)，495ページ（注解）(1)。
28) 同上，31ページ（注解）(2)。
29) 新 MEGA, IV-9, S. 163-165.
30) *Ebenda*, S. 23*. 八柳良次郎訳「MEGA 第IV部第9巻「序文」」，マルクス・エンゲルス研究者の会『マルクス・エンゲルス マルクス主義研究』第21号，1994年9月，63ページ。
31) Antonio Negri, *Marx oltre Marx: Quadèrno di lavoro sui Grunrisse*, 1998, manifestolibri, p. 8. アントニオ・ネグリ「イタリア語再版（1998年）への序文」，『マルクスを超えるマルクス——『経済学批判要綱』研究』187ページ。
32) 佐藤金三郎「『資本論』第1巻出版以後」，高須賀編，前掲『シンポジウム『資本論』成立史〔佐藤金三郎氏を囲んで〕』143ページ。
33) 『経済学批判』「序説」，全集，第13巻，6ページ。
34) エンゲルス〔『フランスの階級闘争，1848年から1850年まで』の〕「（1895年の）序文」，全集，第22巻，507-508ページ。

35) 同上，508ページ。
36) 同上，508ページ。
37) 同上，515ページ。
38) 同上，517-518ページ。
39) 同上，512-521ページ。
40) 同上，519ページ。
41) 西村弘「マルクスの資本主義認識と経済学批判体系——『経済学批判要綱』から『剰余価値学説史』へ」,『専修経済学論集』第22巻第2号, 1988年3月, 119ページ。

# 第5章 転生へのマルクスの決断
―― 資本主義用語の転換への模索 ――

「貨幣にかんする章」において，マルクスは，商品・貨幣関係の独自的な内容にとっての規定要因を《交換価値》においてとらえ，商品・貨幣関係に基礎づけられた生産を「交換価値にもとづく生産 die auf den Tauschwerth basirte Production」あるいは「交換価値のうえに打ち立てられた生産様式 die auf den Tauschwerth gegründete Productionsweise」といった用語で表現している。

ところが，「資本にかんする章」に入って近代社会の生産活動を取り扱うようになると，マルクスは，近代社会特有の《資本》に規定された経済的諸関係を，「資本にもとづく生産 die auf das Capital gegründete Production」や「資本に立脚する生産様式 die auf dem Capital beruhende Productionsweise」といったかたちで，「資本」に関連づけられた生産や生産様式として表現するようになっている。(なお，この時期のマルクスは英独混合のスペリングを使ったりしているが，それはそのままにしておく。)

ここに，われわれは，マルクスにおける資本主義用語の転生への決断をみることができる。

## 第1節 「資本にもとづく生産様式」用語

### 「資本にもとづく生産様式」等の用語の出現

それでは，マルクスは，どのような個所で，どんなかたちで，そのような「資本にもとづく生産」「資本を基礎とした生産様式」といった表現用語を使うようになっているのか。

まず，《貨幣の資本への転化》がとりあげられている〔資本としての貨幣にかんする章〕において，実質的に「資本」に取り組みはじめてしばらくした『ノートⅡ』の13ページの初めの個所に，『経済学批判要綱』においては初めて，次のように「資本」に関連づけられた「生産様式」について表現する用語が出

現する。

　　「理論においては，価値の概念は資本の概念に先行するが，他方またみずからを純粋に展開するためには，資本を基礎とする生産様式（eine auf das Capital gegründete Productionsweise）を前提してもいるとすれば，同じことは実践においても生じる。そのため経済学者たちは，あるばあいには必然的に資本を諸価値の創造者，その源泉とみなしたが，他方では資本の形成のために諸価値を前提して，資本そのものを単にひとつの規定された機能をもつ諸価値の総額にすぎないものであると述べている。」

　さらに，〔資本と労働のあいだの交換〕の節においては，領有法則転回論を問題にするなかで，「一般に資本と賃労働にもとづく生産（die auf dem Capital und der Lohnarbeit beruhende Produktion）が，ただ形式的に他の諸生産様式と異なるばかりでなく，同様にまた物質的生産のひとつの全面的な革命と発展とを前提しているのと同様である。資本は商業資本としては，土地所有のこのような変革がなくとも，完全に発展することができるけれども，産業資本としては，そうはいかない」といったかたちで，「資本と賃労働にもとづく生産」という表現が使われたりしている。

　ここでは，明らかに，「他の生産諸様式」と異なるだけでなく，「産業資本」による「物質的生産のひとつの全面的な変革と発展」を前提しているものとして，「資本と賃労働にもとづく生産」がとりあげられているのである。

　そのあと，《資本の生産過程》における〔労働過程と価値増殖過程〕〔絶対的剰余価値と相対的剰余価値〕〔剰余価値と利潤〕の節においては，資本制生産における剰余価値の生産と資本による獲得についての解明と展開がおこなわれているのであるが，これらの個所では，剰余価値の生産と資本による取得そのものについての内容解明に焦点があてられていて，資本にもとづく生産に規定された経済的諸関係を概括的に把握する概念や用語表現はあまりみられない。わずかに〔剰余価値と利潤〕の節において，《時間の経済》論に関連して，「比較的原初的な交換段階で人々が交換するのは，彼らの過剰労働時間にほかならない。それは人々の交換の尺度であり，したがってまた交換は，過剰生産物の

生じるその範囲でだけおこなわれるのである。資本に基礎をおく生産（die auf dem Capital beruhende Production）では，必要労働時間の存在は過剰労働時間がつくりだされるかどうかによって決まる」といったかたちで，過剰労働時間の創出とかかわらせて「資本に基礎をおく生産」という用語が使われている叙述が1ヵ所あるだけである。

**資本蓄積論における頻出**
　ところで，新MEGA編集者によって〔第2章　資本の流通過程〕の見出しが付けられている部分に入っても，しばらくは，内容的には蓄積論にかんする論述がつづけられており，再生産＝資本の蓄積，資本の本源的蓄積，資本制生産に先行する諸形態など，生産過程にかかわる事態がとりあげられている。
　この蓄積論にかんする論議に入ってから，「資本を基礎とする生産」「資本が支配する生産様式」といった「資本」に関連づけられた「生産」や「生産様式」についての表現用語が軒並みに続出するようになる。そのなかには，「交換という外観は，資本にもとづく生産様式（die auf das Capital gegründete Productionsweise）の過程のなかでは消えてしまう」といったかたちで，領有法則転回論の展開と資本制的な用語表現の試みとが結びついた叙述がおこなわれたりしているところもある。
　また，同じパラグラフのなかで，多様な用語表現を試みている次のような叙述もみられる。

　　「自由競争は，資本にもとづく生産様式（die auf das Capital gegründete Productionsweise）の自由な発展であり，資本の諸条件と，こうした諸条件として諸条件をたえず再生産する資本の過程との，自由な発展である……。自由競争において自由なものとして措定されているのは諸個人ではないのであって，資本が自由なものとして措定されているのである。資本に立脚する生産（die auf dem Capital ruhnde Production）が社会的生産力の発展にとっての必然的な形態，したがって最もふさわしい形態であるあいだは，資本の純粋な諸条件の内部での諸個人の運動が，彼らの自由としてあらわれるが，そのさい，この自由が教義としてもそのようなものとして保証され

るのは，自由競争によって取り払われた諸制限への不断の反省によってなのである。この競争によって個々の資本にとっての外的必然性として措定されるものこそ，資本の本性に照応し，資本にもとづく生産様式（die auf das Capital gegründete Productionsweise）に照応するものであり，資本の概念に照応するものである。」

### 「資本」に関連した表現用語と使用頻度

では，全体としてはどのような表現をとった用語が使われているのであろうか。

生産と生産様式とを分けて，出現した順序にしたがって示すならば，次のごとくである。そのなかで，同じ原語にもかかわらず新 MEGA 版『要綱』の訳書において異なる訳語が使われているばあいは，それらについて示しておいた。なお，カッコ内の数字は新 MEGA における出現ページである。

なお，「資本の生産」（die Production des Capitals）という用語は，「資本の流通」との対比の意味で使われているばあいもあるので，除外した。だが，それと似た用語であるが，「資本による生産」（die Production von Capitals）と「資本の生産様式」（die Productionsweise des Capitals）はその使われ方が近代社会特有の生産形態の意味で使われているようなので，含めることにした。

### 表現用語と使用頻度

〔生産〕

「資本と賃労働にもとづく生産」（die auf dem Capital und der Lohnarbeit beruhende Production）（S. 201）

「資本に基礎をおく生産」「資本にもとづく生産」（die auf dem Capital beruhende Production）（S. 306, 319, 519）

「賃労働にもとづく生産」（die auf den Lohnarbeit beruhende Production）（S. 318）

「資本にもとづく生産」（die auf dem Capital basirte Production）（S. 320, 320, 321, 325）

「資本によって営まれる生産」（production carried on by capital）（S. 321）

「資本にもとづく生産」（die auf das Capital gegründete Production）（S. 322, 322, 323, 324, 325, 328, 330, 367, 424, 430, 433, 434, 434, 440, 492, 496, 514, 533, 537）

「資本にもとづくブルジョア的生産」（die bürgerliche, auf dem Capital beruhende Production）（S. 326）

「資本にもとづく生産」（production founded on capital）（S. 327）

「資本家と賃労働者との生産」（die Production von Capitalisten und Lohnarbeitern）（S. 414）

「資本化する生産」（capitalisirende Production）（S. 440）

「資本による生産」（Production von Capital）（S. 440, 681）

「資本にもとづく生産」「資本に立脚する生産」（die auf dem Capital ruhnde Production）（S. 449, 533, 646）

「資本による生産」（die Production durch das Capial）（S. 480）

「資本に立脚する生産」（die auf dem Capital basirende Production）（S. 510）

「資本制生産」（die kapitalistische Production）（S. 537）

〔生産様式〕

「資本を基礎とする生産様式」「資本のうえに打ち立てられた生産様式」「資本にもとづく生産様式」「資本に立脚する生産様式」（die auf das Capital gegründete Productionsweise）（S. 174, 418, 487, 487, 493, 533, 534, 640）

「資本に照応する生産様式」「資本に対応する生産様式」「資本にふさわしい生産様式」（die dem Capital entsprechende Productionsweise）（S. 320, 477, 478, 574, 595, 623, 635）

「資本によって支配されている生産様式」（die von dem Capital beherrschte Productionsweise）（S. 368）

「資本が前提となっている生産様式」（die Productionsweise, der das Capital als Voraussetzung dienst）（S. 368）

「資本にもとづく生産様式」（die auf dem Capital ruhnde Productionsweise）（S. 371）

「資本そのものの古典的，適合的な生産様式」（die klassische, adäquate Productionsweise des Capitals selbst）（S. 414）

「資本にもとづく生産様式」（die auf das Capital begründete Productionsweise）（S. 429, 580）

「資本の生産的な実存様式」（die productive Existenzweise des Capitals）（S. 455）

「資本の生産様式」(der Productionsweise des Capitals) (S. 479, 586, 605, 605, 605, 611, 614, 621, 640, 710, 716)

「資本に立脚する生産様式」(die auf dem Capital beruhende Productionsweise) (S. 534, 592)

「賃労働にもとづく生産様式」(die auf der Lohnarbeit gegründete Productionsweise) (S. 699)

ここで，このような「資本」や「賃労働」と結びついた生産や生産様式について表現している用語の使用回数を節ごとにみると，次のごとくである。

| | |
|---|---:|
| 〔貨幣の資本への転化〕 | 1回 |
| 〔資本と労働のあいだの交換〕 | 1回 |
| 〔労働過程と価値増殖過程〕 | —— |
| 〔絶対的剰余価値と相対的剰余価値〕 | —— |
| 〔剰余価値と利潤〕 | 1回 |
| 〔資本の再生産と蓄積〕 | 21回 |
| 〔資本制生産に先行する諸形態〕 | 2回 |
| 〔資本の循環〕 | 10回 |
| 〔剰余価値および利潤についての諸学説〕 | 11回 |
| 〔固定資本と流動資本〕 | 10回 |
| 〔固定資本と社会の生産諸力の発展〕 | 3回 |
| 〔固定資本および流動資本の流通ならびに再生産〕 | 7回 |
| 「果実をもたらすものとしての資本。利子。利潤」 | 6回 |
| 〔貨幣にかんする章と資本にかんする章とへの補足〕 | 4回 |
| 合　計 | 77回 |

これをみると，資本蓄積論，資本循環論，剰余価値学説，固定資本と流動資本，等を取り扱っている節での叙述において，「資本にもとづく生産」「資本を基礎とする生産様式」といった用語が繰り返し使われていることがわかる。

なお，ついでながら，近代社会の経済的諸関係の規定的内容を把握するものとして『要綱』以前に使われつづけてきた「ブルジョア的生産（様式）」とい

う用語は,『要綱』では7回,「ブルジョア的生産諸関係」(2回)を加えても9回しか使われていない。

## 「資本にもとづく生産」用語の使用状況

では,それらの「資本にもとづく生産(様式)」といった用語はいかなるものとして使われているのか。

〔貨幣の資本への転化〕と〔資本と労働のあいだの交換〕の節においては,資本における価値増殖は,資本家と労働者とのあいだの交換をつうじてもたらされる資本の労働過程にたいする支配とその成果の取得によるものであることが明らかにされる。

そして,《資本の生産過程》における〔労働過程と価値増殖過程〕および〔絶対的剰余価値と相対的剰余価値〕の節においては,剰余価値を生みだす価値増殖過程と,剰余価値量の増大ならびに利潤率の傾向的低下と,固定資本部分の増大のもたらす長期的動態についての理論的解明がおこなわれている。

そのうえで,〔資本の再生産と蓄積〕の節においては,資本蓄積の進行による長期的動態においてひきおこされる諸事態が検討されているのであるが,そこでは,そのような事態が「資本にもとづく生産」や「資本に基礎づけられた生産様式」におけるものとしてとらえられている。

そして,「資本は,一方ではたえず,より多くの剰余労働をつくりだそうとする傾向をもつとともに,それらの剰余労働を補完する,より多くの交換点をつくりだそうとする傾向をもつ。すなわち,ここでの絶対的剰余価値ないし剰余労働の立場からすれば,それ自身への補完としてより多くの剰余労働を呼びおこそうとする傾向,つまるところ,資本にもとづく生産 (die auf dem Capital basirte Production) あるいは資本に照応する生産様式 (die ihm〔dem Capital〕entsprechende Productionsweise) を普及させようとする傾向をもつのである。世界市場をつくりだそうとする傾向は,直接に,資本そのものの概念のうちにあたえられている」といったかたちで,「より多くの剰余労働を呼びおこそうとする傾向」としての「資本にもとづく生産」あるいは「資本に照応する生産様式」の発展が世界市場をつくりだそうとする,とされるのである。

さらに,そこでは,「資本にもとづく生産 (die auf das Capital gegründete Production）は，一方では普遍的な産業活動——すなわち剰余労働，価値を創造する労働——をつくりだすとともに，他方では，自然および人間の諸属性の全般的な開発利用の一体系，全般的な有用性の一体系をつくりだすのである。……ここから資本の偉大な文明化作用が生じ，資本によるひとつの社会段階の生産が生じるのであって，この社会段階に比べれば，それ以前のすべての段階は，人類の局地的諸発展として，自然崇拝としてあらわれるにすぎない」と，「資本にもとづく生産」は「剰余労働，価値を創造する労働」をつくりだすとともに，「資本の文明化作用」を生じる，と論じられたりしている。

そのうえで，資本蓄積の進行がもたらす「資本にもとづく生産様式」の桎梏化と崩壊について，「労働能力が生産物を自己自身のものだと見抜くこと，そして自己の実現の諸条件からの分離を不埒な強制された分離だと判断すること，——これは並外れた意識であり，それ自身が資本にもとづく生産様式（die auf dem Capital ruhnde Productionsweise）の産物である。そしてそれがこの生産様式の滅亡への前兆であるのは，ちょうど奴隷が，自分は誰か第三者の所有物であるはずがないのだ，という意識をもつようになると，奴隷制はもはや，かろうじてその人為的な定在を維持することしかできず，生産の土台として存続することができなくなってしまったのと同じである」といったかたちで，「資本にもとづく生産様式」の滅亡が論じられているのである。

さらに，〔資本の循環〕の節においては，資本による道路・運河の建設にかんして，「道路，運河等々のような生産の一般的条件のすべてが，それら〔の建設〕が共同体組織それ自体を代表する政府によってではなく，資本によって引き受けられるためには，資本にもとづく生産（die auf das Capital gegründete Production）のきわめて高度の発展を前提するのである。公共土木事業が，国家から切り離されて資本そのものによっておこなわれる仕事の領域に移行すること〔の程度〕は，現実の共同体組織が資本の形態で構成され終えた程度を示している」と，資本によっておこなわれる公共事業と「資本にもとづく生産」の高度な発展との関連が論じられたりしている。

また，〔剰余価値および利潤についての諸学説〕においては，リカードによる利潤と賃金との対立的本性の定式化に関連して，「リカードが，まったく別の諸問題のためではあれ，利潤と賃金との対立的な本性を定式化したというこ

第5章 転生へのマルクスの決断　143

とは，それ自体すでに，彼の時代には資本にもとづく生産様式（die auf das Capital gegründete Productionsweise）がそれの本性にますます適合的な形態をとっていたということを示している」といったかたちで，「資本にもとづく生産様式」と結びついた時代状況とリカード理論との関連が指摘されたりしている。

### 自由競争との関連

　さらに，〔固定資本と流動資本〕の節においては，自由競争と「資本にもとづく生産」との関連について，「資本の内在的諸法則——これらの法則は，資本の発展のもろもろの歴史的な準備段階では，ただもろもろの傾向としてあらわれるだけである——は，自由競争が発展するかぎりで，はじめて法則として措定されるのであり，またそのかぎりでのみ，資本にもとづく生産（die auf das Capital gegründete Production）がこの生産に適合的な諸形態で措定されるのである。というのは，自由競争は，資本にもとづく生産様式（die auf das Capital gegründete Productionsweise）の自由な発展であり，資本の諸条件と，こうした諸条件として諸条件をたえず再生産する資本の過程との，自由な発展であるからである」とか，あるいは，「資本は，自己自身を発展の制限と感じ，そのように意識しはじめると，自由競争を抑制することによって資本の支配を完成するようにみえる諸形態に逃げ道を見いだすのであるが，そのことによって同時に，これらの形態は，資本の解体の，また資本に立脚する生産様式（die auf ihm〔dem Capital〕beruhende Productionsweise）の解体の告知者でもあるのである」と，資本の運動形態としての自由競争とその生産的基礎との関連についての指摘のなかで「資本に立脚する生産様式」の把握をおこなったりしている。

### あらゆる地点・世界市場への普及

　また，〔固定資本と社会の生産諸力の発展〕の節においては，「資本の完全な発展がはじめて生じるのは——あるいは資本が自己に対応する生産様式（die ihm〔dem Capital〕entsprechende Productionsweise）をはじめて措定したのは——，労働手段が，形態的に固定資本として規定されているだけではなく，それの直接的形態においては止揚されており，固定資本が，生産過程の内部で労働に対立して，機械として登場するときであり，生産過程全体が，労働者の直接的技

能のもとに包摂されたものとしてではなく，科学の技術的応用として登場するときである」と，「資本（自己）に対応する生産様式」を機械と関連させながら論じている。

　また，〔固定資本および流動資本の流通ならびに再生産〕の節では，「ある社会，たとえばイギリス社会，それ自体の内部では，ある産業部門で資本の生産様式（die Productionsweise des Capitals）が発展しているのにたいして，他の産業諸部門，たとえば農業では，多かれ少なかれ資本に先行する生産様式が支配している。それにもかかわらず，(1) あらゆる地点で生産様式を従属させ，これを資本の支配下に置くことが，資本の必然的傾向である。……(2) 外国市場については，資本は自己の生産様式のこのような布教を，国際的競争によって強要する。競争は，総じて，資本が自己の生産様式を貫徹する様式なのである」というかたちで，「資本の生産様式」の国内のあらゆる地点と外国市場において支配し貫徹する傾向について論じたりしている。

　このように，マルクスは，「資本にかんする章」において，そのなかでとりあげている資本制的な経済活動やその諸要因，さらには，経済理論との関連といったさまざまな諸事態，諸事物や諸状況について，それらと基本的に結びつき，かつ，それらの規定的な内容を示すものとして，「資本にもとづく生産」や「資本を基礎とする生産様式」をとらえながら，それについて多様なかたちでの表現用語を模索しながら使用しているのである。

## 第2節　資本主義用語の転生への試み

### 1　『経済学批判要綱』以前における「資本にもとづく生産」用語

**「バスティアとケアリ」**

　ところで，そのような「資本にもとづく生産」や「資本を基礎とする生産様式」といった用語は，『経済学批判要綱』のなかでは「資本にかんする章」において初めて使われるようになったものである。

　しかし，そこで使われたのがマルクスにとって初めてのことではない。

　実は，『要綱』以前に，マルクスは「資本にもとづく生産 die auf dem Capital ruhnde Production」という用語を使ったことがある。

『1857-58年の経済学草稿』と呼ばれている『要綱』を含む三つの草稿の第1の草稿である「バスティアとケアリ」のなかで，「資本にもとづく生産」という用語は1回だけであるが使われているのである。

アメリカのヘンリ・チャールズ・ケアリの諸研究に依拠してリカードの理論を論破しようとしているフランスの経済学者フレデリク・バスティアの『経済的調和』（第2版，1851年）にたいする批判のなかで，マルクスは次のような指摘をおこなっている。

> 「資本が発展している社会状態においては，全体としての社会的生産が，資本すなわち生産がまだこの段階にまで発展していない状態にくらべて，より規則的であり，より継続的であり，より多面的である——したがってまたその社会的生産で就業している構成員の収入も「より固定的」である——ということは，これまた同義反復であって，資本の概念と資本にもとづく生産（einer auf ihm〔dem Capital〕ruhnde Production）の概念そのものによって，すでにあたえられていることなのである。」[1]

すなわち，ここでは，資本が発展している社会状態において「資本」によって社会的生産がおこなわれている事態を「資本にもとづく生産」と表現しているのであって，のちに『要綱』において使われているのと同じ用法である。

したがって，マルクスは，『要綱』に取り組む直前の時期において，すでに「資本にもとづく生産」という用語を使うこともありうる理論的センスを持ちあわせていたことは明らかである。

だが，『要綱』のなかでも，商品・貨幣関係を問題にしている「貨幣にかんする章」の執筆のなかではそのような用語の使用はおこなわれず，「資本にかんする章」に入って，記述内容が資本制生産にかかわるようになって初めて，「資本にもとづく生産」「資本を基礎とする生産様式」といった用語を使うようになっているのである。

## 2 「資本制生産」という用語の出現

### 「資本制生産」用語の出現

　「資本にかんする章」においては，さまざまなかたちで「資本」と関連づけられた生産や生産様式という表現用語の模索が試みられているのであるが，そのなかのひとつとして，「資本制生産 die kapitalistische Produktion」という用語を〔固定資本と流動資本〕の節のなかで１回だけではあるが使っている。

> 「自由競争の内部では諸個人は，純粋に彼らの私的利益に従いながら，共同的利益を，あるいはむしろ一般的利益を実現するのだと言われているが，これは，資本制生産（die kapitalistische Production）の諸条件のもとで諸個人が押しあいをしているということ，だからまた，彼らの衝突それ自体が，こうした相互作用がおこなわれるための諸条件を再生産出しているだけだ，ということにほかならない。ちなみに，競争は自由な個性の絶対的形態だと称するようなそれについての幻想が消え去るならば，このことは，競争の，すなわち資本にもとづく生産（die auf das Capital gegründete Production）の諸条件がすでに制限だと感じられ〔る〕，……ということのひとつの証拠である。」[2]

　だが，この「資本制生産」という用語が使われたすぐそのあとには「資本にもとづく生産」という用語が使われていて，「資本制生産」という用語は，『要綱』の時点では定着するにはいたっていない。

　とはいえ，『要綱』のなかでただ１回だけにしても出現する「資本制生産」というこの表現用語は，「資本にもとづく……」「資本による……」「資本に立脚する……」「資本に照応する……」生産や生産様式といったかたちでの新たな表現用語の多様な試みのなかのひとつとして出てきたものであって，のちに確定されることになる「資本制生産」「資本制生産様式」用語の先導的出現にほかならないものである。

## 3 『経済学批判要綱』における新たな資本主義用語

### 『経済学批判要綱』以前の「ブルジョア的生産様式」用語

マルクスが『要綱』以前に使っていた資本主義用語は,「bürgerliche Produktion ブルジョア的生産」あるいは「bürgerliche Produktionsweise ブルジョア的生産様式」であった。

そもそも,「ブルジョア的生産」や「ブルジョア的生産様式」という用語は,若きマルクスが『ライン新聞』の編集者の職を辞して近代社会の社会諸関係についての研究を開始したときに取り組んだヘーゲルの『法の哲学』における「bürgerliche Gesellschafrt 市民社会」論にもとづきながら,そこにおける規定的な限定詞である「bürgerlich 市民的」という限定詞を,『ドイツ・イデオロギー』において提示した唯物史観における社会関係の基礎的構造をなすものとしての「生産」や「生産様式」に付けてつくられた用語である。

ところで,「bürgerliche Gesellschafrt 市民社会」という用語はかなり多義的な用語であって,それは大きくいって,①日常的な現実的な社会関係,②自由・平等な市民のあいだの社会関係,③ブルジョアジーとプロレタリアートからなる階級的な社会関係,といった異なる意味内容において使われているものである。

ヘーゲル『法の哲学』においては,「市民社会」は,近代社会の社会関係における《家族―市民社会―国家》の3階層の社会関係の次元における家族と国家との中間に位置する「日常的な現実的な社会関係」としての意味内容におけるものとして使われていたものである。

そして,マルクスは,そのような現実的な社会関係としての「市民社会」における社会関係にとっての基礎的な土台をなすものとしての,「生産」や「生産様式」についての近代社会特有の規定的意味内容をもつものとして,『哲学の貧困』におけるフランス語形での「ブルジョア的生産 la production bourgeoise」といった用語のあと,ドイツ語形での用語として,「市民社会」における限定詞「bürgerlich 市民的」を付けた「bürgerlich な生産」「bürgerlich な生産様式」という用語をつくって,近代社会特有の歴史的な形態規定性をもっ

た経済関係を示す用語として使っていたのである。

このような用語としての「ブルジョア的生産」(ビュルガーリヒ)や「ブルジョア的生産様式」(ビュルガーリヒ)という用語は，商品・貨幣関係の生産的基礎を示すものとしての自由・平等な商品・貨幣所有者たちの「市民的生産」「市民的生産様式」といった意味合いをも含みながらも，基本的には，現実的にブルジョアジーとプロレタリアートからなる階級社会としての「ブルジョア社会」における生産的基礎としての意味をもつものとして，使われてきた用語である。

そして，それは，邦訳においては「ブルジョア的生産」「ブルジョア的生産様式」という階級的な性格をもつものとしてのニュアンスで表現されてきたところである。

### 『経済学批判要綱』における新たな表現用語の使用

ところが，『経済学批判要綱』にいたって，マルクスは，商品・貨幣関係の規定的内容を解明する「貨幣にかんする章」と，それとは規定的内容を異にした資本を規定的要因とした資本制生産を取り扱う「資本にかんする章」との2章構成によって，近代社会における経済的諸関係を理論的に解明していこうとする。

そして，そこにおける商品・貨幣関係と資本制的生産関係との規定的内容の相違を明らかにするなかで，近代社会における生産や生産様式などの形態にたいして，『要綱』以前において使っていた「ブルジョア的生産」「ブルジョア的生産様式」という表現用語に代わる新たな表現を生みだそうと，さまざまな用語上の試みをおこなっているのである。

すなわち，そこで，「ブルジョア的生産」(ビュルガーリヒ)や「ブルジョア的生産様式」(ビュルガーリヒ)の代わりに，商品・貨幣関係における経済的諸関係については，商品・貨幣関係にとっての規定的な要因としての「交換価値」に規定されるものとして「交換価値の基礎のうえでの生産」や「交換価値にもとづく生産様式」といった用語で表現し，それにたいして，「資本」と関連する経済諸関係における生産については，「資本に基礎をおく生産」や「資本にもとづく生産様式」といった用語によってそれを示そうとしているのである。

実際にはさまざまな表現がおこなわれているので集計にあいまいさが生じざ

るをえないが、『要綱』全体における資本主義的用語の出現頻度数はおおよそ次のごとくである。

### 『要綱』における資本主義用語の出現頻度

**生産**
- 「ブルジョア的生産」　　　　　　　　　　6回
- 「交換価値にもとづく生産」等　　　　　　13回
- 「資本（含 賃労働）にもとづく生産」等　　41回

**生産様式**
- 「ブルジョア的生産様式」　　　　　　　　1回
- （「ブルジョア的生産諸関係」　　　　　　2回）
- 「交換価値にもとづく生産様式」等　　　　4回
- 「資本（含 賃労働）にもとづく生産様式」等　36回

**その他**
- 「ブルジョア的（生産）体制」　　　　　　3回
- 「ブルジョア社会」　　　　　　　　　　　7回

そこにおいて、商品・貨幣関係に基礎づけられている生産については、「交換価値の基礎のうえでの生産 die Production auf der Basis der Tauschwerthe」といったかたちの表現用語が12種類、13回使われており、生産様式については「交換価値にもとづく生産様式 die auf den Tauschwerth basirte Productionsweise」といった用語が4種類、4回使われている。

それにたいして、「資本」に規定される「生産」や「生産様式」は、そのような「交換価値にもとづく生産」等と区別されるものとして示されることになっている。そして、そのような「資本」と関連づけられた生産や生産様式は、「資本に基礎をおく生産 die auf dem Capital beruhende Production」といった表現用語が20種類、41回、そして、生産様式についての「資本にもとづく生産様式 die auf das Capital gegründete Productionweise」といったかたちの表現用語が、14種類、36回も使われているのである。

### 「ブルジョア的生産様式」用語の分解

　そのように,『要綱』では,「ブルジョア的生産」や「ブルジョア的生産様式」の多義的な意味内容が分離されて,商品・貨幣関係の規定的内容をもったものとしての「生産」や「生産様式」は「交換価値の基礎のうえでの生産」「交換価値にもとづく生産様式」に,それにたいして,資本家が階級的に支配する「生産」や「生産様式」は「資本に基礎をおく生産」「資本にもとづく生産様式」へと,それぞれ異なる用語表現によって示されることになる。

　かくして,それまで近代社会の経済的基礎を示すものとして使われていた「ブルジョア的生産」「ブルジョア的生産様式」という用語は,内容的に分解して,新たな用語にとって代わられることになり,ほとんど使われなくなっている。

　生産についていえば,それ以前に繰り返し使われていた「ブルジョア的生産」という表現の使用は,『要綱』では6回ほどしかみられず,さらに,生産様式についてみると「ブルジョア的生産様式」という用語はわずかに1回のみしか使われていない。

　そのように,ブルジョアジーとプロレタリアートによる階級構造をもった生産や生産様式は,「資本に基礎をおく生産」や「資本にもとづく生産様式」といった用語にとって代えられて転生しながら,商品・貨幣関係とは区別されたところの近代社会特有の階級的な生産や生産様式の歴史的形態を示すものとして使われることになっているのである。

　このようなものとして,「資本を基礎とする……」「資本によって支配されている……」「資本にもとづく……」生産や生産様式という新たな表現用語の多様な試みの頻出は,資本主義カテゴリーについての表現用語の転生をめざしたマルクスの模索への決断を示している,ということができるであろう。

1) 「バスティアとケアリ」,『マルクス資本論草稿① 1857-58年の経済学草稿』第1分冊,21ページ。Bastiat und Carey, 新 MEGA, II-1・1, S. 14.
2) 『経済学批判要綱』『マルクス資本論草稿② 1857-58年の経済学草稿』第2分冊,410ページ。新 MEGA, II-1・2, S. 537.

# 第6章 『経済学批判』

## 『経済学批判』第1分冊

　マルクスは，『経済学批判要綱』の執筆を基礎に，1858年5月下旬から6月上旬にかけて「7冊のノートへの索引（第1分冊への「索引」）」をまとめ，それと『要綱』「貨幣にかんする章」にもとづきながら『経済学批判』第1分冊の原稿の作成にとりかかる。

　この『経済学批判』第1分冊の内容目次は，次のごとくである。

　　序言
　　　第1部　資本について
　　　　第1篇　資本一般
　　　　　第1章　商品
　　　　　　A　商品の分析の史的考察
　　　　　第2章　貨幣または単純流通
　　　　　　1　価値の尺度
　　　　　　B　貨幣の度量単位にかんする諸理論
　　　　　　2　流通手段
　　　　　　　(a)商品の変態　(b)貨幣の流通　(c)鋳貨。価値章標
　　　　　　3　貨幣
　　　　　　　(a)貨幣蓄蔵　(b)支払手段　(c)世界貨幣
　　　　　　4　貴金属
　　　　　　C　流通手段と貨幣にかんする諸理論

　この目次項目からも明らかなように，『経済学批判』第1分冊が取り扱っている内容は，まさしく商品・貨幣関係のみである。
　ところで，この『経済学批判』において，マルクスは，そのような商品・貨幣関係にもとづく生産的基礎については，「ブルジョア的生産 bürgerliche Producktion」「ブルジョア的生産諸関係 bürgerliche Produktionsverhälthisse」と

いったかたちでの用語のみを使っていて，その規定的限定詞としては「ブルジョア的 bürgerlich」という表現が統一的に使用されている。

## 『経済学批判』における使用用語

　『経済学批判』におけるそのような用語の概略的な使用状況についてみると，次のごとくである。

　まず，「A　商品の分析の史的考察」の節において，「交換価値をはじめて意識的に，ほとんど平坦なまではっきりと労働時間にまで分析したのは，ブルジョア的生産諸関係がその担い手たちと同時に輸入され，歴史的伝統の欠如をおぎなってなおあまりある沃土をもった地盤の上に急速に成長した新世界の一人物である。その人とはベンジャミン・フランクリンであ〔る〕」とか，あるいは，「アダム・スミスとは反対に，デーヴィッド・リカードは，労働時間による商品価値の規定を純粋に引きだし，この法則が，それと表面上最も矛盾するブルジョア的生産諸関係をも支配することを示した」といったかたちで，商品の「交換価値」と関連して「ブルジョア的生産諸関係」という用語が使われている。

　また，「2　流通手段」の節の「(a) 商品の変態」においては，「売り手と買い手との対立には，ブルジョア的生産の敵対的性質がまだきわめて表面的かつ形式的に表現されているだけであって，この対立は，ただ諸個人が商品の所有者としてたがいに関係することを必要とするだけであるから，それは前ブルジョア的社会諸形態にも属しているほどである」とか，あるいはまた，「貴金属の「特権」の廃止によって，またいわゆる「合理的貨幣制度」によって，ブルジョア的生産の「欠陥」を除去しようとする批判の深さのほどをはかり知ることができる」といった指摘をおこなっており，そこでは「商品」や「貨幣」と結びついたものとして「ブルジョア的生産」がとりあげられている。

　さらに，「(c) 世界貨幣」の項においては，「ブルジョア的生産の発展した段階では，蓄蔵貨幣の形成は，流通の種々の過程がその機構を自由にはたらかせるために必要とする最小限度に制限される」といった指摘をおこない，「4　貴金属」の節では，「ブルジョア的生産過程（bürgerliche Produktionprozeß）は，まず金属流通をできあがった伝来のひとつの手段として自分のものにする」と

第6章 『経済学批判』　153

か，あるいは，「この平準化が，ブルジョア的生産のあまり発展していない時代には，きわめてゆっくりと，また長期にわたっておこなわれ，どんな場合でも流通する現金の増加と歩調をそろえるものではないことは，16世紀の商品価格の運動についての新しい批判的研究によって的確に証明されている」といった叙述がおこなわれていて，「貨幣蓄蔵」や「貨幣流通」をおこなうものとしての「ブルジョア的生産」が問題にされている。

## 新たな用語への模索の中断

　そのように，『経済学批判』本文においては，そこでとりあげられている経済諸関係の規定的な生産的基礎を示すカテゴリーとしては，「ブルジョア的生産」（7回）「ブルジョア的生産諸関係」（3回）といったかたちで「ブルジョア的」という規定詞によって表現される用語が統一的に使用されており，そこでは『要綱』にみられるような「交換価値にもとづく生産（様式）」や「資本にもとづく生産（様式）」といったかたちでの生産や生産様式の経済的諸形態についての新たな表現への多様な試みは，まったくみられない。

　すなわち，『経済学批判』は，『要綱』の「貨幣にかんする章」にもとづいて商品・貨幣論の展開がおこなわれているにもかかわらず，『要綱』「貨幣にかんする章」において使われていた商品・貨幣関係における「交換価値にもとづく生産」や「交換価値のうえに打ち立てられた生産様式」といった用語はまったく使用されないで，もっぱら「ブルジョア的生産（諸関係）」といった用語が使われているのである。

　どうやら，『経済学批判』においては，『要綱』で試みられていた新たな用語への模索は，意識的に一時棚上げにされたようである。

　それは，『経済学批判』第1分冊の内容がもっぱら商品・貨幣関係であって資本制生産は取り扱っていないので，とりあえず「ブルジョア的生産（諸関係）」という用語でもって対応しておく，と判断されたのかもしれない。

　あるいは，『要綱』で模索的に使用されていた用語は，十分に意にそった用語として確定していなかったため，それは使わないで，その代わりに『要綱』以前に長いあいだ使用しつづけてきた「ブルジョア的生産」や「ブルジョア的生産諸関係」といった用語を使用した，ということであるのかもしれない。そ

のへんの事情はよくわからない。

　ここで、『経済学批判』の本文における資本主義的用語の使用状況について項目的に示せば、つぎのとおりである。
　①『要綱』において使われていた商品・貨幣関係にかかわる「交換価値にもとづく生産（様式）」といった用語は使われていない。
　②『要綱』において模索的に使われていた資本にかかわる「資本にもとづく生産（様式）」といった用語も使われていない。
　③「bürgerlich」という規定詞による「ブルジョア的生産」「ブルジョア的生産諸関係」といった用語が統一的に使用されている。
　④「ブルジョア的生産」や「ブルジョア的生産諸関係」といった用語は、『経済学批判』本文では、基本的に、商品・貨幣関係にかかわるものとして使われている。
　⑤『経済学批判』本文にかんしては、規定的要因としては「生産」と「生産諸関係」がとりあげられていて、「生産様式」という用語は使われていない。

　このような特徴的な用語法が、いかなる意図にもとづいて、『経済学批判』執筆時のマルクスによっておこなわれたのか。その理由は明らかではない。

## 「ブルジョア的」用語の使用

　ともあれ、そのような『経済学批判』における用語法は、「いわゆる冒頭商品論」の叙述における『資本論』と『経済学批判』との相違に象徴的に示されている。

　周知のごとく、『資本論』第1部の冒頭は、「資本制生産様式が支配的におこなわれている社会の富 (Der Reichtum der Gesellschaften, in welchen kapitalistische Produktionsweise herrscht) は、一つの「巨大な商品の集まり」としてあらわれ、ひとつひとつの商品は、その富の基本形態としてあらわれる」となっている。

　ところが、『経済学批判』においては、「一見したところでは、ブルジョア的富 (der bürgerliche Reichtum) はひとつの巨大な商品の集まりとしてあらわれ、個々の商品はこの富の元素的定在としてあらわれる」となっている。

　「資本制生産様式」という用語表現がまだ確立していなかった『経済学批判』

において，資本制社会の富を示す用語として「bürgerlich」という規定詞による「ブルジョア的富」という用語でもってあらわされているのである。

しかも，『要綱』以前においては，主として資本＝賃労働関係にもとづく資本制生産や資本制生産様式について表現していた「ブルジョア的生産」や「ブルジョア的生産様式」が，『経済学批判』においては，もっぱら商品・貨幣関係にかかわるものとして使用されているのである。

### 「『経済学批判』への序言」における用語

だが，『経済学批判』においても，その「序言」においては，マルクスのそれまでの研究の歩みと唯物史観の定式を示すなかで，「大づかみにいって，アジア的，古代的，封建的および近代ブルジョア的生産様式（modern bürgerliche Produktionsweisen）が経済的社会構成のあいつぐ諸時期として表示されうる。ブルジョア的生産諸関係（die bürgerliche Produktionsverhältnisse）は，社会的生産過程の最後の敵対的形態である。敵対的というのは，個人的敵対という意味ではなく，諸個人の社会的生活諸条件から生じてくる敵対という意味である」といったかたちで，「近代ブルジョア的生産様式」という用語が使われていて，それは，商品・貨幣関係を示すものとしてではなくて，社会的敵対的形態をもつところの，人類社会の経済的社会構成のあいつぐ諸時期のひとつとしての，近代社会の生産様式たる「資本制生産様式」を表現するという含意をもつ意味内容での用語法が，みられるのである。

このことは，「bürgerlich」という規定的表現が『経済学批判』の執筆時点においても，けっして商品・貨幣関係にのみかかわる「生産」や「生産様式」に限定した意味内容をもつものとしてではなく，資本＝賃労働関係にかかわる「生産」や「生産様式」についての規定的意味をももつものとマルクスは考えていたことを示すものである。

この『経済学批判』第1分冊の本文の原稿は1859年1月21日に完成し，さらに，「序言」も，2月23日に「1859年1月」の日付をつけて，出版社あてに発送されている。

こうして『経済学批判』第1分冊は，1859年6月11日に刊行されるにいたる。

# 第7章　資本主義用語の転生
―― 1859〜61年における確定 ――

## 第1節　『経済学批判』後の取り組みと「資本制生産様式」用語の確定

　1859年6月に『経済学批判』を出版したのちの2年間，マルクスは，生活の困窮やフォークト事件などの諸事情によって，まとまった叙述を中断している。
　だが，そのような状況にありながらも，この時期に，マルクスは，『経済学批判』の第2分冊に予定していた「資本にかんする章」の執筆準備のための経済学の研究をおこない，『工場検査官報告書』やエンゲルスの『イギリスにおける労働者階級の状態』，さらには，リカード，スミス，マルサスなどの著作を研究し，それについての抜粋を作成している。そして1861年の夏に，2年ぶりに経済学の著作の仕事を再開する。
　どうやらマルクスは，この1859〜61年の時期に，『要綱』においていろいろと模索していた「資本にもとづく生産」や「資本を基礎とした生産様式」といった表現の結晶化した用語法として，「資本制生産 kapitalistische Produktion」「資本制生産様式 kapitalistische Produktionsweise」という表現用語を確定したようである。
　まとまった著作としては，新 MEGA によって公刊された『資本論草稿』としての『1861-63年の経済学草稿』のなかで，「資本制生産」「資本制生産様式」という用語は，明確に確定した用語として，最初から繰り返し使用されている。したがって，この『1861-63年草稿』の執筆が開始された1861年夏頃までに，「資本制生産」「資本制生産様式」という用語法は確定されたにちがいない，ということは明らかである。
　では，それはいつか。
　すでにみたように，マルクスは，「資本制生産 kapitalistische Produktion」という用語を，『経済学批判要綱』のなかの『ノートⅥ』(「1858年2月」に執筆と

マルクス自身が記入）のなかで使っている。しかし，『要綱』のなかで使われているのはただそれ1回だけである。しかも，『要綱』のあと執筆されて1859年6月に出版された『経済学批判』第1分冊では，そのような表現用語はまったく見あたらない。そのなかで使われているのは「ブルジョア的生産」という用語である。

したがって，マルクスの「資本制生産」「資本制生産様式」という用語法は，『要綱』の執筆の過程において新しい用語への転生をめざした模索がおこなわれ，そのうえで，『経済学批判』の「序言」が書かれた1859年1月ののちの，『1861-63年草稿』の執筆が開始された1861年の夏頃までのあいだの時期に，最終的に確定された，といってよいようである。

## 第2節　1859～61年における執筆諸資料の執筆順序・時期と「資本制生産様式」用語

マルクスは，『経済学批判』の「序言」を執筆した1859年1月ののち，どれくらいたった時期に，なにをしているときに，いかなる契機によって，「資本制生産」「資本制生産様式」という用語を確定して，そして，いかなる資料・草稿においてその用語を使い始めたのだろうか。

マルクス自身は，これらのことについての明示的な指摘はまったくおこなっていない。そのため，残された資料・草稿類から推定するしかない。しかし，厄介なことに，これらの諸資料のなかには未公開のものもあり，しかも，それら諸資料の執筆時期については諸説が錯綜していて未確定の状況である。

1859年1月から1861年の夏までのほぼ2年半の時期にマルクスが作成したと推定されている主な諸資料は，次のようなものである。

(1)『ノートⅦ・抜粋部分』
(2)「資本にかんする章へのプラン草案」
(3)『引用ノート』
(4)「引用ノートへの索引」
(5)「私自身のノートにかんする摘録」

では，まずこれらの諸資料の執筆順序と執筆時期についてみることにしよう。

新 MEGA の出版が開始された1970年代のなかば頃から，それらの諸資料の執筆順序と執筆時期についても，内外においてさまざまな検討がすすめられてきている。ここでは簡単に諸説についてみておくにとどめる。

まず，戦前の1939～41年に公刊された『経済学批判要綱』旧版では，そのなかに収録，公表された「私自身のノートにかんする摘録」と「資本にかんする章へのプラン草案」にかんして，それらは『経済学批判』「序言」の完成直後の1859年2～3月に，まず『要綱』にもとづいて「私自身のノートにかんする摘録」がつくられ，そのあとつづいて「資本にかんする章へのプラン草案」が書かれた，としていた。

ところが，1973年に出版されたロシア語版の『マルクス・エンゲルス著作集』第47巻をうけて，「摘録」と「プラン草案」のどちらも，『1861-63年の経済学草稿』の執筆開始の直前の1861年6月頃に記述されたものと，訂正された。

これは，『ノートⅦ・抜粋部分』『引用ノート』「引用ノートへの索引」との関連が考慮されたことによるようである。

それにたいして，ミシケーヴィッチは，「1859～1861年におけるマルクス経済学研究の年譜」(1977年) という論文[1]において，「プラン草案」の執筆は1859年2～3月であると，「プラン草案」の先行と，「摘録」との時期的分離という，新たな推定をだすにいたった。

そして，1980年に出版された新 MEGA, Ⅱ-2 では，「プラン草案」の執筆時期については，「1859年春あるいは1861年夏」という両論併記となっている。

わが国では，大村泉・八柳良次郎の両氏が，共同論文「『経済学批判』草稿 (1861～63年) の準備過程」[2]において，それまでの国際的研究の内容と論点を紹介，整理しながら，独自的な推定をおこなっておられる。そして，そのような諸研究のうえに，その後，大野節夫氏が，一連の論稿によって，この時期のマルクスの諸資料の執筆順序や執筆時期等についての論究を積極的にすすめられている[3]。

これらの研究・考証の成果は，マルクス没後100年を記念した雑誌『経済』の特集シリーズ「マルクス・エンゲルス研究の新段階」のなかでも発表されている。この「マルクス・エンゲルス研究の新段階」シリーズは，服部文男氏を監修者として，その指導のもとに，吉田文和，大村泉，大野節夫，黒滝正昭，

渋谷正，八柳良次郎，荒川繁，橋本直樹といった研究者たちによって，これまで未発表，未公刊あるいは考証不十分だったマルクスの草稿，ノート，プラン等についての点検，解読，執筆時期の変更等々の書誌学的吟味をおこない，従来までのマルクス研究のブランクを埋めながら，さらに，より正確，より厳密な内容確定への取り組みをされたものである。

　ここでは，それらの諸資料にもとづいて資本主義範疇についての「資本制生産」「資本制生産様式」といった新しい表現用語の確定状況について見ていくことにする。なお，これらの諸資料に出てくる「資本制生産」「資本制生産様式」という用語については，それを目立たせるために太めの下線（──）を付けておく。

## 1 『ノートⅦ・抜粋部分』

　これらの諸資料のうち，『ノートⅦ・抜粋部分』は，『経済学批判要綱』が書かれている『7冊のノート』の最終ノートである『ノートⅦ』の『要綱』本文が書かれている64ページのあとの部分に，約200ページにわたって，114点にものぼるさまざまな文献・資料からの抜粋と評注が書き込まれたものである。

　それは，アムステルダムの社会史国際研究所に「マルクス・エンゲルス遺稿」として保管されているものであるが，それについては，オリジナルの調査と筆写にもとづく佐竹弘章・大野節夫「《資料紹介》マルクスノート第Ⅶ冊抜粋部分（1859～63年）──『1861-63年草稿経済学批判』の関連資料の紹介」（大阪府立大学社会福祉学部『社会問題研究』第34巻第1号，1984年9月）に，体裁，概要，抜粋内容，ならびに作成時期についての詳しい紹介と考証がおこなわれている。

　しかし，そのなかで「資本制生産」「資本制生産様式」という用語が使われているかどうかについては，よくわからない。

## 2 「資本にかんする章へのプラン草案」

　「資本にかんする章へのプラン草案」は，1939年に刊行（1941年に再刊）された旧版『経済学批判要綱』のなかの「補遺」のひとつとして公表されたもので

ある。それは,『経済学批判』の第2分冊としての「資本にかんする章」の執筆プラン（のちに『資本論』へと書名を変更）として作成されたもので,新たなかたちでプラン諸項目を配列し,それに『要綱』のなかの利用されうる素材として『ノート』の番号とページ数を配置する,というかたちで構成されているものである。

この「プラン草案」は,次のような構成となっている。

  Ⅰ 資本の生産過程
    1 貨幣の資本への転化
     $α$) 移行 $β$) 商品と労働能力との交換 $γ$) 労働過程 $δ$) 価値増殖過程
    2 絶対的剰余価値
    3 相対的剰余価値
     $α$) 多人数の協業 $β$) 分業 $γ$) 機械
    4 本源的蓄積
    5 賃労働と資本
  Ⅱ 資本の流通過程
  Ⅲ 資本と利潤
  雑録

このなかの「5 賃労働と資本」の項において,「資本制生産」という用語が1回使われている。

ところで,そこにおける「5 賃労働と資本」の内的項目の編成は,次のようになっている。

まず,はじめの部分には,項目名なしに『7冊のノート』のナンバーとページ数のみがあげられている。そこでの指摘について,該当個所のページ数を示し,さらに,そこにおける項目見出しと記述されている内容を示すと,次のごとくである。

  「Ⅱ, 14」——「貨幣の資本への転化」における,純粋な流通運動では資本を実現することはできないので交換価値を生産する生産活動にたちかえるということ。

「Ⅱ, 28, 29」――「資本と労働とのあいだの交換」における，労働能力にたいする処分権への支払いと引き換えに資本が受け取る労働にたいする領有。

「Ⅲ, 13, 14, 15, 16」――「労働過程と価値増殖過程」における，労働過程，資本が生産の支配者としての価値増殖過程。

「Ⅶ, 40, 41」――「(補足)機械装置と利潤」における，機械装置の充用による総資本のうち労働に投じられる部分の減少と利潤。

「Ⅲ, 23」――「労働過程と価値増殖過程」における，剰余労働の生産と資本の歴史的使命。

そして，そのあと，項目名がつけられて，それにつづけて『7冊のノート』のナンバーとページ数とがあげられている個所がつづく。

「資本は集合的な力であり，文明である。(Ⅳ, 9, 10 ウエイド)(Ⅳ, 11。バビジ)」

「資本＝前貸。Ⅳ, 29，後段」

「賃金による労働者の再生産。Ⅳ, 38。」

「自分自身を止揚する資本制生産の諸制限。Ⅶ, 2, 3。自由に使える時間。Ⅶ, 3, 4。Ⅶ, 4。労働そのものが社会的な労働に転化される。(同，4)オウエン(Ⅶ, 5，後段)」

「真の経済。労働時間の節約。ただし，対立的ではなく。(Ⅶ, 5.)」

「単純商品流通における領有法則の現象。この法則の反転(Ⅱ, 8, 9, 10, 11, 12)(Ⅳ, 45)(50)Ⅶ, 44。」

このなかに，「自分自身を止揚する資本制生産の諸制限(Sich selbst aufhebende Schranken der kapitalistischen Production.)。Ⅶ, 2, 3。」という項目がある。そこにおけるローマ数字は『要綱』を含む『7冊のノート』の分冊を指し，算用数字はその『ノート』におけるページ数を示すものであって，たとえば「Ⅶ, 2, 3。」は『ノートⅦ』の2ページと3ページということである。すなわち，「自分自身を止揚する資本制生産の諸制限」という項目のもとに，『ノートⅦ』の2ページ目と3ページ目の内容などが組み入れられる，ということが指摘されているのである。

## 3 『引用ノート』

　『引用ノート』は，これまたアムステルダムの社会史国際研究所に保管されている未公刊の資料である。

　これは，マルクスが1840年代と50年代に作成した多数の抜粋ノートおよび『ノートⅦ・抜粋部分』から，資本の諸問題について整理しながら転記し，多くの評注と要約とを加えて集大成したものである。それには，総数九十数人の著者の百数冊の著作，新聞，雑誌，政府刊行物からの抜粋が79ページ（うち4ページ欠落）にわたって収録されている。この『引用ノート』は，『1861-63年の経済学草稿』の執筆にあたって大幅に利用された重要な資料である。

　この『引用ノート』については，大村泉・八柳良次郎「『経済学批判』草稿（1861～63年）の準備過程」（北海学園大学『経済論集』第28巻第4号，1981年3月）の「付録」に，新 MEGA, Ⅱ-3 の注解から作成された「『引用ノート』抄録」が収録されている。

　さらに，アムステルダム社会史国際研究所でのオリジナルの調査と解読にもとづくものとして，佐竹弘章「マルクス『引用ノート Citatenheft』と1861-63年草稿」（大阪府立大学『社会問題研究』第33巻第1号，1983年10月），大野節夫・佐竹弘章「マルクス『引用ノート』の作成過程――1859～1861年」（同志社大学『経済学論叢』第34巻第1・2号，1984年5月），さらには，大野節夫・佐竹弘章「マルクス『引用ノート Citatenheft』の理論的性格」（経済理論学会編『マルクス没後100年《資本論》の現代的意義』経済理論学会年報第21集，1984年，青木書店，所収）などがあり，書誌学的吟味にもとづく詳しい検討がおこなわれている。

　しかも，この『引用ノート』のなかの項目に「資本制生産の諸制限 Schranken d. capitalistischen Production」という表現があり[4]，さらに，オリジナルの直接的調査によって知見を得られた大野節夫氏によると，「『引用ノート』で〔は〕おおむね capitalistische Production と書かれているが，その『ノート第Ⅶ冊・抜粋部分』から転記された部分，したがって1860年1月末に書かれた部分には，Capital. Production という短縮したかたちがみいだされ」[5]，それゆえ「資本制生産」という表現は「『引用ノート』の段階で汎用されたといいうる」

とされている。

## 4 「引用ノートへの索引」

「引用ノートへの索引」は，上記の『引用ノート』についての索引であるが，「索引」は『引用ノート』の全項目を網羅しておらず，項目構成の変動もみられる。

この「引用ノートへの索引」は，新 MEGA, II-2（1980年）において初めて公表されたものであるが，そのなかでは「資本制生産」という表現が2回，そして，「従来の生産様式の資本制生産様式への転化」というかたちで「資本制生産様式」という表現もみられる。

① 「植民地では資本制生産の諸条件が欠けている（Bedingungen der capitalistischen Production in Colonien entfallen.)。(21)(29)」（新 MEGA, II-2, S. 264）
② 「資本制生産の諸制限（Schranken der capitalistischen Production.)。(35)」（Ebenda, S. 267）
③ 「v 機械。(23) 従来の生産様式の資本制生産様式への転化（Verwandlung früherer Productionsweise in capitalistische.)。(22, 24) (25, 26) (68)」（Ebenda, S. 271）

この「引用ノートへの索引」における「資本制生産」「資本制生産様式」という用語は，さきにみたように「引用ノート」そのものにおいてすでにそのような用語は汎用されているとのことなので，それを受け継いだものとみるべきであろう。

## 5 「私自身のノートにかんする摘録」

### 「資本制生産」用語の大量的使用

「私自身のノートにかんする摘録」は，1939年刊行（1941年再刊）の旧版の『経済学批判要綱』の「補遺」のなかで公表され，それは「私自身のノートへ

第7章　資本主義用語の転生　165

の心覚え」と訳されていたものである。

　この「摘録」は，マルクスの『ノート』B1, B″, C, M および『要綱』が書かれた『7冊のノート』のなかのⅡ～Ⅶにおける，「資本にかんする章」の諸項目にかかわる叙述ページがとりあげられており，そのなかでは「資本制生産」という用語は12回，「資本制生産様式」という用語は2回と，数多く使われている。なお，「ブルジョア的生産」（bürgerliche Production）という用語も1回使われている。

　しかし，この「摘録」は，マルクスの『ノートB″』のなかの，前掲の「引用ノートへの索引」が書かれた21-27ページのあとの28-36ページに書かれているものである。したがって，この「摘録」における「資本制生産」「資本制生産様式」という用語は，すでに「引用ノート」において汎用されていた用語を受け継いで使われているものとみていいものと思われる。そうだとすると，「資本制生産」「資本制生産様式」という用語は，この「摘録」の執筆以前に確定されていたとみるべきであろう。

　しかし，この「摘録」における「資本制生産」「資本制生産様式」という用語の使用回数の多さ，および，この「摘録」の叙述形式からみて，『要綱』において模索されていた「資本」に関連づけられた生産や生産様式の表現用語から「資本制生産」「資本制生産様式」という用語への結晶化の状況がみてとれるものである。

　なお，さきにみた「資本にかんする章へのプラン草案」は，のちに『資本論』として変更される『経済学批判』第2分冊の執筆のための「プラン草案」として，まず，構想されたプランにもとづく編別構成としての項目配置を作成し，それに対応する『要綱』内のさまざまな個所の叙述の『ノート』ナンバーとページ数を書き込んでいるものである。

　だが，この「私自身のノートにかんする摘録」は，それとは逆に，『ノート』A, B1, B″, C, M と『要綱』の『ノート』Ⅱ～Ⅶについて，それらの『ノート』における叙述の順序にしたがって，その要約的内容を示しながら，その該当ページ数を提示しているものである。すなわち，この「摘録」は，『要綱』などの叙述内容を項目化しながら，該当ページを示しているものである。

　したがって，この「私自身のノートにかんする摘録」においては，『要綱』

での叙述内容や用語が，この「摘録」においてどのように引き継がれたり変更されたりしたか，ということを明らかに示している。

そこで，この「私自身のノートにかんする摘録」において「資本制生産」「資本制生産様式」「ブルジョア的生産」といった用語が使われている15のケースのなかの，それと『要綱』本文での用語と対応している結びつきが見いだされる七つのケースについてみていくことにしたい。

### 「私自身のノートにかんする摘録」における「資本制生産」用語

ここでの記載の形式は次のとおりである。

まず，最初に提示しているのが，『経済学批判要綱』本文の叙述であって，そのあとに，それに対応している「私自身のノートにかんする摘録」における「資本制生産」といった用語を含む項目名を示している。

そして，《評注》において，『要綱』で使われている用語と「摘録」での用語との用語的な対応を指摘している。

① 『要綱』の本文
　「交換価値と発展した流通とが前提されている近代的生産 (moderne Production) においては，一方で諸価格が生産を規定するかと思うと，他方では諸価格を規定する。」(『経済学批判要綱』S. 179. 邦訳①299ページ)
　↓
「摘録」における項目
「流通から資本制生産への移行 (Übergang aus Circulation in capitalistische Production)。」(「私自身のノートにかんする摘録」新 MEGA, II-2, S. 275.『マルクス　資本論草稿集』③502ページ)
　　《評注》『要綱』「近代的生産」→「摘録」「資本制生産」

② 『要綱』
　「道路，運河等々のような生産の一般的条件のすべてが……それら〔の建設〕が共同体組織それ自体を代表する政府によってではなく，資本によって引き受けられるためには，資本にもとづく生産 (die auf das Capital ge-

gründete Production）のきわめて高度の発展を前提するのである。」（『要綱』S. 430. ②202-203ページ）

↓

「摘録」

「……（道路，運河，灌漑等々の例はすべて，それがそれまでの公共事業でなくなり，資本制生産の対象（Gegenstand der capitalistischen Production）となる場合に，ふたたび例として用いることができる。」（「摘録」S. 279. ③517ページ）

《評注》『要綱』「資本にもとづく生産」→「摘録」「資本制生産」

③ 『要綱』

「この傾向は，……資本をそれに先行するいっさいの生産様式から区別する（Diese Tendenz unterscheidet das Capital von allen früheren Productionsweise）と同時に，資本は単なる通過点として措定されているのだ，ということをうちに含んでいるのである。」（『要綱』S. 438. ②216-217ページ）

↓

「摘録」

「資本制生産様式とそれ以前のすべての生産様式との相違（Unterschied der capitalistischen Productionsweise von allen früheren）。」（「摘録」S. 280. ③518ページ）

《評注》『要綱』「資本をそれに先行するいっさいの生産様式から区別する」→「摘録」「資本制生産様式とそれ以前のすべての生産様式との相違」

④ 『要綱』

「流通時間は，この価値実現の一つの制限でしかなく，またそのかぎりで，価値創造の制限でしかない。それは，生産一般からではなく資本の生産（der Production des Capitals）から生じる特有の制限であって，……。」（『要綱』S. 441. ②222ページ）

↓

「摘録」

「資本制生産の諸制限（Schranken der capitalistischen Production）。」(「摘録」S. 280. ③518ページ）

《評注》『要綱』「資本の生産」→「摘録」「資本制生産」

⑤『要綱』

「生きた労働の対象化された労働との交換は，すなわち社会的労働を資本と賃労働との対立という形態で措定することは，価値関係と価値に立脚する生産（die auf dem Werth beruhende Production）との究極の発展である。」（『要綱』S. 580-581. ②489ページ）

↓

「摘録」

「（発明の事業）ブルジョア的生産の基礎（der Grundlage der bürgerlichen Production）」(「摘録」S. 282. ③528ページ）

《評注》『要綱』「価値に立脚する生産」→「摘録」「ブルジョア的生産」

⑥『要綱』

「固定資本の存在は，とくにすぐれて資本の，生産的資本としての存在なのである。だからこそ，資本に立脚する生産様式（die auf dem Capital beruhende Productionsweise）のすでに達成された発展段階が，固定資本の現存の大きさで測られるのである。」(『要綱』S. 592. ②506ページ）

↓

「摘録」

「固定資本の大きさは，資本制生産の水準を示す（Umfang des capital fixe zeigt dem Höhegrad der capitalistischen Production.）。」(「摘録」S. 283. ③530ページ）

《評注》『要綱』「資本に立脚する生産様式」→「摘録」「資本制生産」

⑦『要綱』

「労働者の無所有，および，対象化された労働による生きた労働の所有，

すなわち資本による他人の労働の取得は，ブルジョア的生産様式（die bürgerliche Productionsweise）の基本条件であって，ブルジョア的生産様式にとってどうでもよい偶然事ではけっしてない。これらの分配様式は生産諸関係そのものなのであり，ただ「分配の相のもとにある」それらにすぎないのである。」(『要綱』S. 698-699. ②707-708 ページ)
↓
「摘録」
「転倒は，資本制生産様式の根拠をなすものであって，単にその分配のみの根拠をなすものではない（Die Verkehrung liegt der kapitalistischen Productionsweise zu Grunde, nicht nur ihrer Distribution.）。」(「摘録」S. 285. ③537ページ)
《評注》『要綱』「ブルジョア的生産様式」→「摘録」「資本制生産様式」

## 『経済学批判要綱』から「摘録」の「資本制生産」用語への転換

以上のような「私自身のノートにかんする摘録」の事例を瞥見すると，この「摘録」では，マルクスは，『経済学批判要綱』「資本にかんする章」のなかの叙述にそってその内容をとりまとめながら，それを項目として表示していることがわかる。そのさい，マルクスは，さまざまな諸関係における資本に規制された諸事態についての叙述から，その項目表示にあたって「資本制生産」や「資本制生産様式」という用語を用いて概括的な表現をおこなっている。

そして，『要綱』で「資本にもとづく生産」等といった用語でもって表現されていたのが「資本制生産」に，すなわち，たとえば，ケース②では『要綱』での「資本にもとづく生産」が，ケース④では「資本の生産」が，ケース⑥では「資本に立脚する生産様式」が，「摘録」においては「資本制生産」という用語に転換されている。

それのみでなく，ケース①では「近代的生産」が「資本制生産」に，また，ケース⑦では「ブルジョア的生産様式」が「資本制生産様式」に変えられている。

そのように，いくつかのケースにおいては，『要綱』そのものの叙述において使われていた「資本にもとづく生産」といった用語が「資本制生産」という用語に転換・集約されながら，項目表示をおこなっているのである。

このような『要綱』での叙述ないしそこで使われている用語と，それに対応するものとして付けられた「摘録」の項目における「資本制生産」「資本制生産様式」という用語との対応関係が示している事態は，『要綱』においてさまざまなかたちで「資本」にかかわる「生産」や「生産様式」というかたちで模索されていた用語表現が，「資本制生産」や「資本制生産様式」という用語に転生して結晶化され，統一的な用語として確定されたものであることを，十分に示している。

## 第3節　確定された「資本制生産様式」用語

これまでみてきたように，内容未詳の『ノートⅦ・抜粋部分』は別にして，他の四つの諸資料では，いずれにおいても「資本制生産」「資本制生産様式」という用語がほぼ確定的に使われている。したがって，1859年1月から1861年の夏にかけて執筆されたこれらの一連の諸資料において，マルクスは「資本制生産」「資本制生産様式」という表現用語を確立していることは，ほぼ間違いないところであろう。

それは，いつ，どの資料の作成のさいに，いかなる事態や問題の考察のなかで確定されたのか，といったことについては，かならずしも明らかではない。

ともかく，『要綱』において生産や生産様式の近代社会的形態についての多様な表現の試みがおこなわれており，そのような試みは『経済学批判』第1分冊においては一時棚上げにされながらも，それにつづく1860年前後の時期に，『経済学批判』第2分冊に予定された「資本にかんする章」をとりまとめるための準備的資料やプランの作成のなかで，「資本制生産」「資本制生産様式」という用語を確定した，ということのようである。

そのように，『要綱』においては多様なかたちで「資本に基礎をおく……」「資本にもとづく……」「資本に立脚する……」ところの「生産」や「生産様式」といった表現をとっていた資本主義用語が「kapitalistische Produktion 資本制生産」「kapitalistische Produktionsweise 資本制生産様式」といった用語に集約されることになったということ，そして，そこにおいてマルクスが規定的モメントを示す限定詞として「kapitalistisch 資本制」という言葉をあてたというこ

とは，資本主義カテゴリーを示す用語にとって規定的役割を果たしているモメントが，なにはともあれ「資本」であるということによるものであることは，間違いないところであろう。

　近代社会の経済諸関係における資本主義カテゴリーとしての「生産」や「生産様式」における規定的要因が「資本」に規定されたものであるということは，『要綱』における，「資本」にもとづき，「資本」による，「資本」に立脚し，「資本」に照応する生産や生産様式のあり方といった多様な模索の試みのなかにおいても，明示的に示されているところである。

　かくして，かつては「ブルジョア的生産」「ブルジョア的生産様式」という用語でもって表現されていたマルクスの資本主義用語は，その多義的な相違する内容が理論的に明らかにされることによって用語的に分解がひきおこされ，より明確な規定的内容にもとづく用語として打ち立てられることになる。すなわち，『経済学批判要綱』における近代社会の経済的諸関係の商品・貨幣関係と資本＝賃労働関係による生産的形態との規定的内容の区別が明らかにされることによって，「資本」に規定された生産・生産様式は，「資本を基礎とした生産」「資本にもとづく生産様式」といったかたちでの用語へと転生をとげ，ついには，「資本制生産」「資本制生産様式」という資本主義用語の確定へと結晶化するにいたったものであることは明らかである。

　そのように，「資本制生産」や「資本制生産様式」という用語で示される資本主義カテゴリーは，まさしく「資本にもとづく生産」という表現によってその独自的な規定的性格が示された生産形態であり生産様式にほかならないものである。それは，けっして「商品形態」によって特徴づけられ「商品」的性格を規定的内容としたものでないことは，その用語表現における規定的限定詞そのものによっても示されているところである。

　この「資本制生産」「資本制生産様式」という資本主義カテゴリーを示す用語は，唯物史観の基礎的カテゴリーとしての「生産」「生産様式」と，近代社会における特徴的なあり方を示す「資本制 kapitalistisch」という規定的な限定詞との，用語上での結びつきを明確に示すものであって，人間社会における特殊「近代社会」的な歴史的形態に特有の規定的内容にふさわしい表現用語の定立を示すものである。

1) Л. P. ミシケーヴィッチ「1859〜1861年におけるマルクス経済学研究の年譜」。ミシケーヴィッチのこの論文は，大村泉・八柳良次郎「『経済学批判』草稿（1861-63年）の準備過程」（北海学園大学『経済論集』第28巻第4号，1981年3月）のなかに全訳して掲載されている。
2) 同上。
3) 大野節夫氏は，氏の諸論稿のなかのとくに「マルクス『資本の章のプラン草案』——成立時期の検討を中心に」（『経済』1983年12月号，「新段階」⑨）のなかで，『経済学批判』「序言」から『1861-63年の経済学草稿』までの時期のマルクスの諸資料の執筆順序と執筆時期についての検討をおこない，そこで，マルクスは1859年夏に「資本にかんする章へのプラン草案」を作成するなかで「資本制生産」「資本制生産様式」という概念と用語を確定した，とされている。

すなわち，マルクスは，「資本の章のプラン草案」の「3) 相対的剰余価値」の項で，「協業」を基本的モメントとした把握によって，はじめて，「資本制生産（様式）」概念を認識し，それを「資本制生産（様式）」という新たな用語として表現することになった，とされている。

そのような推定にあたっての大野氏の書誌学的吟味はきめ細かいものであるが，しかし，そこにおける「資本制生産」「資本制生産様式」という概念の成立根拠，その概念内容，ならびに，「ブルジョア的生産（様式）」との異同，さらにはその用語表現についての氏の見解には，くみすることのできない大きな難点がある。その点については，拙稿「中期マルクスと資本主義範疇」（浜林正夫ほか編『経済学と階級』1987年，梓出版社）を参照されたい。
4) 佐竹弘章「マルクス『引用ノート Citatenheft』と1861-63年草稿」（大阪府立大学『社会問題研究』第33巻第1号，1983年10月）174ページ。大野節夫・佐竹弘章「マルクス『引用ノート』の作成過程——1859〜1861年」（同志社大学『経済学論叢』第34巻第1・2号，1984年5月）45ページ。大野節夫・佐竹弘章「マルクス『引用ノート Citatenheft』の理論的意義」（経済理論学会編『マルクス没後100年《資本論》の現代的意義』経済理論学会年報第21集，1984年，青木書店）131ページ。
5) 大野節夫「マルクス『資本の章のプラン草案』——成立時期の検討を中心にして」（『経済』1983年12月号「新段階」⑨，181-182ページ，注24）。

# 第8章 「資本制生産様式」の全面的使用
―― 『1861-63年草稿』と『資本論』――

## 第1節 『1861-63年草稿』

**23冊の『資本論草稿』**

　マルクスは，1861年8月から63年7月にかけて，23冊の『1861-63年草稿』を執筆している。それは1859年に公刊した『経済学批判』第1分冊のつづきとしての第2分冊のために書かれたものである（のちに『資本論』に変更）。

　そこにおいて，マルクスは，資本主義カテゴリーとしての特有の意味をもち内容表現を示すところの「資本制 kapitalistisch」という規定詞にもとづく「資本制生産」「資本制生産様式」を基軸的用語として意識的に使用しながら，『資本論』の構築への道をすすめていく。

　『1861-63年草稿』としての『資本論草稿』においては，『草稿』の最初の『経済学批判』第3章「資本一般」の下書き原稿の執筆のはじめから，「ブルジョア的生産」「ブルジョア的生産様式」という用語ではなくて，「資本制生産」「資本制生産様式」という用語を，明確に確定したかたちで繰り返し使用している。

　この『1861-63年草稿』としての23冊の『資本論草稿』においては，その『ノートⅠ』から『ノートⅤ』にかけては，すでに出版されている『経済学批判』第1分冊につづく第2分冊としての第3章「資本一般」の第1節「資本の生産過程」が取り扱われている。そのなかで，『ノートⅠ』と『ノートⅡ』は「1．貨幣の資本への転化」が，『ノートⅢ』は「2．絶対的剰余価値」が，『ノートⅣ』と『ノートⅤ』は「3．相対的剰余価値」が取り扱われている。それにつづく『ノートⅥ』から『ノートⅩⅤ』までと『ノートⅩⅧ』は，いわゆる『剰余価値学説史』を構成する。さらに，『ノートⅩⅥ』から『ノートⅩⅧ』にかけては資本と利潤，利潤率，商人資本および貨幣資本が取り扱われている。そのあと，『ノートⅩⅨ』から『ノートⅩⅩⅡ』の途中までは，相対的剰余価値

第3表 『1861–63年草稿』(23冊のノート) における資本主義用語

| 『資本論草稿集』 | I | II | III | IV | V | VI | 計 |
|---|---|---|---|---|---|---|---|
| ノート | I〜V | VI〜X | X〜XIII | XIII〜XV | XVI〜XVIII | XIX〜XXIII | |
| | | | 『剰余価値学説史』 | | | | |
| ブルジョア的生産 | 3 | 1 | 15 | 13 | 4 | 3 | 39 |
| 資本制生産 | 58 | 44 | 137 | 123 | 84 | 83 | 529 |
| ブルジョア的生産様式 | 0 | 0 | 4 | 0 | 1 | 1 | 6 |
| 資本制生産様式 | 15 | 5 | 18 | 7 | 28 | 69 | 142 |
| ブルジョア社会 | 4 | 9 | 4 | 5 | 4 | 3 | 29 |
| 資本制社会 | 0 | 2 | 0 | 1 | 1 | 0 | 4 |
| 資本主義 | 0 | 0 | 1 | 0 | 0 | 0 | 1 |

論のつづきとなっており，そのあとの『ノートXXII』から『ノートXXIII』までは，さまざまな諸著作の抜粋がおこなわれている。

　この23冊の『資本論草稿』においては，「資本制生産」「資本制生産様式」という用語は，完全に定着した言葉となっている。若干の遺漏があるかもしれないが，それぞれの用語の使用回数を拾いだしてみたのが第3表である。

## 『資本論草稿』における資本主義用語の使用頻度

　この23冊の『資本論草稿』における「生産」「生産様式」「社会」等についての資本主義カテゴリーの使用頻度は，「資本制生産」が529回にたいして「ブルジョア的生産」は39回，「資本制生産様式」が142回にたいして「ブルジョア的生産様式」は6回と，「資本制生産」「資本制生産様式」という表現用語が圧倒的に使用されている。そのように，「資本制 kapitalistisch」という規定詞による用語表現は，生産および生産様式についてみるかぎり圧倒的である。

　ここで，少数ながら残っている「ブルジョア的 bürgerlich」という規定詞が使われている用語についてみると，「ブルジョア的生産 bürgerliche Produktion」という用語が使われている39例のうち3例は『哲学の貧困』のマルクス自身の文章からの引用によるフランス語形での la production bourgeoise という用語である。残りの36例のうち29例は明らかに資本制生産と同じ意味内容において使われており，商品生産という意味内容で使われているのが7例となっている。

また，「ブルジョア的生産様式 bürgerliche Produktionsweise」という用語の6例のうち，3例は資本制生産様式と同義で使われており，商品論的なもの3例となっている。

　このように多義的な意味内容をもつものとして使われている「ブルジョア的生産」「ブルジョア的生産様式」という用語は不明確な性格をもった用語にほかならないものである。そのことについては，マルクス自身，「資本制生産様式」という用語の確定ののちに執筆したこの『資本論草稿』のなかで「リカードは，ブルジョア的生産を，もっと明確に言えば資本制生産を，生産の絶対的な形態として把握している（Ric. faßt die bürgerliche, noch bestimmter die capitalistische Production, als *absolute Form* der Production auf.)」[1]と述べて，生産形態にかかる「資本制 capitalistisch」という用語は，「ブルジョア的 bürgerlich」という用語のより正確な表現である，と指摘しているのである。

　そのように，「ブルジョア的生産 bürgerliche Produktion」という用語は，近代社会の規定的形態を表現する用語としては不明確であるところから，マルクスは，『経済学批判要綱』において表現用語をさまざまなかたちで模索したうえで，近代社会の経済的諸関係における現実的事態をより適切に表現している用語として「資本制生産 kapitalistische Produktion」「資本制生産様式 kapitalistische Productionsweise」という用語を確定して，「ブルジョア的生産 bürgerliche Production」「ブルジョア的生産様式 bürgerliche Productionsweise」という用語にとりかえた，ということであろう。

## 社会についての「ブルジョア（市民）社会」用語

　ところが，そのような経済的な基礎的要因としての生産や生産様式についての表現ではなくて，概括的なかたちでの「社会」についての表現にあたっては，マルクスは，この『1861-63年草稿』においても，依然として「ブルジョア（市民）社会 bürgerliche Gesellschaft」という用語をかなりウェイトをもったかたちで使っている。

　『1861-63年草稿』においては，「社会」についての表現としては圧倒的大多数の29例が「ブルジョア（市民）社会 bürgerliche Gesellschaft」という用語であって，「資本制社会 kapitalistische Gesellschaft」という言い方は4例しか

ない。

そのように，社会については，多くの場合，「資本制社会」という表現に転換することなしに，「ブルジョア（市民）社会」という表現をそのままつづけているのである。

マルクスは，『ノート』ⅠからXXⅢまでの23冊のノートとしての『1861-63年草稿』においては，生産や生産様式について，当初から，「資本制生産」「資本制生産様式」という表現をほぼ完全に使うようになっているにもかかわらず，社会については，主として，「bürgerliche Gesellschaft ブルジョア（市民）社会」という用語を使っているのである。このことは，マルクスにおいては，近代社会の経済的基礎ならびにその包括的経済形態を示すものとしての生産や生産様式にかんするかぎりはほぼ完全に「資本制」的形態という用語でもって表現すべきであると確定した時点においても，なお，近代社会そのものの概括的表現にかんしては，生産や生産様式についての表現用語とは一体化しないで，「ブルジョア（市民）社会」という用語を必要としていた，ということを示すものである。

## 「資本主義」という用語

なお，この『資本論草稿』において，「資本主義 Kapitalismus」という抽象名詞での用語表現も，1回だけであるが出現している。

> 「人口の最大の部分すなわち労働者人口がその消費を拡大しうるのは，非常に狭い限界のなかにかぎられているのに，他方，資本主義（Kapitalismus）が発展するのと同じ程度で，労働にたいする需要は，たとえ絶対的に増大するにしても，相対的には減少する」[2]

ここで使われている「資本主義」という抽象名詞での用語は，「資本制生産」や資本制経済諸関係とほぼ同義の使い方がされている。

## 第 2 節 『資本論』

**『資本論』第 1 部の完成と出版**

　マルクスは,『資本論草稿』としてのこの23冊のノートの基本的部分をほぼ書きあげた1862年の末に,それまで考えていた出版計画を変更し,『経済学批判』第 1 分冊のつづきを出すというかたちを中止して,そのかわりに『資本論』という表題で全体を『経済学批判』とは別の独立の著作として出版することにし,「経済学批判」という題名は副題とすることに決める。

　1863年 7 月に『資本論草稿』を書き終えたのち,マルクスは,1863年 8 月から65年12月までの 2 年半にわたって,さらに補足的に大量の文献・統計・文書・報告等の研究をおこなうとともに,新しい原稿の執筆に着手し,新たに膨大な手稿を作成する。これが『資本論』全 3 部の最初の細部まで書きあげられた異文草稿である。

　そのうえに,マルクスは,さらに1866年 1 月から 1 年余りかけて『資本論』の原稿の清書をおこない,1867年 9 月にやっと『資本論』第 1 部の発行にたどりついている。

　なお,『資本論』第 2 部と第 3 部とは,周知のように,マルクスの死後にエンゲルスの編集によって刊行されたものである。それは,1863年 8 月以降にマルクスが執筆したさまざまな原稿から編集されたものであるが,第 2 部は1870年に書かれた原稿が,第 3 部は1864〜65年に書かれた原稿が中心になっている。

**『資本論』における資本主義的用語**

　『資本論』第 1 部についても版による相違があり,第 2 部と第 3 部についてはエンゲルスが編集のさいにどれだけ手を加えているかという問題があるが,それについてはここでは問わないで現行版の『資本論』についてみると,「ブルジョア的 bürgerlich」ならびに「資本制 kapitalistisch」という用語の使用状況は,第 4 表のごとくである。

　明らかに『資本論』では,「ブルジョア的生産 bürgerliche Produktion」「ブルジョア的生産様式 bürgerliche Produktionsweise」という用語は,もはやほ

第4表 『資本論』における資本主義用語

| | 内訳 | | | | 計 |
|---|---|---|---|---|---|
| | 序文後書き | 第1部 | 第2部 | 第3部 | |
| ブルジョア的生産 | 0 | 2 | 0 | 0 | 2 |
| 資本制生産 | 4 | 100 | 98 | 132 | 334 |
| ブルジョア的生産様式 | 0 | 1 | 0 | 1 | 2 |
| 資本制生産様式 | 4 | 63 | 21 | 201 | 289 |
| ブルジョア社会 | 2 | 8 | 0 | 6 | 16 |
| 資本制社会 | 1 | 3 | 7 | 2 | 13 |
| 資本制体制 | 0 | 7 | 1 | 8 | 16 |
| 資本主義 | 0 | 0 | 1 | 0 | 1 |

とんど使われなくなっており、「資本制生産 kapitalistische Produktion」「資本制生産様式 kapitalistische Produktionsweise」という用語にほぼ全面的にとってかわられていることがわかる。

『資本論』全3部で、「資本制生産」は334回、「資本制生産様式」は289回も使われているのに、「ブルジョア的生産(ビュルガーリヒ)」も「ブルジョア的生産様式(ビュルガーリヒ)」もどちらもそれぞれ2回ずつしか使われていない。

「ブルジョア的生産（様式）」の使用方法についてみると、「ブルジョア的生産」の2例のどちらも商品論的内容であり、「ブルジョア的生産様式」の2例のうち1例は商品論的で、もう1例は資本制的な内容で使われている。しかも、この4例のうち「ブルジョア的生産様式」の1例を除く3例は第1部第1篇「商品と貨幣」のなかで出てくるものである。

そのかぎりでは、「ブルジョア的 bürgerlich」という言葉は、商品論的色彩をかなり強めた使われ方をしているということができるが、しかし、そこから、マルクスが『資本論』段階において「資本制 kapitalistisch」と区別される規定的内容をもつ「ブルジョア的生産」「ブルジョア的生産様式」概念を定立したとみるのは妥当でない。

「資本制生産」「資本制生産様式」という用語表現の成立の経過とその圧倒的使用状況、ならびに、「ブルジョア的生産」「ブルジョア的生産様式」用語の使用の希少性という状況からみて、「資本制生産（様式）」という用語表現が「ブルジョア的生産（様式）」という用語にかわってほぼ全面的かつ確定的に使用されるようになり、ごくわずかの「ブルジョア的生産（様式）」という言葉はいわば落ちこぼれ的に残ったものとみるべきであろう。

第8章 「資本制生産様式」の全面的使用　179

『資本論』は，商品・貨幣論をも含む新たな独立した著作として執筆されたものであるにもかかわらず，「ブルジョア的生産（様式）」という用語はもはやほとんど使われなくなっており，そこでは，「ブルジョア的生産」「ブルジョア的生産様式」という用語は基本的には"死語"あるいは"廃語"となっているようである。

## 「資本制生産様式」の特徴

マルクスは，『資本論』第1部の「第1版への序言」のなかで，『資本論』は「近代社会の経済的運動法則」を明らかにすることを目的として，「資本制生産様式，および，これに照応する生産＝ならびに交易諸関係」を研究したものであると指摘しているのであるが，そのマルクスの言葉に即して言うならば，「資本制 kapitalistisch」とは，「生産様式，および，これに照応する生産＝ならびに交易諸関係」の「近代社会」に特有の歴史的形態を示す用語にほかならない。

そのようなものとして，「資本制」生産様式の規定的内容は，生産は資本にとっての価値増殖の過程としておこなわれるものであって，そこにおいては，生産手段は資本の形態をとり，人間労働は賃労働の形態をとるということになっているものである。生産過程では，人と人との社会的関係は，けっして単なる「市民」として市民的関係を取り結んだり，「商品所有者」として商品経済関係を取り結んでいるものでもない。

## 『資本論』における「ブルジョア（市民）社会」と「資本制社会」

ところで，『資本論』においても，「社会」については「ブルジョア社会 bürgerliche Gesellschaft」という用語と「資本制社会 kapitalistische Gesellschaft」という用語とが並存的に使われいる。

「資本制社会」という用語の使用は増えてきてはいるものの，しかし，その使用回数は，「資本制社会」13回にたいして「ブルジョア（市民）社会」16回となっていて，量的にはなお「ブルジョア（市民）社会」という用語のほうが多く使われているのである。

このことは，生産や生産様式については「ブルジョア的生産（様式）」とい

う用語は"廃語"化して「資本制生産(様式)」用語の全面化がおこなわれるようになっている『資本論』段階においても，なお，社会の表現にあたっては，「ブルジョア(市民)社会」という用語は，「資本制社会」という用語表現とは区別される特有の規定的内容を表現するものとして，生産や生産様式の場合とは違った独自的な用語使用法がおこなわれていることを示すものである。

そのため，たとえば，「資本制生産様式(kapitalistische Produktionsweise)が農業をわがものにしたという前提は，この生産様式が生産とブルジョア社会(bürgerliche Gesellschaft)とのあらゆる部面を支配している」[3]といったかたちで，「資本制生産様式」と「ブルジョア社会」とを並存させた叙述がおこなわれたり，あるいは，次のように同じパラグラフのなかで「資本制社会」と「ブルジョア社会」とを共存させた使い方がみられたりしているのである。

> 「一見してわかるように，われわれの資本制社会(kapitalistische Gesellschaft)では，労働需要の方向の変化にしたがって，人間労働の一定の部分が，あるときは裁縫の形態で，あるときは織布の形態で供給される。このような労働の形態転換は，摩擦なしにはすすまないかもしれないが，とにかくそれはおこなわれなければならない。……ところで，ブルジョア(市民)社会(bürgerliche Gesellschaft)では将軍や銀行家は大きな役割を演じており，これに反してただの人間はひどくみすぼらしい役割を演じているのであるが，この場合の人間労働についても同じことである。それは，平均的にだれでも普通の人間が，特別の発達なしに，自分の肉体のうちにもっている単純な労働力の支出である。」[4]

そこでは，経済構造にひきつけて近代社会を把握する場合には「資本制社会」という用語で表現し，経済関係に直接かかわらない政治的あるいは日常生活的な概括的把握においては「ブルジョア(市民)社会」という用語が使われているようである。

マルクスにおける「bürgerliche Gesellschaft ブルジョア(市民)社会」用語の独自的な使用方法のもつ意味については，さらに深い吟味が必要ではないかと思われるが[5]，ここではその使用状況についての指摘にとどめる。

## 「資本主義」という用語

なお,「資本主義 Kapitalismus」という抽象名詞としての用語は,『資本論』第2部において,1度だけであるが,次のように「資本制生産」と重ね合わせるかたちで使われている。

> 「この前提は,資本制生産(kapitalistische Produktion)が存在しないという,したがって産業資本家そのものが存在しないという前提と同じである。なぜならば,致富そのものがではなく享楽が推進的動機として働くという前提によっては,資本主義(Kapitalismus)はすでにその基礎において廃止されているからである。」[6]

この叙述は,「1877年または1878年の〔ノートの〕1冊のなかの諸書の抜粋のあいだに見いだされる覚え書き」からとられて,エンゲルスによって『資本論』第2部のなかに組み込まれたものである。

ともあれ,これまでみてきたように,マルクスにおける「資本制生産」や「資本制生産様式」といった用語で示される資本主義カテゴリーが基礎となって,近代社会に特有の資本が支配する経済構造や社会体制がとらえられることになったものである。そして,さらに,その抽象的一般的な表現を示す言葉として,マルクスの死後に一般に普及した「資本主義 Kapitalismus」という用語が成り立つようになるのであるが,「資本主義」という用語を,いつから,誰が,一般的概念として使うようになったのかということについては,『資本主義を見つけたのは誰か』(2002年,桜井書店)において明らかにしておいたところである。

1) 『マルクス資本論草稿集⑦ 経済学批判(1861-63年草稿)』第4分冊,73ページ。新 MEGA, II-3・4, S. 1247.
2) 『マルクス資本論草稿集⑥ 経済学批判(1861-63年草稿)』第3分冊,692-693ページ。新 MEGA, II-3.3, S. 1114.
3) 『資本論』第3部,全集,第25巻b,793ページ。
4) 『資本論』第1部,全集,第23巻a,59-60ページ。
5) 藤田勇「マルクスにおけるブルジョア法批判の方法とその現代的意義について」,『法

の科学』第12号，1984年10月，日本評論社。
6) 『資本論』第2部，全集，第24巻，147ページ。

# 第9章 マルクスの資本主義概念
―― 「資本制生産」と「資本制生産様式」――

## 第1節 マルクスの資本主義概念

　現在使われているような近代社会の経済体制についての規定的内容を示すものとしての「資本主義」という用語は，マルクスの『資本論』第1部（1867年）における「資本制生産様式」についての基本的な理論構築ののち，それを受けとめた A. E. F. シェフレの『資本主義と社会主義』(1870年) や W. ゾンバルトの『近代資本主義』(1902～1916年) において繰り返し使われるなかで，一般に世に使用されるようになったようである。

　だが，マルクスの『資本論』においては「資本主義 Kapitalismus」という用語は使われていない。使われているのは，「資本制生産 kapitalistische Produktion」あるいは「資本制生産様式 kapitalistische Produktionsweise」という用語である。

　そのような『資本論』における「資本制生産」「資本制生産様式」概念とその表現用語はいかなるものとして理解したらいいか。

　マルクスの資本主義概念について，その特徴と内容を項目的列記のかたちで整理するならば，次のごとくである。

1　マルクスの資本主義概念の表現用語は，「資本制生産」「資本制生産様式」である。それは規定されるべき要因のない抽象名詞としての「資本主義」ではない。

2　そのようなマルクスの資本主義カテゴリーとしての「資本制生産」「資本制生産様式」は，「生産」や「生産様式」のとる特殊近代的な形態である。すなわち，「資本制生産様式」は，流通形態や交換関係のとる形態ではなくて，「生産」や「生産様式」のあり方を示すものである。すなわち，「資本制生産様式」は，『経済学批判要綱』の「貨幣にかんする章」におい

てとりあげられている商品・貨幣関係にかかわる「交換価値にもとづく生産様式」ではなくて，『要綱』では「資本にかんする章」において解明されている資本＝賃労働関係を基礎とした「資本にもとづく生産様式」にほかならないものである。

3 「資本制生産様式」において生産の基本的諸要素は，生産手段は資本の形態をとり，人間労働は賃労働の形態をとるものである。そして，「資本制生産様式」における生産活動の起動因と目的は，剰余価値の生産と資本によるその獲得である。

4 マルクスにおける資本主義カテゴリーとしての「資本制生産様式」の認識は，大きくは，社会関係の規定的基礎をなすものが「生産」や「生産様式」であって，その歴史的諸形態が人間社会の歴史的形態にとっての基礎をなすとする唯物史観にもとづく。そして，そのうえで，具体的には，マルクス以前の経済学の研究と当時のイギリス資本主義の現実的事態の解明にもとづきながら，近代社会特有の「生産様式」の特殊歴史的形態をとらえるというかたちで，おこなわれたものである。

5 そのような研究方法と研究結果にもとづく資本主義カテゴリーは，当初『哲学の貧困』や「道徳的批判と批判的道徳」などにおいては，フランス語形やドイツ語形で「ブルジョア的生産様式」という用語によって表現されていたが，『経済学批判要綱』において商品・貨幣関係と資本＝賃労働の生産関係との規定的内容の相違が明確化されるなかで，「資本にもとづく生産様式」というかたちで用語の転換が模索され，やがては，『資本論』への準備的な取り組みのなかで「資本制生産」「資本制生産様式」とその概念内容を示す用語として，その表現は確定されることになったものである。

そのようなものとして，マルクスは，『資本論草稿集』としての『1861-63年の経済学草稿』において，「資本制生産」について次のように定義づけをおこなっている。

「生産過程が資本のもとに包摂されているところの，言い換えれば，資本

と賃労働との関係にもとづいているところの，しかもその結果として，資本が規定的，支配的な生産様式〔となっているところの〕，生産の社会的様式（die gesellschaftliche Weise der Produktion）を，われわれは資本制生産と呼ぶ。」[1]

また，『資本論』第3部の「第51章　分配諸関係と生産諸関係」において，「資本制生産様式をはじめからきわ立たせるのは，次の二つの特徴である」として，「生産物」の支配的形態が「商品」であるということを指摘したうえで，資本制生産様式の基本的特徴を次のように指摘している。

「資本制生産様式をとくにきわ立たせるものは，生産の直接的目的であり規定的動機としての剰余価値の生産である。資本は本質的に資本を生産するのであり，資本がそうするのは，ただそれが剰余価値を生産する限りでのことである。……賃労働の形態での労働と，資本の形態での生産諸手段が前提されているためにのみ——したがって，これらの二つの本質的な生産作用因のこの独特な社会的姿態の結果としてのみ——，価値（生産物）の一部は剰余価値としてあらわれ，またこの剰余価値は利潤（賃料）として，資本家の利得として，資本家に属する，自由に使用できる追加的な富としてあらわれる。」[2]

## 第2節 「資本制生産」と「資本制生産様式」

すでに見てきたように，抽象名詞形で表現される概括的な《資本主義》という用語と概念をもたなかったマルクスにとって，『資本論』における資本制的経済関係についての基本的な《資本主義》カテゴリーは，「資本制生産 kapitalistische Produktion」と「資本制生産様式 kapitalistische Produktionsweise」である。

### 「資本制生産」とは

では，マルクスの《資本主義》カテゴリーのひとつである「資本制生産」と

はいかなるものであるか。

　マルクスは,『資本論』のなかで,「資本制生産」について,「本質的に剰余価値の生産であり剰余価値の吸収である資本制生産」とか,「剰余価値の生産または剰余価値の搾取は, 資本制生産の独自な内容と目的をなしている」とか, あるいは,「資本制生産は単に商品の生産であるだけではなく, それは本質的に剰余価値の生産である」といったかたちで,「剰余価値の生産」こそが「資本制生産」の本質であり独自な内容と目的をなすものである, といたるところで繰り返し協調している。

　そのような指摘は,『資本論』の第1部「資本の生産過程」のなかだけではない。第2部「資本の流通過程」においても流通過程をも含む経済運動をとらえるなかで, さらに, 第3部「資本制生産の総過程」においても, 現実的展開のなかでの利潤やあるいは商業や信用やさらには土地所有などとのかかわりのなかで, それらを「資本制生産」による価値増殖をめざす資本の運動の展開された諸姿態と関連づけてとりあげているところである。

　しかも, そのような「資本制生産」の規定的な内的要因については,「ただ, 賃労働の形態にある労働と, 資本の形態にある生産手段とが前提されているということによってのみ, ——つまりただこの二つの本質的な生産要因がこの独自な社会的な姿をとっていることの結果としてのみ——, 価値(生産物)の一部分は剰余価値としてあらわれ, またこの剰余価値は利潤(地代)として, 資本家の利得として, 資本家に属する追加の処分可能な富として, あらわれるのである」と生産にとっての二つの基本的な要因としての「賃労働の形態にある労働」と「資本の形態にある生産手段」との結合による剰余価値の獲得をめざす生産活動であるということが規定的な内容をなすものである, と「資本制生産」をとらえて, それを生産の近代社会特有の歴史的形態を示すものとしているのである。

## 「資本制生産様式」とは

　ところで, もうひとつの《資本主義》カテゴリーである「資本制生産様式」については,『資本論』は, 直接生産過程における「資本制生産」を基礎としながらも, さらにいっそう拡充された範囲と意味をもつものとして, 生産・分

配・交換・消費の諸過程を規定し，さらには，それらを包括する社会的再生産の歴史的に規定された様式としての広い意味をもつものとして，近代社会特有の歴史的な構造を示すカテゴリーとしての概念内容において使っている。

　マルクスは，この意味での「資本制生産様式」については，単に生産活動に限定しないで，同一部門内や異なった部門のあいだの競争といった資本の相互関係や商業や信用や土地所有や，それどころか，さらに，次のようなかたちで産業廃棄物や人間の排泄や消費生活から出てくる生活廃棄物にいたるまでもの，人間生活と経済活動のもたらす社会的広がりと結果にいたる諸要因を含めた把握をおこなっているのである。

　　　「資本制生産様式の発達につれて生産と消費との排泄物の利用範囲が拡張される。われわれが生産の排泄物というのは，工業や農業で出る廃物のことであり，消費の排泄物というのは，一部は人間の自然的物質代謝から出てくる排泄物のことであり，一部は消費対象が消費されたあとに残っているその形態のことである。」[3]

　しかも，そのような包括的な広がりをもった概念としての「資本制生産様式」を，同時に，「奴隷制にもとづく生産様式」や「封建的生産様式」や，さらには，社会主義的な「結合生産様式」といった，それぞれの特質をもった歴史的諸形態と対比される，近代社会特有の歴史的規定性をもったものとしてとらえているのである。

## 「資本制生産」と「資本制生産様式」との関連

　そのように，マルクスの《資本主義》カテゴリーにおいては，「資本制生産」という生産そのものについての用語と，「資本制生産様式」というかたちでのより広がりをもった経済関係についてのあり方との，二つの用語が一定の関連をもったものとして使われているのである。

　この点について，従来までの多くの理解においては，マルクスの《資本主義》用語の把握にあたって，「資本制生産」を欠落させて「資本制生産様式」のみがとりあげられており，「資本制生産」のもつ意義についての無理解があった

ように思われる。

　しかし，マルクスは，《資本主義》カテゴリーについて，基本的要因としての生産そのものにおける「資本制生産」を，「資本制生産様式」にとっての基礎をなすものとしているのである。

　この生産形態のあり方を示す概念たる「資本制生産」は，個々の個別的生産やあるいは特定産業だけの社会的には部分的な生産形態としても存在しうるカテゴリーである。それは，かならずしも，社会全体にとっての全面的な経済関係としての性格を不可欠なあり方としてはじめて成立する，体制的なカテゴリーとは限らないものである。

　資本制生産の個別的なあり方について，マルクスは次のように指摘している。

　　「資本制生産が実際にはじめて始まるのは，同じ個別資本がかなり多数の労働者を同時に働かせるようになり，したがってその労働過程が規模を拡張して量的にかなり大きい規模で生産物を供給するようになったときのことである。かなり多数の労働者が，同じときに，同じ空間で（または，同じ労働場所で，と言ってもよい），同じ種類の商品の生産のために，同じ資本家の指揮のもとで働くということは，歴史的にも概念的にも資本制生産の出発点をなしている。」[4]

　したがって，そのかぎりにおいては，そのような生産形態が社会のどこかでわずかに1生産単位において，1事業所において，1工場においてのみ活動を始めたにすぎないものであっても，そこでおこなわれている生産活動は「資本制生産」であって，まさに《資本主義》的生産形態にほかならないものである。

　そのような《資本主義》カテゴリーの基礎的要因としての「資本制生産」は，封建的生産様式が支配する中世社会のなかにおいて，あるいはひそやかに，あるいは公然と発生し，封建的生産様式の基礎をなす中世的な生産諸形態を変形させ，解体し，除去しながら，しだいに発展し，社会的に支配的な形態へと展開してきたものである。

　それは，あるいは自営的小生産者の階層分化をつうじて，あるいは商人資本が支配する問屋制家内工業の賃労働者化をつうじて，あるいは，大商人による

生産過程の掌握といったかたちをとって，展開していくものであるが，ともかくその基本的規定的内容としては，生産手段が資本の形態をとり，労働が賃労働の形態をとって，資本にとっての剰余価値（利潤）の獲得をめざす生産活動としておこなわれるものである，ということである。

「資本制生産」という新たな生産形態は，中世社会の基礎となっている生産諸形態に比してより高い生産力に照応した性質をもっており，みずからの拡大と発展のなかで生産力と生産技術のより高い発展水準を実現しながら，旧社会的な生産形態を解体・除去することによって，「資本制生産」の拡大と社会的展開をおこなうものである。

そのような「資本制生産」の発展は，直接的生産過程での新たな要因にとどまらないで，資本制生産の社会的な相互関係，流通・分配・消費にいたる新たな諸要因や諸関係や構造をつくりだすことによって「資本制生産様式」という生産様式の新しい形態を展開することになる。

それは，さらに，そのうえに新たな政治的・法的・思想的・文化的な諸形態を展開するようになり，そして，そのような「資本制」的諸形態が支配的な「資本制社会」をつくりだすことになるのである。

現実の近代社会の経済諸関係においては，そのような生産的基礎における生産諸要素や生産活動のとる形態も，さまざまな諸要因や諸関係によって特徴づけられた具体的形態をとるものであり，さらに，そのような経済的諸関係のうえに，法的，政治的諸関係をもった国家による総括がなされ，しかも，さまざまな文化やイデオロギー諸形態が展開している。そして，そのような資本制的国民国家にとっての貿易その他の対外経済関係が展開し，世界経済との関連のうちに存在することになるのである。

1) 『マルクス資本論草稿集④ 経済学批判（1861-1863年草稿）』第1分冊，211-212ページ。新 MEGA, II-3.1, S. 120.
2) 『資本論』第3部，全集，第25巻b，1125-1126ページ。
3) 同上，第25巻a，127ページ。
4) 第1部，全集，23巻a，423ページ。

# 終章　現代社会と資本主義概念

　現在，アメリカ，ヨーロッパ，日本などの「資本主義」諸国は，〈資本主義対 資本主義〉の競争のなかで，多国籍企業や多国籍投機資金による新自由主義的なグローバルな競争による弱肉強食の激動をつづけている。

　また，植民地体制から抜けだしたアジアの諸国も，1989～91年の20世紀社会主義の崩壊ののち体制転換をおこなったロシアや東欧などの旧社会主義諸国も，なお社会主義を維持していると主張する中国やヴェトナムなどの諸国も，市場経済化をめざして「資本主義化」の道を推しすすめている。さらに，ラテン・アメリカやアフリカなどにおける発展途上の迷路に迷いこんでいる諸国や地域も「資本主義的近代化」への道を求めて苦吟している。

　そのようなものとして，現代社会にとって「資本主義」は最も重要なカテゴリーのひとつである。

　だが，そのように「資本主義」は現代世界の諸社会にとって重要な概念であるにもかかわらず，「資本主義」という用語は現実にはきわめてさまざまな使われ方がなされており，「資本主義」の現実的事態についての理解も，そこで把握されている特徴や性格も，さらにはその展望についても，各人各様といった状況である。

　しかも，現実の資本主義は日々発展しながら変化と多様性を展開している。
　資本主義の大きな流れとして，19世紀の資本主義はアダム・スミス的な自由競争と自由貿易の資本主義であったものが，20世紀の初めにおいてはレーニン的な独占資本主義に，そして，さらにケインズ的な国家の干渉と調整をともなう福祉国家的な資本主義となっていたものが，現在では，ふたたびスミス的あるいはハイエク的な規制緩和と新自由主義の競争的資本主義となっている。

　そのような現実的事態の変化は，マルクスの資本主義概念にとっていかなる意味をもつものであるか。現代資本主義におけるいくつかの問題とともに，そのような資本主義の大きな流れにおける変化についても，簡単にみておくことにしたい。

## 第1節　自由競争の阻害と資本主義概念

### 1　独占資本主義と資本主義概念

**独占資本主義の形成**

　周知のように，19世紀の発展期の資本主義は，それぞれの国の資本主義的発展の状況によってさまざまな多様性をもちながらも，全体としては「自由競争と自由貿易の資本主義」として特徴づけられるものであった。

　ところが，1873年恐慌以来，資本主義経済は構造的変化をとげはじめる。

　すなわち，資本制生産の発展のなかで，巨大な生産設備をもった少数の大企業があらわれるようになった諸産業においては，カルテル，シンジケートあるいはトラストなどといった産業独占体が形成され，市場支配力にもとづいた独占価格が設定されて独占利潤を獲得するようになる。

　このような独占体は，1873年恐慌以後しだいに拡がっていき，発生・改組・崩壊・再組織を繰り返しながら，より強力なものへとすすんでいき，20世紀のはじめには，資本主義経済の中心にしっかりと根をはるようになる。

　しかも，そのような産業独占体だけでなく，銀行などの金融業にも少数の巨大資本があらわれ，生産・運輸・商業・信用などあらゆる経済部面にわたってその中枢部分をにぎり，産業独占体とも結びつき，金融的支配の網の目をはりめぐらせてコンツェルンを形成し，全経済のみならず政治機構にたいしても支配力をかためてくる。こうして，体制的な支配力をもった「金融資本」が生まれることになる。

　このようにして形成された産業独占体と金融資本は，巨額の独占利潤をめざして，生産の調整や価格の協定などによる独占価格の吊り上げ，あるいは，株式の操作や投機，さらには詐欺的行為などをもおこない，対外的にも，独占的保護関税，ダンピング，資本輸出などとともに，国際カルテルの形成によって，世界市場における支配領域の拡大と分割をはかろうとする。

　そして，そのような経済基盤の構造的変化におうじて海外進出と植民地の拡張が推しすすめられるなかで，20世紀のはじめまでには，地球上のほとんどが

帝国主義的な資本主義諸列強によって分割しつくされ，これ以上の支配圏の拡大は他の帝国主義国の領土を力ずくで奪い取るという再分割しかありえなくなり，植民地の再分割のための帝国主義戦争の時代が始まることになる。

## 独占諸形態と資本主義範疇

　株式会社の形成や，マルクスの死後あらわになってきたカルテルやトラストについて，マルクスあるいはエンゲルスは，資本主義のもとでの生産諸力の社会的性質の部分的承認としてとらえるにとどまっていて，そのような新たな諸形態が資本主義の構造をとらえて，ひとつの時期を画する特殊な発展段階としてあらわれてくることまでは，予期しえなかった。

　では，そのような産業独占体や金融寡頭制といった独占的な構造をもった新たな諸事態は，マルクスの資本主義概念にもとづくならば，いかなるものとしてとらえられるものであるのか。

　その規定的性格は，「資本主義的なもの」であるのか。そうではなくて「非資本主義的な」異質物であるのか。それとも「不純物」であるのか。

　マルクスの資本主義概念は，生産のとる近代社会特有の歴史的形態としての「資本制」的形態を規定的要因とするものであって，「資本制生産様式」の基本的内容は，生産的基礎において生産手段が資本の形態をとり，労働は賃労働の形態をとり，そのような資本＝賃労働関係にもとづく生産活動の起動因と目的は資本にとっての利潤の獲得である，というものである。

　では，カルテル，シンジケート，トラストといった産業独占体と金融資本による独占的な経済構造をもった独占段階の資本主義はいかなるものであるのか。

　そのような独占的な諸要因や諸形態は，生産力の発展にともなう資本制生産の集積・集中による大規模化と企業の少数化のうえに形成されるところの，同一産業部門内における資本制大企業のあいだのカルテル協定などの合意にもとづく共同行為によって，生みだされるものである。すなわち，そこでは寡占的大企業の協調行動によって市場にたいする独占的支配がおこなわれて，独占価格の設定による独占利潤の獲得がおこなわれるのである。

　だが，そこにおける生産はなにはともあれ資本制生産そのものであって，あくまでも資本＝賃労働関係にもとづく資本制生産のますますの発展のうえに，

カルテルなどの産業独占体も，金融寡頭制支配も，そして，独占的市場支配も，独占利潤の獲得もおこなわれているのである。

したがって，そのように，資本制生産の基礎のうえに形成され展開している独占的諸要因や諸関係は，まさしく資本主義的なものにほかならない。それは，けっして非資本主義的な異質物でもなければ，非資本主義的要因によって規定された不純物でもない。

しかし，そのようなカルテル，シンジケート，トラストといった産業独占体や，金融寡頭制支配や，あるいは，独占的な市場支配による独占価格の吊り上げといった諸要因やビヘイビアを展開している経済構造は，19世紀的な自由競争的な資本制経済関係とは異なった形態を示しているものであることは確かである。

だが，その違いは，資本主義的なものとしての純粋性か不純性かという違いを示すものではなくて，資本主義的なものの19世紀的な自由競争的形態と異なる20世紀的な独占的特殊的形態を示すという違いにほかならないものである。

## 大企業の共同的意思決定による独占

資本制生産という生産的基礎のうえに展開された独占資本主義の諸要因・諸関係は，そのかぎりにおいては，自由競争的な資本主義と同じ「資本制生産」のうえに展開したものである。

しかし，19世紀的な自由競争の資本主義は，生産力的には，多数の小規模企業のうえに展開しているのにたいして，独占資本主義は，資本制生産の発展のうえにひきおこされる生産と資本の集積・集中による生産規模の大規模化と企業数の少数化のうえに形成されたものである。

19世紀の自由競争の資本主義にあっては，その生産力的基盤における小規模企業の多数の存在という事態のなかで，個別企業としては社会的な影響力をもたない多数の小規模企業による自由な競争によってしか社会的需要にたいする供給企業の社会的調整は困難である。そこにおいては，同一部門内の資本制企業の相互関係は，弱肉強食的な競争という形態をとり，そして，競争に勝った企業は拡大発展し，競争に敗れた企業は破産・倒産するというかたちで，社会的需要にたいする社会的供給の調整がおこなわれたのである。

ところが，20世紀初頭の独占資本主義においては，その生産的基礎は資本制

生産という同じ生産形態でありながらも、そこにおいてひきおこされた資本制生産をおこなう大規模企業の少数化という事態は、資本（企業）の相互関係において、競争の困難と協定の容易化という状況を生みだして、独占利潤の獲得をめざす独占的な市場支配のための独占的協定（カルテル、シンジケート）を結ぶ産業独占体が形成されることになり、資本の相互関係における形態的な質的変化をもたらすことになるのである。

　というのは、企業資本が大規模化すればするほど、競争による一部企業の倒産による社会的需要にたいする社会的供給の調整は困難になる。同時に、企業数が少数化するということは、企業の相互関係において合意や協定をおこなうことが容易になり、しかも、生産規模の大きな少数企業のあいだにおいては、社会的需要にたいする社会的供給の大きさの確定や配分の計算もおこないやすく、価格や生産量や販路などについてのカルテル協定や協調行動もおこないやすくなる。

　その結果、少数の大規模企業のあいだに共同的な価格吊り上げや生産調整のための合意が成り立ち、独占体が形成されることになる。

　ここで注意を要することは、そこにおいては、資本制生産そのものとしての生産力的基礎において、自由競争時代の資本制生産の形態とは質的に異なる独占的形態の資本制生産の形態が生みだされているのではない、ということである。

　すなわち、同一部門内における少数の大規模企業の形成ということ自体は、そのかぎりにおいては、独占を意味するものではない。大規模企業の少数化という生産力的基盤そのものも、さらには、そこにおける必要資本規模の大規模化によるその部門への他資本の参入を妨げる参入障壁なるものも、それ自体としては独占ではない。

　同一部門内における企業間の共同的意思決定とそれにもとづく協調的行動なしには、むしろ、部門内の大規模企業のあいだの関係はきわめて激烈な競争形態をひきおこすことにならざるをえず、それは競争に勝ちぬいた企業にとっても大きなダメージをこうむる事態となりうるものである。

　また、一定の時期に独占が構築されうる生産力的基礎としての資本規模の大きさや企業数の減少がもたらされても、企業行動における変化や活動基盤の相違が生じたりするならば、たとえばIT化による技術革新の内容の変化やスピー

ド化といったかたちで企業内の競争条件が変化したり，あるいは，競争企業のよって立つ基盤が国民経済基盤から世界経済基盤へとシフトするといった事態が生じたりするようになると，同じ生産力的基礎であっても独占的結合をもたらしえない競争関係を基軸とした事態にならざるをえないことにもなりうるものである。

　独占資本主義の特殊形態としての質的変化を規定するものは，生産力的基礎における企業の大規模化と少数化そのものではなくて，そのうえに形成されることになる少数の寡占的な大規模企業のあいだの，カルテル協定などの価格協定による独占価格の決定という寡占的な大企業のあいだの共同的意思決定による協調行動である。

　そのようなものとして，独占にとっての規定的要因は，あくまでも，大規模企業のあいだの共同的意思決定による市場支配という支配強制関係を基軸としたところの独占利潤獲得のための共同的な独占価格の決定というところにある。

　そのような独占的協調のための独占的価格協定は，企業間契約によるカルテル協定であれ，ゲイリー晩餐会のような協定文書なき紳士協定であれ，あるいは，暗黙の協調価格としての寡占価格であれ，基本的本質は同じである。

　そのように，そこにおいては，企業規模の拡大と企業数の少数化という資本制生産の生産力基盤における量的変化のうえに，独占形態という資本の相互関係における質的に異なった形態が展開することになっているのである。

　なお，ここでさらに注意しなければならないことは，20世紀初めに形成された独占資本主義は，国民経済基盤のうえに形成されたものであって，それは世界経済基盤においては国際カルテルによって支えられているものである。そして，そのような国民経済的な基盤のうえに立つ国民国家にもとづく帝国主義諸列強による世界の植民地再分割のための帝国主義戦争をひきおこす事態が生みだされることになっているのである。

## 不純な資本主義としての独占資本主義把握

　ところが，そのような独占的な資本主義の形成について，宇野弘蔵氏は，19世紀中葉のイギリス資本主義が推しすすめていた自由競争の全面的展開を実現しつつある"資本主義的純粋化傾向"が"逆転"して，不純化をひきおこして

いる事態ととらえられる。

　そのように帝国主義段階における事態を"資本主義的純粋化傾向"の"逆転"とみなすことによって，宇野氏は，資本主義の純粋化傾向にもとづいて解明される「資本主義の一般的理論」と区別される資本主義の歴史的発展についての段階論の理論の必要を主張され，そこから〈原理論―段階論―現状分析〉という宇野三段階論を展開されることになるのである。

　しかし，どうして，独占的な資本主義の諸要因や構造が，非資本主義的な"不純物"という規定性をもつものとしてとらえられることになるのか。

　それは，そもそも宇野弘蔵氏が理解されている資本主義範疇の規定的内容が，マルクスの資本主義概念とまったく異なる自由競争的な「商品経済関係の全面化」という特異なものであるからである。

　すなわち，宇野弘蔵氏の資本主義概念は，用語的に「資本主義」とすることによって生産や生産様式との結びつきを切り離しながら，その規定的内容を，生産的基礎における資本制生産としてではなくて，自由競争が全面的に展開している「商品経済関係の全面化」した社会構造とされているのである。

　そのため，生産的基礎においては資本制生産がおこなわれている資本主義の発展した事態であっても，自由競争が阻害されて商品経済的関係の全面的展開が妨げられている状態であるならば，資本主義的には異質あるいは不純な事態と理解されることになるのである。

## 宇野弘蔵氏の資本主義カテゴリー

　宇野氏は，「《資本主義》の一般的原理」の認識を，自由競争を全面化しようとしていた19世紀中葉のイギリスの発展傾向における《資本主義》的純粋化傾向にもとづいて，「純粋の《資本主義》社会」を想定し，それを対象として解明するというかたちでおこなわれたものである，とされているのである。

　だが，このように，「資本主義」概念の規定的内容が自由競争的な「商品経済関係」であるという宇野弘蔵氏の資本主義理解は，宇野氏のマルクス研究の出発点の時点における『資本論』の恣意的解釈によって打ち立てられたものである。

　そして，それが始原範疇となって，その後の宇野氏の資本制的経済関係につ

いてのあらゆる独自的な主張の内容を規定するものとなっているのであって，ここに商品経済論的な宇野資本主義論体系が打ち立てられることになるのである。

このような理論は，やがては，現代資本主義について，生産的基礎における資本制生産の拡大発展にもかかわらず，自由競争の阻害を根拠とした"資本主義消滅"論にまで行きつかざるをえないことになるものである。

## 2　資本制的発展における「未来像」問題

### 後進国の「未来像」としての先進国

ところで，宇野弘蔵氏の資本主義理解は，19世紀中葉のイギリスにおいて，そのような「商品経済関係の全面化した社会」としての「純粋の資本主義社会」を実現しつつある"資本主義的純粋化傾向"が展開されていた，という歴史的現実認識と結合されている。すなわち，そのような資本制的歴史的発展についての独特の見解と結びつけられて，資本主義の歴史的発展と資本主義の理論との関連にとっての特異な見解が打ちだされることになっているのである。

そのような資本主義の歴史的発展についての特異な見解は，「未来像」問題と呼ばれる論議に示されている。

この「未来像」問題とは，資本主義的発展がひきおこす事態についてのマルクスの指摘についての宇野氏の独特な見解である。

それは，マルクスが，『資本論』の「第1版への序文」のなかでおこなっている「産業的に発展した国は，発展の遅れた国にたいし，ほかならぬそれ自身の未来像（das Bild der eignen Zukunft）を示す」という指摘の内容理解にかんする問題である。

マルクスが，後進国の「未来像」としての先進国について述べているのは，次のような文脈においてである。

> 「物理学者は，自然過程を，それが最も典型的な形態で，またそれが攪乱的な影響によってかき乱されることが最も少ない状態において現象するところで，観察するか，あるいは，それが可能な場合には，過程の純粋な進行を保証する諸条件のもとで実験をおこなう。私がこの著作で研究しなけ

ればならないのは，資本制生産様式と，これに照応する生産諸関係および交易諸関係である。その典型的な場所は今日までのところイギリスである。これこそ，イギリスが私の理論的展開の主要な例証として役立つ理由である。しかしもしドイツの読者が，イギリスの工業労働者や農業労働者の状態についてパリサイ人〔偽善者〕のように眉をひそめるか，あるいは，ドイツでは事態はまだそんなに悪くなっていないということで楽天的に安心したりするならば，私は彼にこう呼びかけなければならない，"おまえのことを言っているのだぞ！"と。／資本制生産の自然諸法則から生ずる社会的敵対の発展程度の高低が，それ自体として問題になるのではない。問題なのは，これらの諸法則そのものであり，鉄の必然性をもって作用し，自己を貫徹するこれらの傾向である。産業のより発展した国は，発展の遅れた国にたいして，ほかならぬその国自身の未来像を示している。」

マルクスがここで指摘している「未来像」についての直接的事態は，「工業および農業労働者の状態」であって，「イギリスの工業および農業労働者の状態」はドイツの読者にとって「ほかならぬ……自身の未来像を示している」のであって"おまえのことを言っているのだぞ！"と警告しているのである。

### ドイツの労働者にとっての「未来像」としての資本制的窮状

しかもさらに，マルクスは，この指摘につづけて，次のように述べている。

「わが国で資本制生産が完全に市民権を得ているところ，たとえば本来的工場では，工場法という対錘がないために，イギリスよりもはるかに状態は悪い。その他のすべての部面では，他の西ヨーロッパ大陸全部と同じように，資本制生産の発展ばかりでなく，その発展の欠如もまた，われわれを苦しめている。近代的な窮境とならんで，一連の伝来的な窮境がわれわれを締めつけているが，これらの窮境は，古風で時代遅れの生産諸様式が，時勢に合わない社会的政治的諸関係という付属物をともなって，存続していることから生じている。われわれは，生きているものに悩まされているだけでなく，死んだものにも悩まされている。"死者が生者をとらえる！"。

ここでなによりも注意しておくべきことは、そこでマルクスが指摘している事態にとっての基本的な要因は「生産様式」の「資本制」的形態と「古風で時代遅れの形態」との対比ということであり、それにもとづくものとしての労働者の「窮状」の「近代的」形態と「伝来的な窮状」とについての事態の指摘である。

　ここでマルクスが指摘している事態の基本的内容は明らかである。

　マルクスは、ドイツにおいても「資本制生産が完全に市民権を得ている」ような「本来的工場」ではイギリスと同じような「近代的な窮状」が存在していることを指摘しながら、産業的に発展の遅れた国ドイツにおいて「古風で時代遅れの生産諸様式」に悩まされている「工業および農業労働者」にとって、「近代的」な「資本制生産様式」に悩まされている「イギリスの工業および農業労働者」の窮状は他人事ではなくてあなたたちの「未来像」を示しているのだ、と指摘しているのである。

　そこでは、けっして、ドイツ社会にとっての「未来像」が、19世紀中葉のイギリス的な自由競争の資本主義の形態である、と言っているのではない。

　マルクスが指摘しているのは、後進国ドイツの労働者の「未来像」は「資本制生産様式」にもとづく資本＝賃労働関係における窮状であると指摘しているのであって、19世紀中葉のイギリス的な資本主義の形態であるのかどうか、ということについて述べているのではない。

　ところが、そのようなドイツにおける「古い生産様式」を除去して「資本制生産様式」への発展についてのマルクスの指摘を、宇野弘蔵氏は、氏の理解されている19世紀中葉のイギリス的な完全競争的「商品経済関係の全面化した社会」としての資本主義の一般的原理を体現している「純粋の資本主義社会」への発展と理解され、それを"資本主義的純粋化傾向"とされているのである。

## 3　現代における「資本主義消滅」論

　そのように、資本主義の規定的な本質的内容を、マルクスのように生産的基礎における資本＝賃労働関係のうえに展開される「資本制生産様式」と理解しないで、自由競争が全面的に貫徹する商品経済関係として理解する宇野理論の

終章 現代社会と資本主義概念 201

立場に立つならば,現代資本主義において,資本=賃労働関係にもとづく資本制生産はより強力に発展しているにもかかわらず,19世紀中葉のイギリス的な自由競争のシステムが阻害されているところから,「資本主義」は消滅しており,現代のシステムは「資本主義」ではない,ということにならざるをえないことになる。

降旗節雄氏は次のように言明されている。

> 「昨年暮れに「フォーラム90s」の集まりがあって,その「進化する社会主義像」という分科会で討論を聞いてびっくりしました。若い人が「資本主義のどこが悪いのですか」と質問していたのです。
> 　良い悪いよりも,資本主義なんて体制があるんですかね。資本主義の本質は「金(カネ)と自由」です。スミスやマルクスを読めば分かるのですが,モノも通貨も資本もひとも,思想も自由に走り回り,世の中が金(キン)で裏付けられた貨幣を中心にして動く世界が資本主義なのです。/……
> 　1931年,地球から真の資本主義は消えました。そして戦後,金=ドル体制によって,資本主義のイミテーションが成立しましたが,これも73年以降なくなりました。
> 　いま私たちの前にあるのは,本質を喪失してボロボロになりながら,ようやく国家権力で支えられている似而非(えせ)資本主義です。その体制もあやしくなった。」(「いいがかりに一言!」,『月刊フォーラム』1997年4月号,106ページ)

このように,降旗節雄氏は,自由競争による商品経済関係の全面化が資本主義の本質的特徴であるとする宇野理論の立場から,資本主義の本質は「金(カネ)と自由」であるとされており,「モノも通貨も資本もひとも,思想も自由に走り回り,世の中が金(キン)で裏付けられた貨幣を中心にして動く世界」が資本主義である,とされているのである。

そして,現代資本主義について,その生産的基礎においては資本制生産が強固に存在しつづけ発展しているにもかかわらず,金本位制が崩壊した1931年にこの地球上から「真の資本主義」は消滅したとみなし,さらに,第二次大戦後の金=ドル体制としての固定相場制でのIMF体制は「資本主義のイミテーショ

ン」にすぎないが，それも1973年の金＝ドル交換停止によってそのようなイミテーションすらも存在しなくなって，資本主義の本質が喪失した社会となった，とされるのである。

資本主義概念の規定的内容についてのマルクスと宇野弘蔵氏との理解の相違は，現実の現代社会が資本主義社会であるのか，そうではなくて資本主義の本質を失った別の社会形態となっているのかという，まったく異なる現実理解へとつながることに通じているのである。

## 第2節 多様な現代資本主義と資本主義概念

### 1 現代における資本主義の多様性

**資本主義の多様性**

19世紀中葉期だけでなく19世紀末以降においても，資本主義の世界的発展は，19世紀中葉のイギリス的な資本主義の形態に帰一的に収斂することなく，さまざまな現実的多様性をもった形態をとりながら展開しているものである。

しかし，そのような資本主義の現実的多様性の展開ということは，けっして資本主義の規定的概念から逸脱した資本主義としての"不純"性を示すものではなくて，資本主義的な規定的要因や本質的内容そのものにおける具体的多様性にもとづくものにほかならない。

ところで，1989～91年のソ連型社会主義の崩壊によって，資本主義と社会主義との異なる世界体制による冷戦構造は解体して，資本主義システムが全面的に支配的なものになるなかで，《資本主義 対 資本主義》という構造のなかでの資本主義そのものにおける異なるタイプの展開と抗争が，新たに重要な意義をもつものとなってきている。

それについては，ミシェル・アルベール『資本主義 対 資本主義』(1991年，邦訳1992年，竹内書店新社) に始まり，レスター・サロー『大接戦――日米欧どこが勝つか』(1992年，邦訳1993年，講談社)，C. ハムデン-ターナー／A. トロンペナールス『七つの資本主義――現代企業の比較経営論』(1993年，邦訳1997年，日本経済新聞社)，榊原英資編『日米欧の経済社会システム』(1995年，東洋経済

新報社），青木昌彦『経済システムの進化と多元性――比較制度分析序説』（1995年，東洋経済新報社），青木昌彦／奥野正寛編著『経済システムの比較制度分析』（1996年，東京大学出版会），コーリン・クラウチ／ウォルフガング・ストリーク編『現代の資本主義制度――グローバリズムと多様性』（1997年，邦訳2001年，NTT出版），R. ボワイエ『資本主義 vs 資本主義』（2004年，邦訳2005年，藤原書店），B. アマーブル『五つの資本主義』（2003年，邦訳2005年，藤原書店）と，数多くの見解が打ちだされている。

　これらはそれぞれの見解の相違はあるものの，基本的内容としては，資本主義として本質的には共通した経済制度をもった資本主義諸国の経済構造やビヘイビアの相違と多様性を示すものとしてその諸形態が明らかにされ，それぞれの資本制経済の行動様式とその動向が示されている。

　そこにおいて，さまざまな多様性を示している資本主義の諸形態は，そのなかのあるひとつの形態が"純粋"に資本主義的なもので，それ以外は"不純"な形態であるというものではなくて，それぞれが資本主義としての同一の本質をもつ経済システムにおける個別的特質やグループ的特徴をもったものとしての相違にほかならないものである。

## 資本主義の多様性論における問題点

　そこで問題にされているのは，ひとつには，そのような多様性をもった資本主義の構造や特徴を解明し，それらがいかなる条件や要因によって生みだされたものであるかを明らかにすることであり，もうひとつは，それがグローバル化時代における対立と抗争のなかでどうなるのか，どれかひとつのすぐれたシステムをもった形態に収斂されて一極的形態に向かうのか，それとも，そうはならないであくまで多様性は存続することになるのか，ということについての論議である。

　とりあえず簡単な二極型のアルベールやサローの見解にもとづきながら，そのような多様性を示している資本制経済の諸形態において資本主義概念がどうなっているのか，ということについてみていくことにする。

　アルベールやサローは，各国資本主義の特徴にもとづいて，資本制経済は均質なものではなく，大きく分けて二つの型に分けられるとしている。

そのひとつは，個人の成功と短期的な金銭利害を土台としているアメリカ型資本主義であり，他のひとつは，集団での成功やコンセンサスや長期的な配慮に価値を見いだしているドイツや日本などの資本主義のタイプである。

そこにおけるアメリカ型資本主義は，基本的には，市場原理を唯一の効果的な論理としており，市場での価格の合理性にたいして制度や政治や社会といったものを組み入れるのは不合理な事態をひきおこすものである，としているものである。

それにたいして，ドイツ型資本主義や日本型資本主義においては，市場の機能はそれだけで社会生活全体を動かすものではない。市場の動きは政府や企業や諸団体といった他の社会的な共同体的な必要との釣り合いを要する，としているものである。

そのため，具体的には，生産活動のあり方も，企業としての資本の存在形態も，賃金労働者のあり方も，もっぱら個人主義的な市場原理にもとづくアメリカ型企業と，市場機能と社会的な共同体的配慮とをミックスしたドイツ的企業や日本型企業とでは，さまざまな相違がある，としているのである。

### アメリカ型企業と日本型企業

マルクスの資本主義概念がとらえている資本制生産様式の規定的な要因と運動は，生産活動は剰余価値（利潤）の獲得を目的としておこなわれ，生産にとっての基本的な二つの要素は，生産手段が資本となり，労働が賃労働という形態規定性をとる，というものである。

資本主義概念における「生産活動が剰余価値（利潤）の獲得を目的としておこなわれる」という点についてみると，アメリカの資本制企業は，ひたすら短期的な利潤の極大化をめざして企業活動をおこなっている。

というのは，アメリカ型資本主義においては，年金基金や信託投資基金といった機関投資家が株主の主力となるシステムができているため，株主の意向が直接的に経営に強く反映されことになっている。そのため，アメリカ型企業においては，株主にたいする配当が高くなるようなかたちでの短期的な収益性の極大化に利するような活動目標が立てられているのである。

そのように，アメリカ型企業においては，企業活動は株主に最大の利益を還

元することを主たる目標としているものであって，基本的に株主の利益が最優先されるシステムとなっている。

　それにたいして，現在はバブル崩壊後法人株主の持ち合いの解消と個人投資家と外国投資家や機関投資家のウェイトの増大によって，かなり変化してきているが，いわゆる第二次大戦後の高度成長期の日本型資本主義の特徴をなしていた日本企業においては，法人株主のウェイトが大きく，企業グループというシステムができていて，企業活動の目的は，株主にたいする短期的利益のために企業収益の大部分を配当に振り向けることをしないで，利益の社内留保をおこなって長期的な設備投資に振り向け，企業の成長と継続をはかるという企業戦略がとられるという特徴をもっていたのである。

　そこにおいては，アメリカ型企業も日本型企業もどちらも基本的にはより多くの利潤の獲得という資本制的企業としての目標を共通にもちながら，戦後のアメリカの世界支配のもとで企業活動の展開をおこないつつ，年金基金や信託投資基金などが株主の主力となっていて株主への配当を最優先するアメリカ型と，それにたいして，戦後の財閥解体後の企業グループの再編成と国際競争力の引き上げの必要という日本企業にとっての歴史的背景のもとで，法人株主と企業グループの支配のもとで，企業利益は配当よりも設備投資に振り向けられ，企業の拡大と株価の上昇に優先度がつけられているといった日本型企業の特徴が生みだされる，といったかたちで両者の相違が生じることになっていたのである。

　それは，同じ資本制企業でありながら，アメリカ型企業と日本型企業との企業戦略のパターンの違いにほかならないものである。

　企業が雇用する賃金労働者についてみても，アメリカ的企業においては，個人主義的な価値観が強く，職務による賃金格差が大きく，技能の向上は個人の責任であるとされており，労働者の解雇や離職が簡単にできるようになっていて，個人主義的な市場原理を基礎とした特徴をもっている。

　それにたいして，高度成長期の日本型企業においては，これとは対照的に，企業主義的な共同体的性格が強く，日本型労務政策による年功序列型賃金，終身雇用，企業内労働組合が存在していて，会社による技能の向上がおこなわれ，チームワークや企業への強い忠誠心に支えられるといった，企業主義的な共同

体的な価値観に結びついた特徴をもっていた。

　だが，このような違いがあっても，アメリカの労働者も，日本の労働者も，労働力を商品として会社に売って，賃金を受けとるかわりに，企業活動においては資本家あるいは企業経営者の指揮命令にしたがって仕事をするという，資本制的な賃金労働者としての規定的本質は同じものである。

### 資本主義の多様性の将来

　ところで，そのような資本主義の多様性と本質は，グローバルな競争のなかでどうなるのか。

　ミシェル・アルベールは，個人の利益よりも全体の利益を優先させて社会的コンセンサスを重視するヨーロッパや日本の資本主義にたいして，社会的配慮をともなわない個人の利益優先の個人主義的な「アメリカ型」資本主義の拡大が進行している，とみている。

　1970年代半ば頃から，金融のグローバル化による技術革新，国際化，規制緩和といった大きな時代の波は，資本主義各国の市場経済にたいして強いインパクトをあたえており，アメリカの影響を受けて世界に広がってきた自由化の流れのなかで，グローバル競争から落ちこぼれないために，各国の市場は，規制を軽減し，障壁を撤廃し，あらゆる自由化に踏み切らざるをえなくなっている，とアルベールはみている。

　だが，それにたいして，クラウチ／ストリークやボワイエ，あるいは，アマーブルといったレギュラシオン派の理論家たちは，新制度派経済学に対応しながら資本主義の多様性に取り組んでおり，グローバル化による資本主義の多様性の解消と一極集中傾向を見いだす見解にたいしては必ずしも同意していない。

　クラウチ／ストリークの編著は，資本主義を，市場や企業組織のみでなく，国家や諸団体や非公式コミュニティなどの諸制度をも考慮しつつ，それらの制度諸形態の総体として資本主義を把握しながら，グローバリゼーションによる多様性への挑戦の脅威とインパクトにたいする対応について取り組んでいる。

　また，ボワイエは，資本主義の多様性はけっして固定された状態にあるのではなく，ダイナミックなかたちで変化していくものであるとして，いくつかの将来ヴィジョンについて検討している。

さらに，アマーブルは，資本主義の多様性は，製品市場競争，労働市場，金融，社会保障，教育システムなどの面での制度の多様性と制度補完性によるものとして，制度的多様性の役割を強調しながら，各国社会に根ざした政治や妥協の多様性にも目配りしつつ，「新自由主義あるいは市場ベース型」(アングロサクソン諸国)，「社会民主主義型」(北欧諸国)，「大陸欧州型」(ドイツ，フランスなど)，「地中海型」(イタリア，スペインなど)，「アジア型」(日本，韓国)の五つの資本主義モデルの存在を析出し，それらの資本主義のタイプの諸制度は各国社会に根ざしたものであるとみなして，その社会経済システムや価値観の多様性について指摘し，効率性を規定する制度的構造と制度補完性はただひとつの形態をとるとはかぎらない，としている。

## 2 現代の資本＝賃労働関係

ところで，佐和隆光氏は，『資本主義の再定義』(1995年，岩波書店)のなかで，現代資本主義における資本＝賃労働関係の変質について指摘し，マルクスの資本主義概念は修正して再定義する必要がある，と主張されている。

というのは，現在の資本主義においては，数億円相当の高価な土地を私有している資産家が会社勤めしている例は少なくないし，また，資産といえるほどの富をもたない大会社の社長も少なくない。さらに，現代資本主義の企業形態としては株式会社が当たり前になっていて，誰でも株主になることができる。

そのため，「有産(資本家)階級が無産(労働者)階級から剰余価値を搾取する」というマルクスの資本主義観は現時点では妥当性を欠くようになっており，マルクスの資本主義の定義は修正して再定義する必要がある，と主張されているのである。

しかしながら，いくら個人資産として1億円や10億円の資産をもっていても，資本主義的な雇用関係を結ぶときには，雇われる立場の就職希望者は，企業や会社にたいして所有権も経営権ももっていないものである。そこで取り結ばれる雇用関係は，企業における生産手段の所有にもとづく会社と，会社にたいしては所有権も経営権ももたない就職希望者とのあいだに結ばれる関係である。もし就職希望者が就職先の会社の株を多少もっていたとしても，会社の経営に

影響をもつ株主として雇用関係を結ぶのではない。

　他方，会社の社長や重役がたとえ会社の株をまったくもっておらず，個人資産もない無産者であったとしても，会社の社長や重役は，資本制企業の価値増殖機能の人格的担い手の立場において経営者としての地位に就いているのである。

　資本家のあり方については，株式会社形態での企業のもとでは，資本の所有と機能との分離が生じることになるため，機能資本家としての会社の社長や重役といった経営者が，かならずしも会社の大株主であるオーナー型社長であるとはかぎらず，生産手段としての企業資本の株式所有にかかわりのないお雇い重役やサラリーマン社長であることは，むしろ通常の形態である。だが，そのことは，生産手段の所有にもとづく資本制企業と，そのような企業による賃金労働者の雇用と労働にもとづく剰余価値の獲得についての基本的内容を，いささかも変更するものではない。

　これらのことは，すでに1930年代のアメリカのバーリ／ミーンズ以来の経営者革命論や戦後わが国で打ちだされた法人資本主義論などで論議されてきたところである。

　そこで取り結ばれる雇用関係は，資産家としての労働者と，無産者としての会社経営者とのあいだの，個人資産の有無にもとづいて取り結ばれる関係ではない。そこで結ばれる雇用関係は，生産手段を所有し資本としての機能を果たす会社経営の人格的担い手としての企業経営者と，会社にたいする所有と支配の権限をもたない非所有者としての就職希望者とのあいだに，取り結ばれる雇用関係にほかならないものである。

　だから，雇用される労働者がいくら個人資産をもっていても，自己の個人資産についての所有と支配の権限とはかかわりなしに，賃金の支払いを受けるかわりに企業経営者たる他人の指揮・命令のもとでの労働活動をおこなわざるをえないものであって，まさしく企業の所有する生産手段についての所有＝非所有関係を基礎として取り結ばれる資本＝賃労働関係にほかならないものである。

　しかも，会社勤めをする賃金労働者が大きな個人資産の所有者であるということは，社会階級としての労働者階級のごく一部に存在することがありうるにしても，それは社会的に一般的なあり方ではない。総体としての賃金労働者階級の一般的なあり方は，生産手段の所有者となりうるような資産を所有してお

らず，他人や企業に労働力を売って生活する以外には生活の方法をもたないのが通常の存在形態である。

## 3　現代資本主義における情報化とソフト化

**現代資本主義の情報化・ソフト化**

　ところで，佐和氏は，さらに，現代資本主義は「歴史的な一大転換点を通過しようとしている」のであって，経済はソフト化・情報化を推しすすめており，「モノの生産が重きをなした資本主義経済と，情報やソフトの生産が重きをなす資本主義経済とのあいだには，ほとんど根本的といっても過言ではないほどの差異がある」として，マルクスの「資本主義」の定義の変更の必要を主張されているのである。

　しかしながら，「モノの生産が重きをなす資本主義経済」から「情報やソフトウェアの生産が重きをなす資本主義経済」に転換したとしても，情報やソフトウェアの開発と販売をおこなう企業が，利潤の獲得をめざして賃金労働者を雇って経済活動をおこなうものであるかぎり，そのことは，物的財貨の生産だけではなく，情報やソフトウェアといった非物質的なものの開発と販売もまた資本制的な企業形態においておこなわれる，ということを意味するものである。情報化・ソフト化の進展は，資本制的経済形態の活動領域の拡大にほかならないものであって，マルクスの資本主義の定義の基本的内容の変更を必要とするものではない。

　佐和氏は，さらに，「高度情報化社会においては，情報やソフトウェアなど，モノでもサービスでもない商品の価値がますます高まるものと予想される」と指摘される。そして，そこにおける「情報やソフトウェアの価値を，労働価値説にそくして理解することには無理がある。のみならず，新古典派経済学がモノの生産にかんして仮定する『限界費用の逓増』（もう一単位を追加的につくるのに要する追加的コストが次第に増加する）もまた，情報やソフトウェアには当てはまりそうにない。たとえば，開発ずみのコンピュータ・ソフトの限界費用は，ほとんどゼロに等しく（フロッピーと多少の手間賃），したがって供給曲線は右上がりではなくなり，平均費用は限りなく逓減してゆく。また，情

報やソフトウェアの価格の決まり方も，従来の経済理論では片づきそうにない」といわれる。

## 情報やソフトウェアの価格決定と労働価値説

しかしながら，情報やソフトウェアの価格決定は，単なる複写コピーの費用（フロッピーと手間賃）によって規定されているものではない。そうではなくて，それらの情報やソフトそのもののオリジナルの開発と生産に要した膨大な労働量と諸経費が費用として計上されなければならず，それとコピーのためのフロッピーと手間賃とを加えた総経費に一定の収益率を含めた価格設定（労働総量）を必要とするものである。

オリジナル・ソフトの開発と完成のために必要とした労働時間や経費とは無関係に，単なるコピーという労働活動だけによってコンピュータ・ソフトが生産されることはありえない。すなわち，オリジナルを抜きにしたコピーによる複製品の製作という労働活動は，コンピュータ・ソフトそのものの生産に要する総労働量を意味するものではない。

たしかに，情報やソフトウェアの開発そのものにあっては，アイデアや知的ひらめきが重要性をもつものである。しかし，それにしても，社会的標準的にみて，その開発や生産には一定のコストがかかるものである。すなわち，コンピュータ産業や情報産業の各企業が新しい情報やソフトウェアを開発し販売しつづけていくためには，そのために必要な人材，設備，研究・開発費等のコストがかかるものである。資本制企業としては，そのようなコストの回収とそしてさらに収益をも確保することが必要であって，開発し商品として販売されるソフトの販売価格は，それだけの価値あるいは〈費用＋平均利潤〉をすくなくとも回収できるだけのものでなければならない。

もちろん，情報やソフトといった無形財的商品の場合には，物的財貨とちがって，その有用性の社会的認知そのものがきわめてベンチャー的かつ投機的性格をもつものである。そのため，ひとたび社会的に認知を受けて普及すると，瞬時に巨万の収益性を確保し，他方，いくらコストをかけても社会的認知を得られなければ，まったくの無駄となって，個別企業にとっても社会的にも浪費となってしまうという特性がある。だが，そのことは，一般的には，物的財貨

としての商品の場合においても同様である。

そのように，情報商品やソフトウェアの場合においても，商品価格の規定的内容把握における労働価値説の有効性は存続するのである。

## 情報やソフトウェアの価格決定と継続的社会的生産の必要

しかも，マルクスの労働価値説においては，商品市場における部門内・部門間の競争による価格と生産量の変動と均衡化によって商品の価値水準（あるいは生産価格水準）は規制されることになる，とするものである。

そして，そのことをつうじて，社会的に必要な商品の継続的生産がおこなわれることになり，同時に，社会的に必要な資源や労働力や資金の部門間配分がおこなわれることになる，としているのである。

そして，そのさい，物的財貨についての製造業のように「規模の経済」によって継続的生産活動における費用低下がおこるならばより安い価格水準となり，農業や鉱山業などのように限界費用が逓増すればより高い価格水準となるであろう。

それにたいして，情報やソフトウェアのような無形財的商品の場合には，ソフト商品の価値の圧倒的部分は，情報やソフトのオリジナルを開発・生産するに必要な投下労働の分量によって規制されることにならざるをえない。すなわち，情報商品やソフトウェアの商品価格の水準は，オリジナル・ソフトの生産費を基本的内容として，単体の個別的供給でない一般市場での大量的販売商品の場合は，それにコピー経費を加えた投下労働量によって規制され，それがコストとしてさらに収益を加えた価格となるものである。

そして，そのことによってはじめて，社会的に必要な有用性（使用価値）をもった情報やソフトウェアの社会的生産が継続的におこなわれ，社会的総量としての資金や労働力についての情報企業やソフト企業への社会的配分が保証されることになるのである。

これらの点については，さらに具体的な現実的事態についての吟味とより深い理論的掘り下げが必要である。けれども，「情報やソフトウェアの生産が重きをなす資本主義経済」になっても，資本制的企業行動における価格決定原理は，基本的には「モノの生産が重きをなす資本主義経済」と同じ商品経済的な

市場メカニズムのもとでの企業ビヘイビアによって規制されるものであって，まったく異質的なものとなるのではない。

## 4　多国籍企業によるグローバル化と世界寡占競争

**国民経済基盤における独占資本主義の形成と解体**

　そもそも，独占資本主義は，19世紀末から20世紀の初めにかけて資本制生産の発展による生産と資本との集積・集中の進行のなかで生みだされてきた企業の大規模化と企業数の少数化にもとづいて形成され，展開してきたものである。すなわち，そこにおいて，国民経済基盤における同一部門内の少数の大規模企業のあいだに市場支配のための協定が取り結ばれ，それにもとづく独占価格によって独占利潤の獲得をめざす産業独占体が形成されて打ち立てられたものである。

　そこにおける「独占」の規定的要因は，国民経済を基盤とした同一産業部門における寡占的大企業のあいだの協調的な合意と共同行動による市場の独占的支配にある。

　そして，そのような産業独占体による「独占」体制は，金融的支配力をもった金融資本によって補強され，独占的保護関税によって国民経済内において保護され，国際カルテルによる世界的な支配領域の分割のうえに，さらに，帝国主義諸列強の植民地体制による世界の領土的分割支配のシステムとして構築されたものである。

　しかしながら，第二次世界大戦後においては，そのような状況は変化する。

　第二次大戦後の冷戦体制下の資本主義世界においては，社会主義体制にたいする世界的対抗のなかで，資本主義諸国の経済的再建は，アメリカの圧倒的優位のもとで，アメリカ主導による，アメリカを中心とした資本主義世界の再編成として推しすすめられたが，同時に，この時期には，かつての植民地諸国の政治的独立と自立化がすすみ，植民地体制の崩壊が進行している。

　そのなかで，戦後の先進資本主義諸国の資本にとっての国際経済関係の重点は，かつての帝国主義諸列強の支配のもとにあった植民地・従属国への資本輸出をテコとした国際経済関係よりも，先進国相互のあいだの多国籍企業の相互

乗り入れというかたちのグローバル化した展開に移ってきている。

　しかも，1960年代末に顕在化してきた戦後高度成長のもたらした歪み，すなわち，環境破壊による公害の噴出，石油をはじめとする第一次産品の品不足と高騰，労働者の労働意欲の減退と反抗等が進行するなかで，1971年の金＝ドル交換停止と73年の変動相場制への移行，OPECによる石油価格の引き上げなどの諸要因が作用するなかで高度成長は終焉を迎え，スタグフレーションと低成長の時代へと入り込むことになる。

　そして，それ以前においては，通貨の固定相場制，資本移動の法的規制，国際貿易への関税障壁やあるいは非関税障壁の存在などによって国民経済基盤での自立的な経済活動がそれなりに存続していたのが，国際化の進展によるグローバリゼーションの展開がすすめられるようになる。

　しかも，変動相場制への移行後の，各国の通貨そのものについての国際的なアナーキーな投機は，カジノ資本主義化をすすめ，企業や産業やさらには国民経済そのものにたいする既成秩序と規制の緩和や解体を推しすすめるようになっている。そこにおいて，各国の大企業は国民国家の枠を超えて多国籍企業として活動をおこなうことになり，世界寡占企業のあいだの激烈な競争に入り込むことになる。そのなかでは，世界寡占としての多国籍企業の企業戦略が，世界的レベルで考案され遂行されることになる。そのうえ，1989〜91年のソ連型社会主義の崩壊による世界の全面的な資本主義化は，全世界的規模でのなりふりかまわぬ収益性を求めての資本によるグローバルな経済行動の跳梁をもたらすことになっている。

　現在の世界秩序は，「独占」と植民地支配にもとづく「帝国主義」諸列強のあいだの世界再分割のための帝国主義戦争をとらえたレーニンの『帝国主義論』的世界とは相違して，全世界的規模において活躍する世界寡占としての多国籍企業のあいだの激烈な競争がおこなわれるグローバル資本主義のうえに，軍事超大国としてのアメリカが一国「帝国主義」的な支配的役割を果たしている世界となっているのである。

**自由競争資本主義―独占資本主義―世界寡占競争資本主義**

　では，そのような現代資本主義における世界寡占としての多国籍企業による

グローバル化された激烈な世界的競争の世界は、マルクスの資本主義概念と現実の資本主義の歴史的変遷との関連において、いかなるものとして理解したらいいのだろうか。

資本制経済の大局的な歴史的流れとしては、資本制的生産力の発展によってひきおこされた〈自由競争の資本主義—独占資本主義—世界寡占のグローバルな競争の資本主義〉といった三つの発展段階としてとらえられるべきものである。

その三つの発展段階の生産的基礎は、いずれも資本＝賃労働関係にもとづく資本制生産であって、そのかぎりにおいては、いずれもマルクスの資本主義概念における資本制的な経済形態である。

だが、そのうえに展開している資本制企業の相互関係についてみると、資本制生産が多数の小規模企業によって構成されていた生産力の発展段階においては、資本の相互関係は自由競争の形態をとらざるをえないものであった。

ところが、生産力の発展によって、国民経済基盤において、諸産業が少数の大規模企業によって構成される状況になって、大企業のあいだの競争は困難になり、相互の協定が容易になるなかで、大企業のあいだに独占利潤をめざす協調的行動のためのカルテルなどが結ばれて、独占的な市場支配をおこなう産業独占体が形成されるようになり、独占資本主義の時代に移行することになる。

だが、第二次大戦後の生産力のさらなる発展にもとづくものとして、世界寡占としての多国籍企業が形成され、そのような資本制的多国籍企業のあいだの相互関係は、国民経済の枠を超えた世界経済基盤のうえに世界的な広がりをもったグローバルな競争がおこなわれる事態となり、国家の対応も新自由主義的な自由化と規制緩和をすすめることになる。

そのような〈自由競争〉から〈独占〉へ、そしてさらに、〈独占〉から〈世界的な寡占間競争〉へという資本の相互関係の形態転換は、同じ資本制生産を生産的基礎としながらも、多数の小規模企業による〈自由競争〉資本主義から、資本制生産の拡大と発展のなかでの《国民経済的基盤》における少数の大規模企業の協調による市場支配のための産業独占体の形成による〈独占〉資本主義へ、そしてさらに、資本制生産のよりいっそうの発展と拡大による国民経済的な枠を超えた《世界経済基盤》のうえに展開する多国籍企業の新たな〈世界寡

占競争〉へ，という資本の相互関係へと転換することになっているのである。

## 現代資本主義における多国籍寡占企業の企業戦略

そのような事態のなかでの世界的寡占企業の企業戦略は，次のような特徴をもったものとなっている。

(1) 世界の最適地での生産，販売や，部品調達，研究開発の体制といった世界にまたがる生産戦略と，世界市場をにらんだ事業展開
(2) 低競争力事業の切り捨てや製品分野ごとの寡占化といった得意分野を徹底的に絞り込む戦略
(3) M&Aによる企業規模の拡大
(4) 市場支配力をにぎったのちにもつづけられる自己技術革新の開発
(5) 企業内容の多様化，転換，専門化のスピーディな展開

といったものである。

そこにおいては，たえざる新製品開発，部門内特化をすすめながらの，生産拠点や部品調達の世界的展開による巨大多国籍企業の国際的再編成がおこなわれている。

さらに，そこでは，研究開発費などの先行投資を含む固定費の比率の増大がひきおこされながら，設備陳腐化の加速化が生じており，商品そのものの陳腐化も加速化して，商品価格は不安定化するといった事態となっている。

そのように，現在推しすすめられている世界寡占化は，生産と価格についての安定均衡をもたらしえないものである。

かくして，価格構造革命による価格の不安定化のなかで急速な技術革新とコスト削減がすすめられる企業間競争のもとでは，寡占企業の協調的管理による価格形成は困難である。そこでは，独占体によって支配される体制（国内カルテル協定と国際カルテル）は成立しがたい事態となっており，国民経済を基盤とした独占的な市場支配にもとづく協調的な価格設定はおこなわれず，世界寡占企業による製品と価格をめぐる激しい競争がひきおこされることになっている。

## ハイテク時代の競争

ところで，さらに，現代資本主義を特徴づけているハイテク産業においては，

〈規模の経済〉の劇的な増加がおこる。ソフトのオリジナルの開発コストは巨大化しているが、そこにおいては、算出量が増加すると、製品単位あたりの生産コストは劇的に安くなる。たとえば、《Windows 95》の開発費用は5000万ドルかかったが、2枚目以後のコピー・ディスクは3ドルしかかからない、といわれている。

　このようなハイテク製品の開発と量産にかかわる事態は、コンピュータ・ハードウェア、半導体、ソフトウェア、航空機、ミサイル、製薬、電気通信設備、バイオ製薬、等々において生じている。しかも、そこでは、勝者に圧倒的利益が集中する先端競争の世界として、デファクト・スタンダードの成立が生じるのであって、それはマイクロソフトによるコンピュータ・ソフトのWindowsの世界支配や、ビデオでのソニーのベータマックスとVHSとの競争などにみられたところである。

　そのように、新しい製品開発を中心としたアイデアと知識集約産業の世界としてのハイテク産業の研究開発型企業としての技術革新は、プロダクト・イノベーション（製品開発技術）による《製品開発力》の競争が中心というかたちをとるものであって、ユニークな商品がプレミアム価格を手に入れて世界市場の制覇をもたらすものとして、たえず新製品を開発するシステムが必要となる。従来までの重厚長大産業におけるようなプロセス・イノベーション（製造工程技術）による《コスト》競争は、製品開発力に追随するかたちで効果を発揮するものとなっている。

　しかも、そこにおいては、技術開発のスピードが重要な意義をもつのであって、商品寿命の短縮化、短期間での大量販売の必要、特化、専門化のため、巨大な資本力を必要とするようになる。その結果、ハイテク産業においては、急速な技術革新のもとでの商品陳腐化が加速化し、同一産業内の寡占的企業のあいだの協調的価格管理は困難になって、価格は不安定化するようになり、たえざる新製品開発、部門内特化による巨大企業間の国際的再編成がひきおこされることになっている。

## 5 現代資本主義の現局面をどう視るか

**北原勇・伊藤誠・山田鋭夫『現代資本主義をどう視るか』**

　現代資本主義の現局面における特徴的事態は，世界寡占としての多国籍企業によるグローバルで激烈な世界的大競争（メガ・コンペティション）と，膨大な国際投機資金による世界をめぐるカジノ資本主義化であり，そのもとでの新自由主義的な自由化と規制緩和への動向である。
　このような現代資本主義の現局面の規定的内容をいかなるものとみたらいいのか。
　いわゆる正統派・宇野理論・レギュラシオン派の代表的な3人の論客が報告と論戦をおこなった北原勇・伊藤誠・山田鋭夫『現代資本主義をどう視るか』（1997年，青木書店）では，次のような諸見解が示されている。
　現代資本主義の特徴的事態の規定的性格について，伊藤誠氏は，19世紀末以降の重化学工業化，労働者の社会的地位の向上，国家の経済的役割の増大といった資本主義の歴史的発展傾向を"逆転"するかたちで，市場原理による資本主義の再活性化の方向を展開している《逆流する資本主義》である，とされている。
　それにたいして，北原勇氏は，現代資本主義は，資本主義一般のうえに展開する独占資本主義の段階の，さらに小段階としての国家独占資本主義の，さらなる局面としての《世界大の国家独占資本主義》に向かっての展開形態とされている。
　だが，山田鋭夫氏は，戦後の経済成長の展開の要（かなめ）になっていた「大量生産—大量消費」の蓄積体制と調整様式としてのフォーディズムの崩壊後に展開した各国別の多様性を示しているアフター・フォーディズムの形態である，とされている。
　論議の混迷はひろがるばかりである。

**「逆流する資本主義」規定と資本主義概念**

　現代のグローバル化した資本主義の規定的性格の把握にあたって，伊藤誠氏

は，資本主義の歴史的発展を，まず，19世紀末の重化学工業化，労働者の社会的地位の向上，国家の経済的役割の増大といったケインズ主義的福祉経済の展開へとつながる傾向としてとらえ，それが，1973年以降においては，①ME化など投資単位の軽薄短小化，②生産・流通・消費の個人主義化，③情報技術の普及にともなう雇用の多様化と労働組織の低下，労働市場の個人主義化，④多国籍化とボーダーレス化による国際的メガ・コンペティションといった諸事態によって，資本主義の発展の動向は"逆転"することになり，「個人主義的で競争的な市場原理を再強化する現実的傾向」による再活性化がおこなわれるようになっているとしてとらえ，現代資本主義を《逆流する資本主義》と特徴づけられている。

すなわち，それは，「19世紀末以来の資本主義の発展における，戦後のケインズ主義のもとでの福祉国家の成長，ないしはフォード的蓄積体制をつうじ，成長の成果を働く人々の生活の向上と安定にも還元してゆく社会経済体制を定着させ，経済民主主義の拡充にむけて歴史の進歩を多少とも実現しつつある」ものと考えられてきた1世紀にわたる資本主義の歴史の歩みを大きく"逆転"させているものである。

そのように，伊藤氏は，19世紀末以降の資本主義の歴史的発展傾向全体の動向を，経済民主主義の拡充に向けての「歴史の進歩」の実現としてそれなりに肯定的に評価しながら，1970年以降における新自由主義的な自由競争の市場原理にもとづく現代資本主義にたいしては，それを逆方向に転換させたものとしてとらえられているのである。

だが，師・宇野弘蔵氏の見解では，資本主義の原理的な発展傾向は，自由競争が全面的に展開している「純粋の資本主義社会」への近似化としての資本主義的「純粋化傾向」であり，それが19世紀末以降の現実の資本主義の発展においては"逆転"して，自由競争を阻害する独占的な資本主義を形成することになった，とされているのである。

そうだとすると，宇野理論の観点からみると，1970年代以降の新自由主義的な自由化への転換は，「逆流する資本主義」ではなくて，資本主義の原理的な発展の本流への"再逆転"を意味するものとして，《本流に帰った資本主義》ということになるのではないか。

ところで，問題は，資本主義の歴史的発展の基本的動向を，いかなる要因の，いかなる展開形態においてとらえるか，ということにある。

　伊藤氏の見解においては，19世紀の自由競争の資本主義から20世紀初めの自由競争を制限する独占的な資本主義への転換についても，また，1970年代以降の新自由主義的な資本主義への再転換についても，それぞれそれなりの具体的要因をあげられているのであるが，その基本的動向としては，〈自由競争的な資本主義―競争制限的な福祉国家的資本主義―新自由主義的な市場原理による資本主義〉と，自由競争のあり方を基軸とした転換として，資本主義的発展における規定的性格をとらえられることになっている。

　だが，そのように，現代資本主義の歴史的特徴づけを，制限されていた自由競争が緩和されて自由化されるようになるといった規定的内容でもってとらえようとされる伊藤氏のとらえ方では，資本主義の歴史的発展を貫く基本的動向は明らかにされえない。

　現代資本主義における特徴的事態は，単なる自由競争を制限する方向をたどっていた資本主義の発展が「逆転」して，自由競争の復活が推しすすめられているといったものではない。それは，資本制的生産力の発展にもとづくところの，国民経済的基盤を乗り越えた世界経済的基盤における世界寡占としての多国籍企業の相互関係としてのグローバルな寡占的競争の展開という，マルクスが資本主義概念の規定的要因とした生産の基礎における資本制生産そのものの生産力的な発展という規定的要因によってひきおこされている事態とみるべきものである。

　すなわち，1973年以降のケインズ主義的資本主義から新自由主義的資本主義への転換については，伊藤氏のように〈競争制限的事態→競争〉という競争関係における変化に視点をおきながらの資本主義的発展動向における"逆流する資本主義"としてとらえるのではなくて，国民経済基盤での資本制企業における調整と協調の関係から世界経済基盤における世界寡占としての多国籍企業のあいだの競争関係への発展という，寡占企業の生産的基礎における生産力的発展による歴史的動向として，現代資本主義における新しい事態の特徴をとらえることが必要である。

## アフター・フォーディズムにおける資本主義の多様性

　レギュラシオン学派の立場に立つ山田鋭夫氏は，戦後の高度成長の資本主義をもたらした高能率・高賃金による大量生産—大量消費の体制としてのフォーディズムの調整と蓄積の体制は，「賃金爆発」と「利潤圧縮」に見舞われて機能不全におちいることになり，1970年前後に新しい模索をおこなわざるをえなくなって，アフター・フォーディズムとしての新しい蓄積体制と調整様式の模索がおこなわれることになった，とされている。

　この新しい蓄積体制と調整様式としてのアフター・フォーディズムの輪郭はまだかならずしも明瞭ではないが，その各国別軌道が多様化しているとして，アメリカ型，北欧型，日本型といった「制度諸形態」の各国別多様性に焦点をあてられている。

　そこにおいて，アメリカを典型とするネオ・フォーディズムは，フォード主義的な分配原理を解体して，いわば19世紀型の競争的・個別的賃金に戻していく道であるが，競争的賃金によって貧富の格差が拡大し，社会的不安が増大することになる，という難点がある。

　他方，スウェーデンを代表とするボルボイズムは，新しい労働編成を追求することによって，労働者の教育，熟練，勤労意欲を喚起する一方，単なる賃金上昇にとどまらず社会福祉や時短を促進するかたちで生産性成果が分配されるとするものであるが，国内資本への過重な社会保障負担や平等主義的で平坦な賃金構造は資本と労働にとってマイナスの影響を及ぼすことになっている。

　それにたいして，日本型の企業主義的レギュラシオンとしてのトヨティズムにおいては，大企業男子正規従業員にとっての「義務の無限定性の受容—雇用保障の提供」という労使妥協の形態の背後に，パートタイマーなどの不安定雇用の増加，中核労働者層における能力主義的競争の激化といった問題をかかえている。

　そのように，各国別の多様性を示している現代資本主義における「制度諸形態」の特徴と性格についてもかならずしも明確ではなく，アフター・フォーディズムの内容はいまだ確定的なものとなっていないが，山田氏は，アフター・フォーディズムについて，「企業は労働者の協力を求めて ME 化をすすめ，くりかえし生産性を上げるのだけれども生産性上昇の成果が労働者には還元され

ない」という特徴が共通化しつつあるのではないか,とされている。

なお,ブルーノ・アマーブルは,最近『五つの資本主義——グローバリズム時代における社会経済システムの多様性』(2003年,邦訳2005年,藤原書店)において,「市場ベース型」(アングロサクソン諸国),「アジア型」(日本,韓国),「大陸欧州型」(ドイツ,フランスなど),「社会民主主義型」(北欧諸国),「地中海型」(イタリア,スペインなど)の五つの資本主義モデルの多様性についての検討をおこなっている。

## 「独占資本主義」の展開形態としての現代資本主義

現代資本主義について,北原勇氏は,資本主義一般のうえに展開した独占資本主義を基盤として,さらに展開された国家独占資本主義のうえに,さらなる世界的規模における《世界大・国家独占資本主義》の模索に向かう展開形態である,といった積み上げ的な重層的段階におけるものとして把握されている。

ところで,そのような見解にもとづきながら,氏は,「19世紀末以来,資本主義は独占段階に入り,それは現在まで続いている」のであって,「独占段階固有の構造と動態=矛盾とその展開形態は,現代においても貫徹している」とされている。

そこでは,独占段階の資本主義の構造的特徴は〈独占の支配,および独占と競争の絡み合い〉の構造であるとされており,競争が世界的に激化している現代資本主義の現局面についても,「現在は世界大の独占再編の時期」であって,「世界的にもっと大きな独占化が進行しつつある」とされているのである。

だが,そこにおいて「現在まで続いている」とされている独占段階とはいかなるものであるのか。

氏は,独占資本主義の規定的要因としては,①高い「市場集中度」と高い「参入障壁」とをあわせもつ「独占的市場構造」の形成による競争の制限可能性という「ある部門の独占的支配を可能にする基礎」と,②それを基礎にした,少数巨大資本による共同の協調的な独占価格設定による共同の長期的利潤の最大限の追求である,とされている。

しかしながら,現代資本主義の現在の局面における巨大資本の価格設定は,寡占資本による共同の協調的な独占価格とはなっていない。

また，現代資本主義における世界寡占としての多国籍企業の投資行動は，当該生産部門の寡占企業の資本の大きさによる参入障壁に規定された投資行動をおこなっているものでもない。そこでは，弱肉強食的な激烈な国際的競争に勝ちぬく勝者への道を志向しながらの，参入障壁に規定されないで世界にまたがる他企業を出し抜く投資活動としておこなわれているものである。

　現代資本主義の第二次大戦後の現局面における特徴的事態は，20世紀の初めに成立した独占資本主義の時代よりも生産力は発展し，生産と資本はより大規模化しているにもかかわらず，寡占企業のあいだの関係は世界経済基盤における世界寡占としての多国籍企業のあいだの競争となっており，しかも，ME化・情報化の進展による企業戦略の変化もあって，グローバルなメガ・コンペティションの時代となっているのである。

　そのように，現代資本主義の現局面においては，世界経済基盤において世界寡占としての多国籍企業が競争をおこなっているのが基本的な事態となっていて，世界寡占企業の価格決定においては，共同の協調的な独占価格ではなくて，新製品と新技術の開発に牽引されながら需給状況にもとづく激烈な価格競争がおこなわれているところである。

　それにもかかわらず，北原氏の見解においては，そのような事態が展開されている現代をも，「独占」段階の資本主義とみなされているのである。したがって，その見解においては，産業独占体としての共同的な協調的価格決定ということは「独占段階」規定にとっての規定的要因とはされていない，といわざるをえない。

　この見解にとって「独占段階」の規定的要因とされているのは，「高い市場集中度」と「高い参入障壁」をもつ市場構造ということのようであって，そのような必要資本量の巨大化によってその生産部門への他資本の流入が阻害されるという「参入障壁」によって「独占的市場構造」（ある部門の独占的支配を可能にする基礎）が形成されている資本主義が，「独占段階」の資本主義とみなされることになっている。この見解が「参入障壁論」的独占理論と呼ばれるゆえんはここにある。

　しかし，「高い市場集中度」と「高い参入障壁」をもつ市場構造における事態は，それだけで「独占資本主義」といえるものではない。そのかぎりでは，

それは"寡占企業資本主義"にほかならない。そして，そこで繰りひろげられているのは，「独占」ではなくて，寡占企業構造のうえに展開される"不完全競争"の世界にほかならない。

**世界寡占間競争の時代としての現局面**

　ある同一産業部門内において大規模企業の少数化という寡占的構造が打ち立てられても，それはそのまま独占を形成するものではない。寡占企業によって構成される産業構造であっても，国民経済内においてある部門内の寡占企業相互のあいだに独占的合意が存在しない場合には，大規模寡占企業のあいだにはきわめて激烈な競争がひきおこされることになるものであって，独占利潤の獲得どころか，共倒れ的なダメージをお互いにこうむることになりかねない競争となりうるものである。

　同一部門内の寡占的大企業のあいだに独占価格設定のための企業間共同意思による協調行動がおこなわれないで，寡占企業のあいだに価格競争がおこなわれる場合には，独占利潤を保障する企業規模と資本量による参入障壁はまったく機能する意味をもちえない。それは「独占的市場構造」ではなくて「寡占企業間の競争的市場構造」にほかならないものである。さらに，国民経済基盤において独占的結合が打ち立てられて参入障壁が成り立っている産業も，外国の大規模多国籍寡占企業が競争を強いることになるならば，国民経済基盤における独占的結合において成立していた参入障壁はいとも軽々と乗り越えられて，世界的な寡占間競争に引きずり込まれることになる。

　北原氏の見解においては，独占を成立せしめるに足る生産的基礎をもった寡占的企業さえあれば，独占的な価格形成のための合意と協調行動がなくても独占段階の資本主義であるとされている。問題はそのような「独占」概念にある。

　北原氏の見解では，ひとたび独占段階に到達したならば，その後の資本主義については，寡占企業そのものにおける企業行動の変化や，企業活動の国内的基盤から世界的基盤への展開といった，独占的な合意と協調行動をひきおこす寡占企業にとっての内的・外的要因の変化とかかわりなしに，寡占企業間の独占的協調の有無に関係なしに「独占資本主義」であるととらえることになっている。

第二次大戦後，とくに1973年以降から現在にいたるまで30年以上にわたって世界寡占間の激烈な競争の時代がつづいており，しかも，今後の事態についても，当面においては，世界寡占としての多国籍企業のあいだの世界的競争がつづく状況が存在しており，さらに，将来的にも，急ピッチで製品開発と技術革新を推しすすめる企業戦略を競いあっている世界寡占としての多国籍企業のあいだには，世界的な独占的協調体制が成立することになるという展望は，確定しがたいところである。

　このような現代資本主義における特徴的事態を，独占段階の資本主義の一局面とみなすことは，現実的事態における事態の性質や特徴の把握にとって誤まった理解をもたらすことになる。

　すなわち，北原氏のように，現局面の現代資本主義についても「独占資本主義」としての規定的性格の把握によってとらえようとするかぎり，現代資本主義における事態の内容と特徴は，「独占」を基調とした一時的な幕間としての「競争」関係としてしかとらえられなくなってしまい，現実に展開されている世界経済基盤のうえでの多国籍企業のあいだの激烈な企業間競争という新しい場と質をもった資本主義的競争の現実的事態の内容と意義についての正しい把握は困難にならざるをえない。

　かつて産業独占体を形成していた鉄鋼，自動車，電機，化学等々の基幹諸産業においては，現在，日米欧さらに韓国や中国などの大企業も加わってのグローバルな激烈な競争がおこなわれていて，寡占価格のたえざる突き崩しによる価格競争や，あるいは新製品競争などによって，寡占諸企業の弱肉強食による新陳代謝がひきおこされているところである。そのことは，たとえば，現代のわが国の主要産業たる自動車産業をみても，普通乗用車部門の寡占5社のうち自立している企業はトヨタとホンダだけであって，日産，三菱，マツダの3社は，日本自動車産業における産業独占体の一員どころか，外国企業に支配されて，日本企業としての自立的性格を喪失するにいたっているほどである。

　そのようなものとして，資本主義の発展段階としての歴史的位置についていえば，現代資本主義においては，国民経済基盤における「独占資本主義」は解体され，世界経済基盤のうえに展開されるグローバルな資本主義の新たな世界寡占間競争の段階にある，とみるべきであろう。

もちろん，世界寡占としての多国籍企業間競争によって特徴づけられる現在のグローバル資本主義においても，その生産的基礎はあくまで資本制生産であって資本主義的な経済関係にほかならないものである。しかし，その生産的基礎における生産力構造は，国民経済基盤における独占資本主義の基礎となっていた生産の大規模化（集積・集中）よりもさらに発展・拡大しているにもかかわらず，各国の多国籍企業の国内外の活動と世界的な自由化・規制緩和によって，世界経済基盤における資本の相互関係のなかに引きづり込まれることになっている。そこにおける資本の相互関係としては，国民経済的な独占形成の要因としての共同的意思決定と協調的行動は突き崩されて，世界寡占としての多国籍企業のあいだのグローバルな競争という形態をとらざるをえないものとなり，新自由主義による競争の激化と資本移動の自由化，金融自由化がさらに推しすすめられる，ということになっているのである。

## レーニンの『帝国主義論』を超えた現代資本主義の世界的発展

　アントニオ・ネグリ／マイケル・ハートの『帝国』にそくしていえば，現代世界における事態は，かつてレーニンが解明した国民国家の基盤のうえに形成された独占資本主義的な帝国主義諸列強による植民地の再分割をめぐる角逐を基軸とした独占資本主義の時代とは，大きく異なっている。

　すなわち，〈自由競争の資本主義―独占資本主義―世界寡占としての多国籍企業によるグローバルな競争の現代資本主義〉という諸段階への発展は，資本主義そのものの生産的基礎の拡大発展のなかで，自由競争の時代から国民経済的基盤における独占を規定的要因とした独占資本主義への転化へ，さらに，そこから資本制生産のさらなる発展による国民経済基盤を超えての世界経済基盤における世界寡占としての多国籍企業によるグローバルな競争の時代への転換といったかたちで，資本の相互関係における相違をひきおこしながら展開してきたものである。

　このことは，資本主義の独占資本主義的な帝国主義段階を「資本主義の最高の発展段階」と規定したレーニンの『帝国主義論』は判断を誤まった，ということを意味する。

　レーニンは，独占利潤をめざしての産業独占体と金融資本による国民経済基

盤における独占資本主義の形成は，産業と国民経済にたいする独占的な計画的管理と統制をおこなうものであって，それは資本制的私的所有の枠内での生産と経済の社会的性格の最高度の発展を示すものである，とみなした。そして，そのような独占資本主義的な体制のあとにくるものは，独占資本主義のもとにおいて展開されてきた生産の社会的性格に照応するところの，社会的共同的所有形態としての「社会主義的生産様式」であるとして，独占資本主義は社会主義に不可避的に移行せざるをえないものであるとした。

　そのようなものとして，レーニンは，独占資本主義の段階の資本主義を，「腐朽」し「死滅しつつある資本主義」であり，資本主義の「最高」の発展段階ととらえたのである。

　だが，現実においては，資本制生産様式の発展は，そのような国民経済基盤のうえに展開された独占的な帝国主義段階の構造を突き崩し，帝国主義段階の独占資本主義を乗り越えて，世界経済基盤における世界寡占としての多国籍企業によるグローバルな競争の資本主義システムを展開するにいたっているのである。

　その意味では，現実の資本制生産様式の発展は，レーニンの『帝国主義論』を乗り越えた展開を示している，といわざるをえない。

# あとがき

## 研究のはじまり

　マルクスの「資本主義」概念とそれを表現する用語についてのわたしの研究は，その出発点に還帰したようである。

　そもそものわたしの研究のはじまりは，独占理論や失業の新しい形態や戦後恐慌の形態変化といった現代資本主義の諸問題にかんするものであった。

　大学卒業後，京都大学人文科学研究所の嘱託（科学史研究室所属）として文部省の特殊研究費"近畿における前近代産業の総合的調査"による丹波立杭焼（京都大学人文科学研究所調査報告・藪内清編『立杭窯の研究——技術・生活・人間』1955年，恒星社），京都西陣織（西陣織業調査委員会『西陣織業の生産構造——西陣織業調査報告』1955年11月），京都地方の酒造業界（重田澄男「京都の酒造業界」，京都市産業局『京都商工情報』第24号，1956年4月）などの調査研究にあたり，さらに，高知県宇佐のカツオ釣漁業（河野健二編『漁村の経済構造——高知県土佐市宇佐の調査』京都大学人文科学研究所調査報告，第17号，1961年3月）などの調査の一端を担った。

　さらに，京都地方の中小繊維・染色業界の労働組織である京染労（京都染色労働組合協議会）や京都合同繊維労働組合の調査や書記局の手伝いなどをしたのち，1958年に大学院に入りなおし，研究者としてのスタートを切ることになった。

## 現代資本主義をめぐる諸問題

　その最初の論文が，修士課程1年の大学院演習のレポートとして提出した「独占利潤の基本的源泉について——白杉理論批判（上）（下）」（京都大学『経済論叢』第84巻第3号，1959年9月，同第4号，1959年10月）である。

　独占理論にかんしては，さらに，経済政策学会第22回大会（1962年，南山大学）の共通論題「ビッグビジネスと経済政策」のなかの報告「ビッグビジネスと価格政策」（『ビッグビジネスと経済政策』経済政策学会年報XI，1963年，勁草書房，所

収),さらには,『マルクス経済学講座』(第1期)のなかの「独占利潤」(宇佐美誠次郎・宇高基輔・島恭彦『マルクス経済学講座』第2巻,有斐閣,1963年,所収) へとつながっていった。

そこでの独占理論の基本的観点は,資本の同一部門内競争と異部門間競争との性格と役割の相違にもとづきながら,同一部門内における企業間の独占的結合,すなわち,カルテル・シンジケート・トラストといった産業独占体の古典的形態から現代の暗黙の協調による寡占価格にいたるまでの,独占的な市場支配力を規定的要因とした把握を基軸におこなったものである。

ところで,1960年1月に提出した修士論文は,「1920年代のアメリカにおける資本と労働の過剰について」であった。

当時,かねてより関心のあったイタリアにおける産業復興闘争という下からの改革運動(それはやがてイタリア型構造改革論につながっていったものと思われる)の観点からみて興味をいだいていたアメリカのニューディールに取り組んでみたいと考えていたが,当時の京大経済学部図書室には1930年代後半以降のアメリカの文献や資料は戦時下の購入中断のためほとんど入っていなかった。やむなく,その前史としての1920年代における好景気のなかでの「技術的失業」あるいは「構成的失業」と呼ばれる失業の新しい発現形態をひきおこしている資本蓄積動向を分析することにした。

"資本と労働の過剰"は,当時の現代資本主義把握にとってのキイ・ワードとみなされていた《独占資本主義》あるいは《全般的危機》の経済的特徴とされていたものであって,そのことの当否と現実的形態の点検が念頭にあったものである。この論文は,その後,豊崎稔編『経済成長と構造——米ソ経済比較論』(1963年,法律文化社)の第2章「アメリカの経済成長の特質」として収録され,さらに,拙著『資本主義と失業問題——相対的過剰人口論争』(1990年,御茶の水書房)に一部省略のうえ取り入れている。

### 戦後恐慌の形態規定

ところで,1960年9月に大阪市立大学で開かれた経済理論学会第3回大会では,共通論題「戦後景気循環の性格」についての予定討論者の一人として発言したが,それは1957-58年恐慌が循環性恐慌であるか中間恐慌であるかをめぐ

る論議にたいして，恐慌の基本的指標としての固定資本投資の動向と価値革命とを指標として，戦後資本主義における価値革命の不徹底という状況における論議の必要について見解を述べたものである（この内容については，経済理論学会編『戦後景気循環と二つの経済学』1963年，青木書店のなかの「第2部　戦後景気循環の性格」の「討議経過」にかなり詳細な紹介がおこなわれている）。

　なお，このとき，この大会でのもうひとつの共通論題「恐慌理論の問題点」における予定討論者の一人としての高須賀義博氏と知り合いになり，その後の友誼のきっかけとなった。

　なお，戦後の経済循環の性格に関連して，古典的な循環性恐慌のもうひとつの指標としての世界恐慌について，「世界恐慌論の二類型（上）（下）」（京都大学『経済論叢』第88巻第2号，第4号，1961年8月，10月）を発表した（この問題については，1962年春の経済理論学会第6回大会において論議された。経済理論学会編『独占資本主義の研究』1963年，青木書店）。

　さらに，この時期に「再生産軌道確立の意義——日本資本主義の構造把握にあたって」（名城大学『名城商学』第10巻第2号，1962年2月）を発表したが，これは当時しきりに論議されていた従属・自立論争に関連して，山田盛太郎『日本資本主義分析』によりながら，2部門3分割の資本主義的再生産構造をまがりなりにも確立している日本資本主義の場合，その帝国主義的自立性の基礎をもちながら，一定の国際的・軍事的・外交的条件のもとで従属的形態をとるにしても，それは植民地的従属とは異なるものであることを問題にしたかったものである。

　このように，独占理論，失業と資本蓄積における新しい現実的諸形態，戦後景気循環論といった，現代資本主義をめぐる諸問題について取り組むなかで，それぞれなりに一定の手がかりがつかめたように思われたものの，論点がいささか分散しすぎて，その後の方向に戸惑いを感じたため，あらためて現代資本主義についての基礎からの点検のしなおしの必要を感じていた。ちょうどこの時期に，杉原四郎・佐藤金三郎『マルクス経済学』（1966年，有斐閣）のなかの「帝国主義とマルクス経済学」の章に取り組み，現代資本主義への基礎がためをおこなった。

## 宇野理論への取り組み

　だが，この時期は，はからずも宇野弘蔵氏の理論をめぐってマルクス経済学のなかで賛否にわたる激烈な論議のおこなわれた時期と重なっていたため，それまでほとんど知ることのなかった宇野理論に直面することとなった。

　宇野理論にかんしては，さまざまな方たちと論議を交わしてきたが，とりわけ，信州・野尻湖の近くの山荘で，佐藤金三郎氏と高須賀義博氏とを交えて3人で一夜を徹しての論議が最も思い出深い。それは，佐藤・高須賀の両氏が『一橋新聞』で宇野弘蔵氏と鼎談された直後のことで，両氏ともいささか興奮の様子で，わたしは妻を別の山荘にあずけて夜どおしの論議となり，2ダースのビールを完全に呑みつくすにいたったほどであった。

　宇野理論にたいする温度差は3人3様で，高須賀氏にいたっては「おれこそが宇野理論の直系だ」と口走るほどであり，佐藤氏は「かくれ宇野派」と一部では噂されたりしていたところであった。

　わたしが，現代資本主義論に関連してぶつかった宇野理論における論点は，資本主義的純粋化傾向の逆転による帝国主義段階という規定であった。その見解を吟味するなかで問題になったのが，その根底に横たわる基礎的な論理としての，19世紀中葉のイギリス資本主義における資本主義的純粋化傾向にもとづくものとしての，「純粋の資本主義社会」の想定による資本主義の一般的原理の解明という，資本主義認識の方法であった。

　このようなかたちでの資本主義の一般的原理の解明という宇野氏の資本主義認識の方法は，資本主義の一般的原理の認識なしには純粋化傾向は認識できず，同時に，純粋化傾向の認識なしには資本主義の一般的原理の認識は不可能であるという，認識論的悪循環におちいらざるをえないものであって，それは有効性をもちえない方法論であることはすぐさま理解することができたが，そのことは，同時に，それではそもそもマルクスにおいては資本主義認識はいかにしておこなわれたのか，ということの解明を必要とすることになった。

## 『マルクス経済学方法論』

　そのような問題点の検討にもとづいて，宇野理論にたいする方法論批判とマルクスの資本主義認識の方法について，まずまとめたのが「宇野方法論の認識

論的難点」(『経済』第97号, 1972年5月) である。
　そして, そのあと, 宇野方法論についての包括的な批判的検討をおこなったのが『マルクス経済学方法論』(1975年, 有斐閣) である。
　この『マルクス経済学方法論』においては, 原理論・段階論・現状分析にわたる経済学の内容と特徴とを明らかにするという宇野三段階論において, 規定的な基礎をなしている原理論の方法としての, 19世紀中葉のイギリスにおける資本主義的純粋化傾向にもとづく「原理論」の対象としての「純粋の資本主義社会」の想定という「資本主義」認識の方法についての認識論的難点, 非資本主義的残滓, 国家, 国際的関係や各国別特殊性等についての客観的抽象なるものの恣意的性格, 自立的運動体としての規定性や商品経済論的資本主義把握の問題性を明らかにするとともに, さらに, 帝国主義段階における純粋化傾向の逆転による段階論規定における問題性についても, 検討をくわえたものである。そして, そのなかの「補論　マルクスにおける《資本主義》範疇の用語法について」において, マルクスの資本主義範疇の用語法の変遷について概括的に指摘しておいたところである。

## マルクスの資本主義認識についての研究の"原点"

　宇野理論における資本主義認識における認識論的不可能性の確定ということは, 同時に, マルクスにおける資本主義認識の方法と内容についての解明を必要とする。
　『資本論』には「資本主義」という用語は基本的には存在しないということは, すでに望月清司『マルクス歴史理論の研究』(1973年, 岩波書店) において指摘されていたところであったが, そのことは, マルクスに依拠するかぎり「資本主義」的純粋化傾向やそれにもとづく「純粋の"資本主義"社会」なるものは概念的に存在しえない, といわざるをえないことを意味する。
　とりあえず, 『資本論』や『剰余価値学説史』を検討してみたところ, そこにおける資本主義概念は,「資本制生産」「資本制生産様式」という用語によって表現されていることがわかった。
　だが, そのような「資本制生産」「資本制生産様式」という用語と概念は, いつから, どのようなかたちで, 使われるようになったのか。ここにおいて,

マルクスの資本主義カテゴリーの形成と発展と変容について，マルクスの研究の出発点から追跡していくことが必要となった。

『マルクス・エンゲルス全集』(MEW) の第1巻からはじめて，途中フランス語原文のものについては旧 MEGA などをも参照しながら，マルクスにおける資本主義概念とその表現用語についてのマルクスの研究の生涯にわたる概括的な追求のなかで，マルクスは，最初は「市民社会」(ビュルガーリヒ）として近代社会の経済組織をとらえていたのが，唯物史観の確立をへて，『哲学の貧困』においてフランス語形で「ブルジョア的生産形態（les formes de la production bourgeoise)」といった用語によって資本主義カテゴリーを確定したものであることが明らかになった。そして，そのような資本主義概念は，ドイツ語形では「ブルジョア的(ビュルガーリヒ)生産様式（bürgerliche Produktionsweise)」という用語でもって表現され，そのような用語と概念でもって近代社会の経済的諸関係についての解明がおこなわれている。

マルクスはその後，そのような用語を使いながら近代社会の経済諸関係についての分析と解明をおこなっているのであるが，それからほぼ10年ほどの年月をへたのちに，資本主義概念の表現用語を変える。すなわち，『経済学批判要綱』においては，資本主義概念は，「ブルジョア的生産様式」という用語ではなくて，「資本にもとづく生産様式」といった用語が使われており，それによって近代社会の経済的解明をおこなっていることに，気づいた。

そして，マルクスは，そのうえで，1859〜61年の時期に，「資本にかんする章へのプラン草案」や「私自身のノートについての摘録」といった『資本論』準備資料において，「資本制生産」「資本制生産様式」という用語と概念に到達しているということが，確定できた。

このとき，やっと，マルクスにおける「資本主義」概念と用語の認識のプロセスの道筋が見えてきた，と確信することができたのである。マルクスの資本主義概念とその用語表現についてのわたしの研究の"原点"が，ここに確定する。

いまわたしの手元にあるマルクスの資本主義概念と用語についての20冊あまりの古びた研究ノートの第1冊目は，『マルクス・エンゲルス全集』の第1巻からのマルクスの資本主義範疇の用語とその変遷についての概括的なフォロー

と、そして、『要綱』での「資本にもとづく生産様式」といった資本主義用語の模索と、そのあとの「プラン草案」と「摘録」における「資本制生産」「資本制生産様式」という用語と概念の確定についての吟味をおこなっているものである。

### 『資本主義の発見』

　そのようなマルクスとエンゲルスにおける資本主義認識のプロセスについて追跡した論稿を、順次、『法経研究』(静岡大学人文学部法経学科紀要)に掲載していったが、一応まとまったところで、ページ数の関係もあって初期のマルクスとエンゲルスについての論稿は大幅に削って上梓したのが、『資本主義の発見――市民社会と初期マルクス』(1983年、御茶の水書房)である。

　この『資本主義の発見』においては、マルクス自身における資本主義概念と用語の形成・展開・転換を明らかにすると同時に、マルクスの理論的展開をめぐるさまざまな論者による諸問題についての見解にたいする検討をもおこなった。

　そのなかには、たとえば、望月清司氏による『経哲草稿』や「ミル評注」における「市民社会」用語消失問題や、広松渉氏による『ドイツ・イデオロギー』における唯物史観の形成におけるエンゲルス主導説にたいする批判なども含んでいるが、とりわけ、この本のなかでは、宇野理論の資本主義認識における問題点の指摘とともに、平田清明氏の「市民社会」論的資本主義論にたいする批判的吟味にも大きな比重をおいた取り組みをおこなっている。

　宇野理論よりやや遅れてわが国におけるマルクス経済学の分野において強烈なインパクトを与えた平田清明氏の「市民社会」論的資本主義論についての検討は、この『資本主義の発見』における主要論点のひとつをなすものであって、この本の副題を「市民社会と初期マルクス」としたのも、そのことを含意している。

　平田「市民社会論」については、さらに、1995年の平田氏の急逝直後に、「マルクスと市民社会――追悼・平田清明」という追悼論文を、『マルクス・エンゲルス マルクス主義研究』(1995年12月)に掲載して、平田氏のマルクスの理論理解における問題点についての検討をおこなった。

そのなかで，マルクス理解についての平田氏の恣意的解釈にたいして批判をおこなうとともに，平田氏による資本主義的な近代「市民社会」についてのみならず社会主義における「市民社会」の重要性の発掘と強調とについては，社会思想としてきわめて重要でフレッシュな意義をもつものとして，平田「市民社会」論にたいする熱烈な賛意と評価をもあわせて提示しておいたところである。

## 新 MEGA の刊行と新たなマルクス研究

ところで，マルクスとエンゲルスの著作，論文，書簡類のみならず，草案や抜粋，メモ類にいたるまで全面的に編集・公刊するものとしての文字どおりの『歴史的＝批判的全集』としての新 MEGA (*Karl Marx/Friedrich Engels Gesamtausgabe*) の刊行が1875年から開始された。

この新 MEGA の刊行によって，これまで未公開だったマルクスの諸資料や手稿や『ノート』類などが明らかになるなかで，1870年代後半頃からそれらについての研究が国内外で出はじめるようになる。それらの新たな研究に触発されるなかで，わたしは『経済学批判要綱』前後における「資本主義」概念と用語についての補充的研究にとりかかった。

まず，マルクスが『経済学批判要綱』にとりかかる前の1850年代の前半の時期に取り組んだ24冊の『ロンドン・ノート』とそれに関連する小論稿をとりあげ，それと『要綱』との関連についての検討をはじめた。

新 MEGA の刊行にもとづく『ロンドン・ノート』とそれに関連する小論稿についてわが国でいち早く系統的に取り組みをおこない，内外の文献や資料類にいたるまで紹介されてきた八柳良次郎氏が，運よく勤務先である静岡大学におられたので，いろいろと教示を受け，文献・資料類についてもおおいに便宜をはかっていただくことができた。その結果まとめることができたのが「『ロンドン・ノート』と『要綱』」（静岡大学『法経研究』第33巻3・4号，1985年3月——本書第2章に収録）である。

ところで，マルクスは，『要綱』終了と『経済学批判』第1分冊の公刊の後の1859〜61年の時期に，「資本にかんする章のプラン草案」や『抜粋ノート』などの再整理による諸資料の作成をおこなっている。そして，そこにおいて，

マルクスは,「資本制生産」「資本制生産様式」という「資本主義」用語を最終的に確定することになる。

『抜粋ノート』類の再整理のためにこの時期にマルクスが書きつけた要約メモや新たな「執筆プラン」等にかんしては,内外で研究され始めたが,とりわけわが国の研究者たちによって,新 MEGA の公刊にいたっていないマルクスの草稿そのものの解読と点検がすすめられており,それらがさまざまなかたちで発表されてきた。それらの諸研究に依拠しながら,1859〜61年の時期におけるマルクスの資本主義範疇の用語法的な確定について解明しようとしたのが,「中期マルクスと資本主義範疇」(浜林正夫・西岡幸泰・相沢与一・金田重喜編『経済学と階級』服部文男教授退官記念論文集,1987年,梓出版社,所収——本書第7章に収録)である。そして,これらの新 MEGA によって明らかになった内容を補足した『資本主義の発見』(改訂版)を1992年に出しておいた。

このように,これまで不明確だった『要綱』前後のマルクスの研究のプロセスを明らかにすることによって,『資本主義の発見』以来のマルクスの資本主義概念とその表現用語についての文献考証的研究は,自分自身としては一応のメドがついたように思われたところである。

## 『資本主義と失業問題——相対的過剰人口論争』

そこで,あらためて,研究テーマを現代資本主義の諸問題にもどしたいと考えた。そのさい,修士論文で取り組んだ1920年代のアメリカにおける失業の新しい形態と資本蓄積の動向についての論議が,第二次大戦後の現代資本主義における戦後循環の形態変化と資本蓄積動向についての論議への橋渡しになるのではないかと考えて,コミンテルンにおいて「第3期」と呼ばれていた相対的安定期につづく危機の時期における資本蓄積動向と,そこにおける失業の新しい形態についての議論の検討をはじめた。

1920年代のアメリカは,“未曾有の繁栄”と呼ばれた好景気のなかで,資本主義の発生以来その発展を主導してきた製造業における発展動向に変化が生じ,のちにコーリン・クラークによって指摘されたように,製造業の生産的労働者の割合は減少傾向を示しはじめるようになっている。そのような事態のなかで,「技術的失業」あるいは「構成的失業」と呼ばれる新しい失業の発現形態が展

開するようになる。

　この新しい失業形態について，ソ連の経済学者ヴァルガがいちはやく注目して，「構成的失業」論として理論化をはかろうとしており，それは1920年代の末頃の時期にコミンテルン内部でかなり激しい論争をひきおこすことになる。このヴァルガの「構成的失業」論をめぐる激烈な論争については，戦前・戦後をつうじてわが国ではほとんどとりあげられたことがなかったが，しかし，それは第一次大戦後における新しい失業の形態にかんする現実的事態の解明，ならびに，それとマルクスの恐慌論との関連をいかなるかたちで理解するかという問題として，論議されたものである。

　だが，それは，政治的には1929年におけるコミンテルンからのブハーリン派の追放と，現実的には1929年恐慌の勃発によって，論議そのものが終焉されることになったようである。

　しかし，そこでの論議は，現代資本主義における経済循環と資本蓄積動向の変化を予兆するものであるかもしれないと考えて，コミンテルン関連を中心とした当時の文献・資料類にもとづきながら，ヴァルガの見解をはじめそれにたいする批判者たちの見解のとりまとめをおこない，「ヴァルガの構成的失業論」（『法経研究』第35巻3・4号，1987年3月），および，「構成的失業論争」（『法経研究』第39巻1号，1990年4月）として，活字にしておいた。

　そのあと，それを中心に現代資本主義における"資本主義と失業"にかんして著書にまとめたいと考えながら，資本主義的失業にかんする基礎的な論議への取り組みをおこなっているときにぶつかったのが，オッペンハイマーによるマルクスの相対的過剰人口論批判である。

　マルクスの相対的過剰人口論批判の嚆矢をなすものとされているオッペンハイマーの *Das Grundgesetz der Marxschen Gesellschaftslehre*, 1903 に目をとおしていると，それは従来までわが国で指摘されていたオッペンハイマーのマルクス批判についての議論とは大きく異なったものであることに，気がついた。一般に理解されているオッペンハイマーのマルクス批判の内容は，まったく誤ったものであった。

　そこで，そのような誤解のルーツを追求していくと，誤読の根源になったのは，ブハーリン追放後のスターリン専制体制が打ち立てられた時期の『マルク

ス主義の旗の下に』(1930年第1号) に載ったトロコンスキーたちの共同論文であることが明らかになった。

わが国の多くの論者は，このトロコンスキー論文に依拠してオッペンハイマーのマルクス批判の内容を理解されていたようである。

そこで，その点の吟味ののち，資本主義の一般的理論における相対的過剰人口論におけるオッペンハイマーをめぐる論点の理論的検討をおこなった論稿と，ヴァルガの構成的失業論をめぐる論議をつけ加え，それに，相対的過剰人口についてのわが国の理論家たちの諸見解について検討したものをつけたしてまとめたものが，『資本主義と失業問題──相対的過剰人口論争』(1990年，御茶の水書房) である。

だが，本書においては，当初考えていたマルクスの相対的過剰人口論についての理論的再構成と，現代資本主義における失業についての検討という課題は，どちらも先送りされることになってしまい，結局果たせぬままになってしまった。

## 『社会主義システムの挫折──東欧・ソ連崩壊の意味するもの』

そのあと，あらためて現代資本主義論に接近していくために，ゼミでは，脱工業化社会論やサービス経済論などの文献を読みながら，現代資本主義における製造業のウェイトの相対的低下のなかでの第三次産業の比重の増大と資本蓄積動向との関連や，そこにおける雇用構造の変化と失業などについて取り組み始めたが，この時期に，現実世界の大変動として，1989年のベルリンの壁の崩壊と東欧社会主義の崩壊，そして1991年のソ連社会主義の崩壊とソ連そのものの解体がひきおこされた。

このソ連型社会主義の改革と崩壊の問題については，経済理論学会では，1990年度の共通論題を「資本主義と社会主義」，1991年度は「市場と計画」として報告と討論がおこなわれて，わたしもそこでの司会をおこなったりしたが，報告者や討論者の見解はさまざまであった。

そのなかで，わたしはソ連型社会主義とその崩壊についての自分なりの見解をもつ必要を感じ，急遽この問題に取り組んでまとめたのが『社会主義システムの挫折──東欧・ソ連崩壊の意味するもの』(1994年，大月書店) である。

そこでは，なによりもまず，ソ連型社会主義の現実的事態について，専門的な文献だけではなく，ジャーナリスティックな資料やルポルタージュなどにもよりながら，たとえば，買い物のための行列の日常化や，国営商店での極度の品不足，利権とヤミ経済と不可分の経済活動や，国営国有企業におけるコスト意識の欠如と社会的ニーズへの無関心，労働者の弛緩した労働規律，さらには，一党独裁体制のもとでの上からの計画経済におけるさまざまな困難と混乱をひきおこしている現象的事態等について，時論的に把握する必要があった。

ところで，「本質は現象する」といったのはヘーゲルだったか，現実的事態におけるもろもろの諸現象を生みだしてきたのはいかなる本質的な関係であるのか。現象は，現象のままでは，ばらばらの事態としてしか理解できない。その点で大きく学ぶところがあったのは，ハンガリーの理論家ヤーノシュ・コルナイの《不足の経済》論であった。

コルナイの《不足の経済》論は，ソ連型社会主義における一党独裁の専制的権力独占のもとで生じるシステム的特性として，モノ不足など人々の日常生活にもたらされる諸困難や，必要資材の入手困難などによる経済活動における生産の効率性への障害や，売り手が高圧的になり買い手は屈辱的にそれに従わざるをえなくなるといった人間関係の歪曲や，品質や性能や価格について消費者や購入者の要望への無配慮，さらに，それを顧慮する必要がないためひきおこされる技術革新へのモティベーション（動機づけ）の欠如，といった状況が生みだされることを明らかにした理論であった。

ところで，そのようなシステム的特性をもったソ連型社会主義の政治・経済構造の行き詰まりを解決する展望は，いかなるものであると考えたらいいのか。このこともまた問題にしなければならない論点であった。

ソ連型社会主義の現実的事態とペレストロイカの挫折後の成り行き，それに，変革主体の現実状況からみるかぎり，崩壊したソ連型社会主義の当面の未来を切りひらく道としては，もはや社会主義の再興ではなくて，政治的には「市民革命」を，経済的には市場経済化による近代化の方向を進めるしかない，とみなさざるをえなかった。

最後まで迷ったのが，そのような現実的事態と将来展望しかないソ連型社会は，いかなる性格の社会であったのか，それは社会主義社会であったのかどう

か，ということである。

　まず，マルクスの資本主義範疇——生産手段が資本となり，労働が賃労働となって，生産活動の目的が資本にとっての利潤追求にあるという——の規定的内容と対比するかたちで，ソ連型社会主義の生産活動における生産手段と労働力との規定的性格，そして生産の起動因と目的を基軸的要因としてみていくことによって，ソ連社会の規定的性格をとらえてみようとした。

　生産活動からみると，計画されたノルマの物量的達成をめざして経済活動をおこなっているソ連型システムは，どうみても利潤獲得を目的として経済活動をおこなう資本主義とは異なるシステムである，と判断せざるをえなかった。

　では，生産手段と労働とは，いかなる形態規定性をもったものであるのか。

　ソ連型社会主義は，ソ連共産党の幹部がノーメンクラツーラ（特権的な階層）として，一党独裁のかたちで政治権力を握り，経済的な管理運営権をも排他的に掌中におさめていて，政治のみならず，経済計画の管理・運営も，国有国営企業も支配しており，一般労働者は，政治についても，経済についても，まったく管理と運営についての発言権をもっていないのが実態であった。ただ，そこにおいては，ソ連社会の発展をめざした経済計画にもとづいて，ノルマの達成を目標とした経済活動がおこなわれる，ということになっていた。

　そのかぎりにおいて，生産手段は，かろうじて社会的共同的な性格をもったものと判断していいのではないかと思われた。

　他方，労働者についてみると，計画と企業運営にたいする支配の権限を党と官僚によって奪われていて，社会と生産の主人公としての社会主義的労働者としての性格をもつものではなかった。しかも，一般労働者は，一定の制限性をもちながらも自由な契約によって国有国営企業に雇用され，企業経営者の管理と統制のもとで労働をおこない，そのかわりに賃金を受け取るという存在であった。このようなソ連社会の一般労働者は，無産の賃金労働者であるとみなさざるをえないものと思われた。

　そのように，社会的目的達成のための中央計画的な国有企業体制と賃労働制との結合による生産活動をおこなう社会システムとして，ソ連型社会は，いかなる規定性をもった社会として理解したらいいものであるか。

　その点については，マルクスの意にはそぐわないのではないかと危惧しなが

ら，独特な形態の国家社会主義であるとみなすことにした。

　ソ連社会の規定的性格については，ぎりぎりまで，「開発独裁」の一形態であるというかたちで歴史的性格抜きの実態的な規定で逃げようかとも迷ったが，ソ連は社会主義ではなかったという遁辞に堕すべきではなく，社会主義システムはソ連型社会主義のような醜悪な体制におちいることになる蓋然性をもっているということを自覚する責任があると感じたところであった。

　だが，人類史の歴史的発展における社会主義の規定的性格とその展望については，かならずしも従来までの規範的な規定性にこだわることなしに，現実把握における柔軟性と理論的明確さをもった観点と理論の再考の必要性がある，と痛感したところであった。

『資本主義とはなにか』
　ところで，ソ連型社会主義の崩壊後，資本主義の変貌をめぐってさまざまな資本主義論が展開されるようになってきた。
　第二次大戦後の米ソを中心とする資本主義と社会主義との体制間対立としての冷戦体制は解体したが，その結果，ひとり勝ちして一極的な世界体制となった資本主義体制は，その内的構造においてはソフト化・情報化をすすめ，同時に，多国籍企業や多国籍資本によるグローバルな激しい"資本主義 対 資本主義"の体制内競争を展開するようになっている。そこにおける現代資本主義について，どうとらえたらいいのか。
　現段階の現代資本主義の理解については，さまざまな見解が飛び交いはじめた。たとえば，巨額の土地資産を所有しながら会社勤めをしている人がいたり，資産をもたない会社社長がいたりする現在の資本主義社会では，無産の労働者階級と金持ちの資本家階級というマルクス的な階級二分論は通用しなくなっているし，また，モノの生産よりも情報やソフトが重きをなすようになった現代資本主義についてはマルクスの「資本主義」の理論は妥当性を失っており，「資本主義」は再定義の必要がある，という主張が出てきた。
　それどころか，1973年の金＝ドル体制としての固定相場制の崩壊によって通貨の金兌換がおこなわれなくなり，自由競争と政治的自由が阻害されるようになっているため，「資本主義」そのものが消滅してしまっている，といった見

解も主張されたりした。

　また，"資本主義 対 資本主義"の競争のなかで，市場原理を唯一の基準としたアメリカ型の資本主義と，それにたいして市場原理だけでなくそれに社会的規制を組み入れたドイツや北欧などのヨーロッパ型の資本主義といった資本主義としてのタイプの違いをどうとらえたらいいのか，ということも問題になってきた。

　さらに，それらのタイプの異なる資本主義は，資本主義のグローバル化のなかでどうなるのか。新自由主義的な規制緩和の流れのなかで，市場原理的アメリカ型資本主義に支配され同化させられることになるのか，どうか。

　しかも，そのような多様性をもった資本主義のタイプ比較のなかで，資本制企業にとっては，株主への配当を最高にすることが企業活動の直接的目標であるのか，あるいは，企業活動は企業投資や経営者・従業員・顧客といった株主以外の企業関係者にも目配りして，収益の配分をおこなう必要があるのではないか，といったいろいろな論点が提起されてきた。

　それらの論議を目にするなかで，そのような多様性と変化のなかにある現代資本主義の現実的事態の展開とのかかわりにおいて，「資本主義」という用語のもつ意味と現実的事態とのあいだの関連を検討する必要があるように思われた。

　このような現代資本主義における資本主義的なもののあり方，すなわち，発展と変化をとげている現代資本主義の新たな諸形態にかんする論議と，資本主義としての概念内容とのかかわりについてみようとしたのが，『資本主義とはなにか』（1998年，青木書店）である。この『資本主義とはなにか』は，いわば現代資本主義における「資本主義」用語と概念の再点検をおこなおうとしたものである。

『資本主義を見つけたのは誰か』

　ところで，「資本主義」という用語とその概念内容についてこれまで取り組んできた研究を振り返ってみて，そもそも「資本主義」という用語は，いつ，誰の著書によって，いかなる意味内容をもつものとして生みだされ，引き継がれ，変更されてきたものであるのか，ということを明らかにしておくことが必

要ではないか,と考えるようになった。

そのような流れと広がりのなかで「資本主義」という用語と概念を明らかにすることは,同時に,マルクスの資本主義概念と用語についての歴史的かつ概念的な位置づけをおこなうことにもなるのではないか,と思われた。

ところが,そのような「資本主義」という用語にかんして調べるために研究書や用語集あるいは辞典類を点検しはじめたところ,意外なことに,世界で最初に「資本主義」という用語を使用したのは誰かということについてさえも,国際的な定説は確定されていないことが明らかになった。

そこで,やむなく,「資本主義」という用語が使われていると指摘されている文献にあたりなおさざるをえないことになった。だが,当時の勤務先の図書館は古典的な文献類を蔵している図書館ではなかったので,大学図書館のあいだの文献の相互貸借や文献複写の便宜を得ながら,資料の収集からはじめざるをえなかった。

最初に,平瀬巳之吉氏の指摘にもとづいて,ルイ・ブランの『労働組織』の初版(1840年)の原書を点検したいと考えて,某大学図書館に文献貸し出しを依頼したところ,古いものなので貸し出しはお断りであるという返事がきた。そこで,文献複写をお願いしたが,全文複写は不可能ということだったので,あらためて,「資本主義」という用語が使われている該当ページとされている161-162ページ前後の文献複写を依頼したところ,そのような個所は存在しないという返事が返ってきた。

分割して部分的に文献複写をしてもらってわかったのは,『労働組織』の初版の原書は全体で131ページしかなかったということである。しかも,初版の『労働組織』のどこにも「資本主義」という用語は使われていなかった。さらに,再版,4版,5版とコピーを入手して点検したが,「資本主義」という用語の使用例は見つからない。最後に,大幅に改定された第9版(1850年)のコピーを手にしたとき,やっと「資本主義」という用語を使った当該個所を見いだすことができた。

くやしいことに,このような空回りをしながらの資料収集から始めなければならなかったのが,実情であった。

ともかく,そのようにして,ピエール・ルルー『マルサスと経済学者たち』

(1848年)——ルイ・ブラン『労働組織』第9版（1850年）——サッカレー『ニューカム家の人びと』(1854年)——ルイ-オーギュスト・ブランキ『社会批判』(1885年)——《マルクス》—— A. E. F. シェフレ『資本主義と社会主義』(1870年)—— J. A. ホブソン『近代資本主義の進化』(1894年)—— W. ゾンバルト『近代資本主義』(1902年)といった流れで,「資本主義」という用語が使われているのを,見いだすことができた。

だが,そのなかで,はじめの頃の著者たちの使っている「資本主義」という用語は,近代社会の社会制度や経済構造を表現する用語ではなくて,単に「資本」や「資本家」やその特有のありようを示すものとしてつくられ,使われたものであった。

資本主義概念が,近代社会の経済システムを示すという規定的性格をもつ用語として使われるようになったのは,「資本主義」という用語を使わないで「資本制生産様式」という用語でもって資本主義範疇を表現したマルクスの『資本論』第1部（1867年）の出版ののちに,マルクスの理論を受けとめながら,自説の展開をおこなったシェフレの『資本主義と社会主義』(1870年)からであった。そして,そのあと,ゾンバルトの『近代資本主義』(1902～1916年)によって,「資本主義」という用語は一世を風靡する"流行り言葉"となったようである。

このように,「資本主義」という用語が,フランスやドイツやイギリスにおいて,いつ,誰によって,いかなるものとして使われたのかについて追跡したのが『資本主義を見つけたのは誰か』(2002年,桜井書店)である。

これによって,ヨーロッパにおいて「資本主義」という用語と,それが表現する概念内容の生成と受容と変遷が,明らかになってきたように思われる。

なお,マルクスには「資本主義」という用語はなくて,「資本制生産様式」という用語によって資本主義概念を表現しているということが,わが国の論者のあいだにおいて知られるようになったのは,パッソウ『"資本主義"——概念的・術語的研究』(1918年)の公刊後の1821年に福田徳三氏が指摘にされて以来のことであって,その後,その点についてはさまざまな論者たちによってとりあげられてきたという経緯についても,本書において示しておいたところである。

**本書『マルクスの資本主義』**

　ところで，最近いろいろと論議を呼んでいるアントニオ・ネグリ／マイケル・ハートの『帝国』(2000年) による現代世界における「帝国」支配について，わたしは，かつて取り組んだ独占理論にかかわる現時点における事態の把握という問題意識もあって，気になってきたところであった。

　すなわち，現代資本主義における多国籍巨大企業の先進資本主義諸国への相互乗り入れによる世界寡占の国際競争と国際的投機資金のグローバルな展開に全世界が振り回される事態がすすんでいる状況は，レーニンの『帝国主義論』で示された国民国家に基礎をおいた角逐する帝国主義諸列強による世界の再編成のための帝国主義戦争がおこなわれる独占資本主義の段階とは違っている。それは新しい特徴づけをもった巨大な世界寡占企業による資本支配とグローバルな競争による世界システムの時代が切りひらかれているのではないか，と感じたところであった。

　そのような現代帝国主義についてのネグリの論議に興味と関心をよせるなかで，ネグリが1979年に出版し，最近になって邦訳の出た『マルクスを超えるマルクス──『経済学批判要綱』研究』に触発されて，ネグリの『要綱』論とはまったく異なる問題意識と把握内容であるが，このたび，新たにマルクスにおける『経済学批判要綱』を中心とした「資本主義」概念と用語の模索と，それにもとづく「資本制生産」「資本制生産様式」という用語の確定について，まとめることにした。

　マルクスによる資本主義概念の確定とそれについての用語表現ならびにその変遷については，すでに『資本主義の発見』(1983年，御茶の水書房) において，概括的にフォローしておいたところである。

　だが，そこにおいては，『経済学批判要綱』とその前後の時期における「資本制生産様式」という概念と用語への転生のプロセスとその意義と内容については，資料不足の関係もあっていささか概略的な取り組みにとどまっていたところである。

　それにたいして，本書においては，新 MEGA によって開示された新たな資料や文献考証やそれらについての国内外の諸研究に依拠しながら，『要綱』前後の時期における「資本制生産」「資本制生産様式」という資本主義用語と概

念の転生への決定的瞬間（クリティカル・モメント）に焦点をしぼって，マルクスにおける資本主義概念と用語の確定についての追求をおこなったものである。

その意味では，本書は，新 MEGA によって公刊され開示された新たな資料類にもとづきながら，「資本制生産」「資本制生産様式」といったマルクスの「資本主義」概念の認識の深化と用語の模索と確定の現場を追跡したものである，ということができよう。

**資本主義認識の研究の出発点への還帰**

マルクスの資本主義概念と用語の変遷による「資本主義」認識についてのわたしの研究は，ここに，本書によって研究の出発点に還帰することになった。

この問題について最初に公刊した『資本主義の発見』によって，マルクスにおいて「市民社会〔ビュルガーリヒ〕」分析として始まった近代社会の経済諸関係の研究は，やがて「ブルジョア的〔ビュルガーリヒ〕生産様式」という資本主義範疇の確定をへて，やがて『要綱』における用語法的模索ののち，「資本制〔カピタリスティッシェ〕生産様式」という資本主義用語への衣替えをおこなうことになり，そのうえで，その「資本制生産様式」概念を基軸とした『資本論』の執筆がおこなわれるというプロセスが明らかになった。それは，いわば概括的なかたちでの『資本主義の発見』の《マルクス版》を示したものである。

そのあと取り組んだ『資本主義とはなにか』においては，多様性と変容を示す現実的事態と「資本主義」概念との不適合や対応といった問題を検討したものであって，『資本主義の発見』の《現代資本主義版》とでもいうべきものである。

そのうえで取り組んだ，『資本主義を見つけたのは誰か』は，「資本主義」という用語を，誰が，いつ，いかなる著書において，どのような意味内容において使い始めたのかという「資本主義」用語の発生とその変遷の国際的な展開をたどりながら，近代社会の経済的諸関係について分析したマルクスの『資本論』が使用した「資本制生産様式」という用語がもつ決定的な意義について明らかにしたものである。そのようなものとして，それは『資本主義の発見』の《インターナショナル版》とでもいうべきものである。

そのような『資本主義の発見』以来のマルクスによる「資本主義」概念と用語の検討の締めくくりとして，本書は，マルクスにおける「資本制生産様式」という概念と用語についての『経済学批判要綱』における模索と確定という，いわば資本主義概念と用語の最終的確定にとっての《原点》としての現場の状況を明らかにしたものであって，本書は，その意味では『資本主義の発見』の《クリティカル・モメント（決定的瞬間）版》とでもいうべきものとなっている。
　かくして，本書によって，資本主義用語にかんするわたしの研究は，出発点としての《原点》に立ち返り，円環は閉じることになった。
　当初こころざした現代資本主義の研究は，始めたばかりのところで中断したままとなっており，いまなお心ひかれる思いがあるが，もはやなすすべもない。
　ささやかなりとも「資本主義」用語にかかわる研究をおこないえたことで，「もって瞑すべし！」というところかもしれない。

　謝辞
　本書への取り組みのなかで，京都大学図書館（中央図書館ならびに経済学部図書室）と大阪経済大学図書館には便宜をはかっていただいた。記して感謝したい。
　また，最近の専門書の出版の極度に困難な状況のもとで，本書の出版をこころよく引きうけてくださり，執筆内容についての目配りと適切な助言をいただいた桜井書店社主の桜井香氏にはお礼の申しようもない。心より感謝する次第である。

　　　2006年4月

　　　　　　　　　　　　　　　　　　　　　　　　　　重田澄男

# 事項索引

1 五十音順。
2 内容の同一のものはまとめている場合もあるので，当該個所は異なる表現になっていることもある。

## あ行

IMF体制 201
IT化 195
アフター・フォーディズム 217, 220
アムステルダム社会史国際研究所 40, 45, 160, 163

「依存関係史」三段階説 82
一国一工場論 18
一国「帝国主義」 213
一党独裁体制 238

失われた範疇 20
宇野理論 200, 201, 217, 218, 230, 231, 233

似而非資本主義 201
M&A 215
ME化 218, 220, 222
エンゲルス主導説 233

オリジナル・ソフト 210, 211

## か行

階級関係 5, 16, 28, 29, 43, 48, 49, 72, 81, 96
階級社会 16, 25, 148
階級的性格 48, 53, 78
街頭行動 129
開発独裁 240
革命的主体 17
下向法・上向法 74, 75
カジノ資本主義 213, 217

家事労働 117
過剰消費 117, 132
過剰生産恐慌 128
寡占価格 196, 224 228
寡占企業 193, 212, 213, 215, 216, 219, 222, 223, 244
価値革命 229
価値増殖 32, 33, 81, 84, 96, 97, 101, 106, 107, 125, 141, 179, 186, 208
価値増殖過程 34, 57, 94, 99, 100, 101, 125, 136, 140, 141, 161, 162
価値論 34, 60, 107
株式会社 193, 207, 208
貨幣・信用論 43, 45, 46
貨幣数量説 49, 50
貨幣としての貨幣 93, 97
貨幣の一般理論 66, 72
貨幣の資本への転化 94, 95, 97
カルテル 192, 193, 194, 195, 196, 214, 215, 228
関税障壁 213

機械 32, 44, 56, 57, 109, 110, 115, 120, 121, 122, 123, 124, 143, 144, 161, 162
機械制大工業 101, 113, 121, 123, 124
機関投資家 204, 205
企業主義的レギュラシオン 220
企業戦略 205, 213, 215, 222, 224
奇襲の時代 130
技術革新 195, 206, 215, 216, 224, 238
技術的失業 228, 235
規制緩和 191, 206, 213, 214, 217, 225, 241
客観的抽象 231

"逆流する資本主義" 217, 218, 219
旧式な反乱 129
急進主義者 120
恐慌 41, 46, 47, 50, 51, 52, 53, 60, 66, 69, 70, 73, 112, 126, 127, 128, 129, 236
恐慌=革命論 18, 125, 127, 129, 131
協調行動 193, 195, 196, 214, 223, 225
協調的(価格)管理 215, 216
共同社会 113
共同体的組織 105, 142, 166
共同体的配慮 204
共同的意思決定 195, 196, 225
銀行学派 42, 50
金=ドル交換停止 202, 213
金=ドル体制 201, 240
近代社会 15, 16, 20, 21, 25, 26, 27, 28, 29, 31, 33, 48, 72, 81, 82, 83, 85, 89, 96, 99, 135, 140, 147, 148, 150, 155, 170, 171, 175, 176, 179, 180, 181, 183, 184, 186, 187, 189, 193, 232, 243, 245
近代的生産 84, 166, 169
近代的生産様式 19, 26
金融寡頭制 193, 194
金融資本 192, 212, 255
金融自由化 225
金融のグローバル化 206

グローバル(化) 7, 203, 206, 213, 214, 217, 219, 222, 224, 225, 240, 241, 244

ケア(介護)労働 117
経営者革命論 208
経済学批判体系 4, 5, 16, 18, 38, 39, 51, 57, 64, 66, 67, 69, 70, 71, 72, 89, 97
経済思想 115, 117
経済本質論 113
軽薄短小化 218
ゲイリー晩餐会 196
ケインズ主義 218, 219
研究開発費 215
現代資本主義 7, 191, 198, 201, 207, 209, 213, 215, 217, 218, 219, 220, 221, 222, 224, 225, 227, 228, 229, 230, 235, 236, 237, 240, 241, 244, 246

交換価値 32, 57, 67, 68, 69, 70, 73, 74, 75, 76, 77, 78, 79, 80, 81, 82, 83, 84, 85, 86, 87, 88, 89, 97, 100, 107, 108, 114, 135, 148, 152, 153, 161, 166, 184
工場(制度) 43, 44, 107, 109, 121, 123, 199, 200
工場法 117, 199
構成的失業 228, 235, 236, 237
高度情報化社会 209
高能率・高賃金 220
国際貨幣市場恐慌 55
国際カルテル 192, 196, 212, 215
国際的競争 144, 222, 244
国際的再編成 215, 216
国際的投機資金 217, 244
国家社会主義 240
国家独占資本主義 217, 221
国民経済基盤 196, 212, 213, 214, 219, 223, 224, 225, 226
国民国家 189, 196, 213 225, 244
固定相場制 201, 213, 240
古典派経済学 26, 115
コスト意識 238
個別的価値 101, 103
コミンテルン 236
雇用関係 207, 208
コンツェルン 192
コンピュータ・ソフト 209, 210, 216

さ行

産業資本家 47
産業循環 56, 110
産業独占体 192, 193, 194, 195, 212, 214, 222, 224, 225, 228
参入障壁 195, 221, 222, 223

自営的小生産者 188
ジェンダー論 117, 132

市街戦　129, 130
《時間の経済》論　104, 112, 113, 114, 115, 117, 118, 136
市場原理　204, 205, 217, 218, 219, 241
市場支配(力)　192, 194, 196, 212, 214, 212, 215, 228
時短(労働時間短縮)　220
失業　227, 235, 236
私的所有　25
自動装置　109, 121, 122
自動崩壊論　127, 128, 129
支配強制関係　196
支配領域　192
資本家階級　30, 47
資本家的生産　23
資本家的生産様式　21, 22, 23
資本主義　3, 7, 22, 50, 174, 176, 178, 181, 183, 185, 187, 191, 192, 193, 197, 200, 201, 202, 203, 204, 206, 207, 209, 217, 218, 219, 220, 221, 222, 223, 225, 226, 228, 231, 237, 239, 240, 241, 242, 243
資本主義概念(範疇, カテゴリー)　3, 5, 6, 7, 15, 16, 18, 19, 22, 26, 27, 28, 85, 150, 160, 171, 172, 173, 174, 181, 183, 184, 185, 186, 187, 188, 191, 193, 197, 202, 203, 204, 207, 214, 219, 227, 231, 232, 233, 234, 235, 239, 242, 243, 244, 245, 246
資本主義認識　18, 230, 231, 233, 245
資本主義用語　16, 18, 19, 21, 23, 135, 147, 149, 154, 170, 171, 174, 233, 235, 244, 245, 246
資本主義消滅論　198
資本主義諸列強　193
資本主義的純粋化傾向　196, 197, 198, 200, 218, 230, 231
資本主義的生産様式　22
資本主義の一般的原理　19, 197, 200, 230
資本主義のイミテーション　201, 202
資本主義の「最高」の発展段階　225, 226
資本制社会　17, 117, 125, 127, 128, 132, 154, 174, 175, 176, 178, 179, 180, 189, 202, 240
資本制生産　3, 5, 15, 16, 21, 23, 57, 59, 81, 85, 88, 94, 96, 105, 106, 111, 112, 115, 123, 124, 125, 127, 129, 130, 131, 132, 136, 137, 139, 140, 145, 146, 148, 153, 155, 157, 158, 160, 161, 162, 163, 164, 165, 166, 167, 168, 169, 170, 171, 172, 173, 174, 175, 176, 178, 180, 181, 183, 184, 185, 186, 187, 188, 189, 192, 193, 194, 195, 196, 197, 198, 199, 200, 201, 212, 214, 219, 225, 231, 232, 233, 235, 244, 245
資本制生産様式　3, 5, 6, 15, 16, 18, 19, 21, 23, 83, 85, 88, 112, 124, 126, 131, 146, 154, 155, 157, 158, 160, 164, 165, 166, 167, 169, 170, 171, 172, 173, 174, 175, 176, 178, 179, 180, 181, 183, 184, 185, 186, 187, 188, 189, 193, 199, 200, 204, 226, 231, 232, 233, 235, 243, 244, 245, 246
資本=賃労働関係　6, 16, 18, 28, 29, 72, 81, 83, 84, 88, 96, 99, 155, 171, 184, 193, 200, 207, 208, 214
資本としての貨幣　93, 94, 97, 135
資本の本源的蓄積　106, 137, 161
資本の有機的構成　104, 131
資本輸出　192, 212
『資本論』　3, 6, 15, 17, 18, 19, 34, 35, 38, 39, 85, 90, 95, 101, 119, 125, 131, 163, 173, 177, 178, 179, 180, 181, 183, 185, 186, 197, 198, 232, 245
市民革命　238
市民社会　20, 25, 26, 27, 28, 53, 60, 90, 147, 232, 233, 234, 245
「市民社会」論的資本主義論　233
市民的関係　16, 78, 83, 179
市民的生産　20, 148
市民的生産様式　19, 20, 21, 148
市民的平等　49
社会構成体　44, 155
社会思想　234
社会主義　124, 187, 191, 201, 202, 212, 226, 234, 237, 238, 240, 243

社会主義社会　20, 124, 238
社会主義的生産様式　124, 226
社会主義的労働者　239
社会的価値　101, 103
社会的ニーズ　238
社会発展段階　44
社会変革(革命)　116, 117, 128
社会民主党　130
重化学工業化　217, 218
自由競争　109, 137, 138, 143, 146, 191, 192, 194, 195, 196, 197, 198, 200, 213, 214, 218, 219, 225, 240
自由時間(自由に使える時間)　104, 109, 110, 113, 114, 115, 116, 117, 118, 124, 162, 197
従属・自立論争　229
自由な個体性　82
循環性恐慌　228, 229
純粋の資本主義社会　18, 198, 200, 218, 230, 231
小商品生産　88
商品・貨幣関係　5, 6, 16, 18, 19, 28, 29, 43, 48, 49, 51, 72, 78, 80, 81, 82, 83, 84, 85, 88, 93, 99, 135, 145, 148, 149, 150, 151, 153, 154, 155, 171, 184
商品経済関係　19, 98, 179, 197, 200
商品経済論的資本主義　231
商品陳腐化　216
情報化　6, 209, 222, 240
情報産業　210
剰余価値　6, 33, 34, 40, 57, 60, 84, 94, 96, 98, 99, 100, 101, 102, 103, 104, 107, 108, 110, 111, 113, 115, 116, 119, 125, 126, 127, 136, 140, 141, 142, 184, 185, 186, 189, 204, 207, 208
剰余価値論　33, 34, 35, 100, 102, 125, 127
剰余労働　43, 101, 102, 103, 107, 113, 114, 115, 116, 118, 119, 125, 126, 141, 142, 162
剰余労働時間　108, 109, 110, 116
初期マルクス　3, 26, 29
植民地　44, 69, 192, 225

植民地体制　191, 212
植民地的従属　229
自立的運動体　231
人格の独立性　82
人身の依存関係　81, 82
人口論　41, 43
新古典派経済学　209
紳士協定　196
シンジケート　192, 193, 194, 195, 228
新自由主義　7, 191, 207, 214, 217, 218, 219, 225, 241
新制度派経済学　206
新MEGA編集部　50, 59, 63, 66, 67, 81, 94, 120, 137

スタグフレーション　213

生産拠点　215
生産費(生産コスト)　31, 33, 57, 78, 95, 106, 111, 114, 211
制度諸形態　220
制度的多様性　207
制度補完性　207
世界寡占　7, 213, 214, 215, 217, 219, 222, 224, 225, 226, 244
世界経済基盤　196, 214, 219, 222, 223, 224, 225, 226
世界市場　30, 69, 70, 104, 141, 143, 192, 215, 216, 219
絶対的剰余価値　57, 94, 101, 102, 104, 136, 140, 141, 161, 173
設備陳腐化　215
1857年革命　130, 131
1848年革命　29, 37, 72, 130
全般的危機　228

相対的安定期　235
相対的剰余価値　57, 94, 101, 102, 104, 113, 125, 136, 140, 141, 161, 172, 173
疎外された労働　17, 26, 31
ソフトウェア　209, 210, 211, 216
ソフト化　6, 209, 240

ソ連型社会主義　18, 20, 202, 213, 237, 238, 239, 240

## た行

第3期　235
大量生産─大量消費　217, 220
多国籍企業　7, 191, 212, 213, 214, 215, 217, 219, 222, 223, 224, 225, 226, 240, 244
多国籍投機資金　191
ダンピング　192

知的集約産業　216
中期マルクス　3, 172, 235
中世社会　188, 189
中世的生産様式　26
調整様式　217, 220
賃金基金説　43
賃労働　4, 30, 31, 32, 33, 69, 71, 72, 83, 84, 88, 105, 107, 112, 126, 136, 161, 168, 179, 184, 185, 186, 189, 193, 204, 239
賃金労働者(階級)　34, 53, 89, 204, 205, 206, 208, 209, 239

通貨学派　42, 50
通貨論争　42

帝国主義　193
帝国主義戦争　193, 196, 213, 244
帝国主義段階　197, 225, 226, 230, 231
『帝国主義論』　213, 225, 226, 244
テクノクラート　124, 128
デファクト・スタンダード　216

問屋制家内工業　188
等価交換　33, 78, 80, 83, 84, 89, 100
独占価格　192, 194, 196, 212, 221, 222, 223
独占資本主義　6, 191, 194, 196, 212, 213, 214, 217, 218, 219, 221, 222, 223, 224, 225, 226, 228, 244
独占段階　193, 221, 222, 223, 224
独占的市場構造　221, 222, 223

独占的市場支配　194, 195, 215, 245
独占的支配　193, 212
独占的保護関税　192, 212
独占利潤　192, 194, 195, 196, 212, 214, 223, 225, 227, 228
独占理論　222, 227, 228, 229, 244
特別剰余価値　101, 103
トヨティズム　220
トラスト　192, 193, 194, 228
奴隷制　31, 142, 187

## な行

二月革命　29, 128, 129
日本資本主義　229
ニューディール　228
認識論的悪循環　230

ネオ・フォーディズム　220

農奴(農奴制)　31
ノーメンクラツーラ　239

## は行

パートタイマー　220
ハイテク産業　215, 216
バリケード　129

必要労働　101, 102, 104, 105, 109, 110, 113, 125, 126
必要労働時間　108, 110, 112, 113, 114, 116, 117

フォーディズム　217, 220
フォード的蓄積体制　218
不完全競争　223
福祉国家　191, 218, 219
不純物　193, 194, 196, 197, 202, 203
物象の依存関係　82
《不足の経済》論　238
ブルジョア経済学　38, 97

ブルジョアジー　25, 26, 27, 28, 29, 31, 130, 147, 148, 150, 178
ブルジョア社会　4, 28, 39, 48, 65, 68, 69, 71, 78, 83, 85, 99, 148, 149, 174, 175, 176, 178, 179, 180
ブルジョア的生産　3, 15, 21, 28, 66, 85, 86, 87, 140, 147, 148, 149, 150, 151, 152, 153, 154, 155, 158, 165, 166, 168, 171, 172, 173, 174, 175, 177, 178, 179
ブルジョア的生産関係　26, 27, 33, 141, 149, 151, 152, 153, 154, 155
ブルジョア的生産様式　3, 6, 15, 18, 19, 20, 21, 22, 23, 27, 28, 85, 140, 147, 148, 149, 150, 155, 169, 171, 172, 173, 174, 175, 177, 178, 179, 184, 232, 245
プロセス・イノベーション　216
プロダクト・イノベーション　216
プロレタリアート　25, 26, 27, 28, 29, 31, 124, 128, 129, 130, 147, 148, 150
文明化作用　105, 142

変革主体　128, 238
変革論　17, 25, 128, 131
変動相場制　213

封建制度　31
封建的生産様式　187, 188
法人株主　205
法人資本主義論　208
ボルボイズム　220

ま行

マルチチュード　17

「未来像」問題　198
民衆的反乱　129

無形財的商品　210, 211

メガ・コンペティション　217, 218, 222

モティベーション　238

や行

唯物史観　26, 147, 155, 171, 184, 232, 233

ら行

ラディカルな革命　25

利潤率低下傾向　102, 104, 111, 112, 131, 141
領有法則転回論　84, 105, 136, 137
歴史説　88
歴史的形態　26, 28, 31, 32, 33, 83, 105, 106, 150, 171, 179, 184, 186, 187, 193
歴史的事態　96, 126
歴史的使命　72, 162
歴史的発展　83, 112, 127, 132, 197, 198, 217, 218, 219, 240
レギュラシオン派　217, 220

労使妥協　220
労働価値説　115, 209, 211
労働過程　34, 57, 94, 99, 100, 101, 125, 136, 140, 141, 162
労働者階級　18, 30, 31, 43, 47, 124, 129, 131, 208, 240
労働生産性　101, 110, 113, 114, 125
労働用具　32, 100, 103
労働力（労働能力）　33, 34, 98, 100, 103, 106, 107, 161, 162, 211, 239
ロシア革命　18
論理説　88
論理・歴史説　88

# 人名索引

1 五十音順。
2 マルクスを除く。

## あ行

相沢与一 235
青木昌彦 203
赤間道夫 21
遊部久蔵 35, 53
アマーブル Bruno Amable 203, 206, 207, 221
荒川 繁 160
アルベール, アレキサンドル・マルタン Alexandre Martin Albert 29
アルベール, ミシェル Michel Albert 202, 203, 206
アンダースン James Anderson 108
アンネンコフ Pavel Vasilevich Annenkov 26
飯田裕康 53
伊藤 誠 217, 218, 219
ヴァルガ Евгений Самойлович Варга 236
ヴィゴツキー В. С. Выгодский 52, 53, 60, 90
ヴィリヒ August Willich 37, 47
ウエイド John Wade 162
ウェークフィールド Edward Wakefield 43, 107
宇佐美誠次郎 228
宇高基輔 228
内田 弘 53, 94, 132
宇野弘蔵 18, 196, 197, 198, 200, 202, 218, 230
蛯原良一 120, 133
エンゲルス Friedrich Engels 26, 30, 34, 35, 37, 44, 55, 58, 72, 77, 89, 90, 119, 128, 129, 130, 133, 157, 177, 193
オウエン Robert Owen 162
大谷禎之介 52

大野節夫 159, 163, 172
大村 泉 159, 163, 172
岡崎次郎 52
岡本博之 53
奥野正寛 203
小倉利丸 23
オッペンハイマー Franz Oppenheimer 236, 237

## か行

角田修一 60, 90
金田重喜 235
河上 肇 23
川鍋正敏 52
河野健二 227
北原 勇 217, 221, 222, 223, 224
クィンシ Thomas de Quincey 107, 108
黒滝正昭 159
クラーク Colin Grant Clark 235
クラウチ Colin Crouch 203, 206
ケアリ Henry Charles Carey 107, 145
ケインズ John Maynard Keynes 191
コルナイ János Kornai 238

## さ行

榊原英資 202
佐竹弘章 160, 163, 172
サッカレー William Makepeace Thackerray 243
佐藤金三郎 17, 18, 23, 40, 52, 61, 63, 64, 65, 90, 99, 132, 133, 229, 230
サロー Lester C. Thurow 202, 203
佐和隆光 207, 209

シェフレ Albert Eberhard Friedrich Schäffle 183, 243
シスモンディ Jean Charles Léonard Sismonde de 108
渋谷 正 160
島 恭彦 228
清水和巳 90, 132
シュティルナー Max Stirner 47
シュトルヒ Heinrich Frierich von Storch 108
シュラーダー Fred E. Schrader 45, 49, 52, 53, 60, 90
シュルビュリエ Antonine Elisee Cherbuliez 108
ショアー Juliet B. Schor 132
杉原四郎 34, 35, 53, 113, 119, 120, 132, 133, 229
スターリン Иосеф Виссарионович Сталин 18, 236
スチュアート James Steurt 43
ストリーク Wolfgang Streeck 203, 206
スミス Adam Smith 26, 43, 47, 107, 115, 152, 157, 191, 201
セー Jean Baptiste Say 108
ゾンバルト Werner Sombart 183, 243

た行

ターナー Charles Hampden Turner 202
高木幸二郎 90
高須賀義博 23, 52, 90, 132, 133, 229, 230
ダリモン Louis Alfred Darimon 5, 55, 59, 60, 61, 63, 64, 65, 66, 67, 69, 71, 78
ツェヒ Reinhold Zech 17
ディルク Charles Wentworth Dilk 43, 119, 120, 133
ディルク(孫) Charles Wentworth Dilk, Bart., M. P. 120, 133
トゥック Thomas Tooke 42, 46, 47
富岡 裕 90
豊崎 稔 228
トロンペナールス Alfons Trompenaars 202

トロコンスキー Tolokonski 237

な行

中宮光隆 52, 53
西岡幸泰 235
西村 弘 131, 134
ネグリ Antonio Negri 17, 23, 60, 90, 95, 123, 132, 133, 225, 244
ノスケ Dietrich Noske 45, 52

は行

ハート Michael Hardt 225, 244
バートン John Barton 43
バーリ Adolf Augustus Berle 208
ハイエク Friedrich August von Hayek 191
バクーニン Михаил Александрович Бакунин 89
橋本直樹 21, 22, 160
バスティア Claude Frédéric Bastiat 145
パッソウ Richard Passow 243
服部文男 53, 159, 235
バビジ Charles Babbage 56, 109, 162
浜林正夫 172, 235
原 伸子 132
ヒューム David Hume 42
平田清明 19, 20, 233, 234
平瀬巳之吉 242
広松 渉 233
フィリップ, ルイ Louis Philippe 29
フォークト Karl Vogt 157
福田徳三 243
藤田 勇 181
ブハーリン Николай Иванович Бухарин 236
フラートン John Fullarton 42
フライヒラート Ferdinand Freiligrath 89
ブラン, ルイ Jean Joseph Louis Blanc 29, 242, 243
ブランキ, ルイ・オーギュスト Louis Auguste Blanqui 243

人名索引　255

フランクリン Benjamin Franklin　152
フリッケ Kraus Fricke　45
降旗節雄　201
プルードン Pierre Proudhon　60, 108
ブレイ John Francis Bray　33, 35, 107
フロコン Ferdinand Flocon　29
ベイリ William Bailey　107
ヘーゲル Georg Wilhelm Friedrich Hegel
　　25, 27, 56, 89, 147, 238
ホジスキン Thomas Hodgskin　43
ボナパルト, ルイ Louis Bonaparte　44
ホブソン John Atkinson Hobson　243
ボワイエ Robert Boyer　203, 206

**ま行**

マーカンド Leslie A. Marchand　120, 133
マカラク John Ramsay MacCulloch　107
マルサス Thomas Robert Malthus　43, 107, 157
ミーンズ Gardiner Coit Means　208
ミシケーヴィッチ Л. Р. Миськевич　159, 172
ミュラー Manfred Müller　17
ミル, ジェームズ James Mill　26
ミル, ジョン・スチュアート John Stuart Mill
　　42, 108
望月清司　231, 233
森岡孝二　132
森田桐郎　60, 90, 132

**や行**

ヤーン Wolfgang Jahn　45, 52
八柳良次郎　42, 45, 51, 52, 53, 133, 159, 160, 163, 172, 234
薮内　清　227
山田鋭夫　90, 95, 113, 132, 217, 220
山中隆次　33, 34
山本孝則　45, 53, 90
ユア Andrew Ure　109
吉田文和　159

**ら行**

ラサール Ferdinand Lassalle　58, 90
ラッセル卿 Lord John Russell　133
ラムジ George Ramsay　108
リービヒ Freiherr Justus von Liebig　43
リカード David Ricardo　26, 32, 34, 42, 43, 107, 108, 119, 142, 143, 152, 157
ルルー Pierre Leroux　242
レーニン Владимир Ильич Ленин　191, 213, 225, 226, 244
ロスドルスキー Roman Rosdolsky　17

**わ行**

渡辺　寛　52

## 重田澄男
しげた　すみお

1931年生まれ。1954年，京都大学経済学部卒業。
静岡大学名誉教授・岐阜経済大学名誉教授。経済学博士。

著書
『マルクス経済学方法論』（有斐閣，1975年）
『資本主義の発見』（御茶の水書房，1983年）
『資本主義と失業問題――相対的過剰人口論争』（御茶の水書房，1990年）
『社会主義システムの挫折――東欧・ソ連崩壊の意味するもの』（大月書店，1994年）
『資本主義とはなにか』（青木書店，1998年）
『資本主義を見つけたのは誰か』（桜井書店，2002年）

Eメール・アドレス：shisu5432@ybb.ne.jp

---

マルクスの資本主義
2006年4月25日　初　版

著　者　　重田澄男
装幀者　　加藤昌子
発行者　　桜井　香
発行所　　株式会社　桜井書店
　　　　　東京都文京区本郷1丁目5-17　三洋ビル16
　　　　　〒113-0033
　　　　　電話　(03)5803-7353
　　　　　Fax　(03)5803-7256
　　　　　http://www.sakurai-shoten.com/
印刷所　　株式会社　ミツワ
製本所　　誠製本株式会社

Ⓒ 2006 Sumio Shigeta

定価はカバー等に表示してあります。
本書の無断複写(コピー)は著作権法上
での例外を除き，禁じられています。
落丁本・乱丁本はお取り替えします。

ISBN4-921190-34-8　Printed in Japan

重田澄男著
## 資本主義を見つけたのは誰か

資本主義認識の深化の過程をたどるユニークな経済理論史
Ａ５判・定価3500円＋税

大谷禎之介著
## 図解 社会経済学
### 資本主義とはどのような社会システムか

現代社会の偽りの外観を次々と剥ぎ取っていく経済学入門
Ａ５判・定価3000円＋税

長島誠一著
## 経済と社会
### 経済学入門講義

ひろく・やさしく・共に学び考える全25講
Ａ５判・定価2000円＋税

トム・メイヤー著／瀬戸岡紘監訳
## アナリティカル・マルクシズム
### 平易な解説

分析的論証を重視する学派の全体像を解説
Ａ５判・定価4000円＋税

ドゥロネ＆ギャドレ著／渡辺雅男訳
## サービス経済学説史
### 300年にわたる論争

経済の「サービス化」、「サービス社会」をどう見るか
四六判・定価2800円＋税

池上 惇・二宮厚美編
## 人間発達と公共性の経済学

公共性の再構築による改革を模索──〈人間発達の経済学〉の新展開
Ａ５判・定価2600円＋税

### 桜井書店
http://www.sakurai-shoten.com/